U0873317

高等职业技术院校教材——交通运输类

铁路线路与站场

（第3版）

主　编　赵水仙　连义平

副主编　张　全

西南交通大学出版

·成　都·

图书在版编目（CIP）数据

铁路线路与站场 / 赵水仙，连义平主编. —3版.
—成都：西南交通大学出版社，2016.1（2023.12重印）
高等职业技术院校规划教材. 交通运输类
ISBN 978-7-5643-4540-2

Ⅰ. ①铁… Ⅱ. ①赵… ②连… Ⅲ. ①铁路线路－高等职业教育－教材②铁路车站－高等职业教育－教材
Ⅳ. ①U21②U291

中国版本图书馆CIP数据核字（2016）第027159号

高等职业技术院校教材——交通运输类
铁路线路与站场
（第3版）
主编　赵水仙　连义平

责任编辑	张　波
封面设计	何东琳设计工作室
出版发行	西南交通大学出版社 （四川省成都市二环路北一段111号 西南交通大学创新大厦21楼）
发行部电话	028-87600564　028-87600533
邮政编码	610031
网　　址	http: //www.xnjdcbs.com
印　　刷	成都蓉军广告印务有限责任公司
成品尺寸	185 mm × 260 mm
印　　张	14.75
字　　数	364千
版　　次	2016年1月第3版
印　　次	2023年12月第17次
书　　号	ISBN 978-7-5643-4540-2
定　　价	38.00元

课件咨询电话：028-87600533
图书如有印装质量问题　本社负责退换
版权所有　盗版必究　举报电话：028-87600562

第 3 版前言

本教材主要根据中国铁路总公司 2014 年 7 月发布的第 11 版《铁路技术管理规程》，在 2010 年出版的《铁路线路与站场》（第 2 版）的基础上修订。

本次修订依据《铁路技术管理规程》，对各设备的技术条件分别以普速铁路和高速铁路两部分进行说明，在保持第二版结构的基础上，对内容进行了修订更新。主要涉及以下内容：

（1）修订了第一章线路平面和纵断面的技术要求，统一了技术标准；

（2）修订了第二章路基的技术要求，以及我国桥隧建设的最新成就；

（3）修订了第三章轨道的技术要求，道岔辙叉号的确定方法；

（4）修改了第四章站场设计基础知识的限界图，修订了线间距的确定标准及有关的计算表；

（5）修改了第五章会让站、越行站和中间站的部分内容；

（6）修改了第六章区段站咽喉设计附图；

（7）修改了第十章铁路枢纽简介的内容。

在修订和修改过程中征求了企业单位工程技术人员王山宁、王孔雀的意见，汲取了多年的教学经验，根据现场实际，注重学生在掌握基础知识、基本理论的基础上，对新技术、新设备、新方法的学习，力求使教材易于理解、简明扼要。

本教材由西安铁路职业技术学院赵水仙、连义平任主编，由成都铁路运输学校张全任副主编；由赵水仙对本教材第一、二、三、四、五、六、十章进行修订和修改。

本教材在编写的过程中，参考了大量的文献和资料，在此向这些文献和资料的作者致以衷心的感谢！

由于作者水平有限，本教材的内容、资料难免有不妥之处，敬请各位同仁和读者给予批评指正。

编　者

2016 年 1 月

第 2 版前言

本教材是在 2006 年出版的 21 世纪高等职业技术教育规划教材《铁路线路与站场》的基础上修订的。

由于铁路高速技术的发展，使铁路运输设备在不断地更新，相应的一些规章、规范也进行了修订。2006 年出版了《铁路技术管理规程》、《铁路线路设计规范》、《铁路车站及枢纽设计规范》，为适应高速铁路的发展，相继出台了《京沪高速铁路设计暂行规定》、《200 km/h～250 km/h 既有线提速线路设计规范》。因此，为使教材更适应新技术、新设备、新规章的要求，对教材大部分内容进行了增减、修订和修改。主要涉及以下部分：

（1）修订了第一章线路平面和纵断面的技术要求，增加了国外高速铁路在线路平面和纵断面技术标准的内容；

（2）修订了第二章路基的技术要求，增加了我国桥隧建设的最新成就；

（3）修订了第三章轨道的技术要求，鉴于轨道技术的发展，增加了无砟轨道的内容，并对第三章的结构进行了修改；

（4）修改了第四章站场设计基础知识的附图、附表，修订了线间距的确定标准、曲线地段线间距计算标准和计算方法；

（5）修改了第五章会让站、越行站和中间站布置图，中间站设备的设置原则，修订了中间站设备的设置标准，并对结构进行了修改；

（6）修改了第六章区段站的布置图，区段站设备的设置原则，修订了区段站设备的设置标准；

（7）修改了第九章高速铁路枢纽布置图，增加了高速铁路车站设备，以及高速铁路车站与动车段（所）布局的内容，使该部分内容更加完整，更加接近实际。与此同时对该部分的结构也进行了调整；

（8）修改了第十章铁路枢纽简介的内容。

在修订和修改过程中征求了企业单位工程技术人员王山宁、王孔雀的意见，汲取了多年的教学经验，根据现场实际，注重学生在掌握基础知识、基本理论的基础上，对新技术、新设备、新方法的学习，力求使教材通俗易懂，简明扼要。

本教材由西安铁路职业技术学院赵水仙、连义平任主编，由成都铁路运输学校张全任副主编。由赵水仙对本教材第一、二、三、四、五、六、九、十章进行增减、修订和修改，新增加的第三章第二节无砟轨道部分由西安铁路职业技术学院魏仁辉编写。

本教材在编写的过程中，参考了大量的文献和资料，在此向这些文献和资料的作者致以衷心的感谢！

由于作者水平有限，本教材的内容、资料难免有不妥之处，敬请各位同仁和读者给予批评指正。

编　者

2010 年 7 月

第2版前言

前　言

随着社会经济的发展与社会对职业教育培养人才要求的提高，高等职业教育以超乎寻常的速度向前发展，这种发展对高等职业教育提出了更高的要求。要求高等职业教育培养出的人才达到真正能够适应生产、管理、经营、服务等第一线需要的高等技术应用型专门人才的目标。教材是人才培养过程中的一个重要组成部分，是实现课程教学要求和目标的重要媒介之一。为贯彻中共中央国务院《关于深化教育改革全面推进素质教育的决定》，落实《面向21世纪教育振兴行动计划》中提出的"职业教育课程改革和教材规划"，实现高等职业教育的培养目标，突出高等职业教育的特色，满足教学需要，特编写了本教材。

《铁路线路与站场》根据我国目前铁路线路及站场的实际情况和新的《铁路技术管理规程》（简称《技规》）的要求，以及高等职业教育的培养目标，阐述了我国铁路线路的基本知识，详细分析了各种类型的铁路车站布置图，简述了高速和重载铁路站场布置及铁路枢纽的基本知识和基本理论。本教材在编写过程中，力求突出高等职业教育应用型和实用型的特点，注重对学生创新能力和实践能力的开发，全面贯彻素质教育的思想，注意了新技术、新设备的运用。该教材文字简明扼要，通俗易懂，力求做到图文并茂，方便自学。为便于理解，在每章后均有复习思考题。该教材可作为高等职业技术学院或五年制高等职业教育铁路专业教材，也可作为普通高校铁路专业的学生及铁路现场工作人员学习铁路线路及站场基本知识的教材。

本教材由西安铁路职业技术学院赵水仙、连义平任主编，由成都铁路运输学校张全任副主编；参加编写的有西安铁路职业技术学院都丽杰、史小薇；吉林铁路运输职工大学吴荣波；成都铁路运输学校孙璐；齐齐哈尔铁路运输职工大学吴庆杰。各章节编写分工为：赵水仙（绪论、第六章、第七章、第十章第二、三节、附录）、都丽杰（第二章和第三章）、连义平（第八章）、史小薇（第四章）、吴荣波（第一章）、孙璐（第五章）、张全（第九章）、吴庆杰（第十章第一节）。

本教材在编写的过程中，参考了大量的文献和资料，在此向这些文献和资料的作者致以衷心的感谢！

由于作者水平有限，本教材的内容、资料难免有不妥之处，敬请各位同仁和读者给予批评指正。

编　者

2006年2月

目 录

绪　论……1

第一章　线路平面和纵断面……4

第一节　线路平面……4

第二节　线路纵断面……9

第三节　线路平面和纵断面图……14

第四节　线路标志……16

复习思考题……18

第二章　路基及桥隧建筑物……19

第一节　路　基……19

第二节　桥隧建筑物……22

第三节　道　口……33

复习思考题……38

第三章　轨　道……39

第一节　轨道的组成……39

第二节　无砟轨道……48

第三节　轨道平顺标准……54

第四节　无缝线路……56

复习思考题……57

第四章　站场设计基础知识……59

第一节　线路种类及编号……59

第二节　限界及线间距……61

第三节　线路连接……71

第四节　线路全长及有效长……80

复习思考题……85

第五章　会让站、越行站和中间站……87

第一节　会让站和越行站……87

第二节　中间站……90

第三节　中间站设备……94

第四节　中间站改建……100

复习思考题……105

第六章　区段站……106
第一节　区段站概述……106
第二节　区段站主要设备的设置位置……109
第三节　区段站布置图……114
第四节　区段站运转设备……124
第五节　区段站咽喉设计……131
复习思考题……136
第七章　区段站的通过能力……137
第一节　区段站通过能力概述……137
第二节　车站咽喉通过能力的计算方法……138
第三节　到发线通过能力的计算……149
第四节　区段站最终通过能力的计算……153
复习思考题……155
第八章　编组站……156
第一节　编组站概述……156
第二节　编组站布置图……159
第三节　编组站的调车设备……172
复习思考题……181
第九章　高速及重载铁路站场……182
第一节　高速铁路站场……182
第二节　重载铁路站场……192
复习思考题……195
第十章　铁路枢纽……196
第一节　铁路枢纽布置图……196
第二节　铁路枢纽内主要线路的配置……201
第三节　铁路枢纽简介……204
复习思考题……208
附录　常用道岔的主要尺寸……209
参考文献……225

绪 论

在各种交通运输方式中，铁路运输以其运量大、速度快、运输成本低、能耗小、污染轻、受天气条件影响小、安全准时等优点成为现代交通运输的主要运输方式，在我国国民经济的发展中具有举足轻重的作用。据统计，2012 年铁路所完成的客运量为 18.93 亿人，占社会总量的 5%；客运周转量为 9812 亿人公里，占社会总量的 29.4%；铁路所完成的货运量（含行包）为 39 亿吨，占社会总量的 9.68%；货运周转量（含行包）为 29 187 亿吨公里，占社会总量的 24.25%。在五大交通运输体系中排名第二。

2014 年全国铁路完成货运总发送量 38.13 亿吨，比 2013 年下降 3.9%；铁路完成货运总周转量 27 530.19 亿吨公里，比 2013 年下降 5.6%；全国铁路完成旅客运输发送量 23.57 亿人，比 2013 年增长 11.9%；完成旅客运输周转量 11 604.75 亿人公里，比 2013 年增长 9.5%。全国铁路完成总换算周转量为 39 134.94 亿吨公里，比 2013 年下降 1.6%。2013 年国家铁路完成运输总收入 6 050.35 亿元，比 2012 年增加 741.45 亿元，增长 14.0%。

铁路运输的主要任务是安全、迅速、经济、合理地运送旅客和货物，为国家经济发展、国家建设和提高人民物质、文化生活水平服务。在完成这些任务中，铁路线路与站场起着重要的作用。

一、铁路线路

铁路线路是机车车辆和机车运行的基础，是为了完成铁路客货运输任务和进行行车作业，并保证各项作业安全而设的，它由路基、轨道及桥隧建筑物组成。

路基是轨道的基础，直接承受轨道的重量，以及机车车辆及其载荷的压力。路基的质量直接影响着线路质量和列车运行安全。路基由路基本体、防护加固设施和排水设施组成。

轨道铺设在路基之上，是引导机车车辆和列车运行方向、直接承受机车车辆和列车巨大压力的整体工程结构。它必须具有足够的强度和稳定性，以满足列车按照规定的最高速度，安全、平稳和不间断地运行。轨道由钢轨、轨枕、联结零件、道床、防爬设备和道岔等组成。

桥隧建筑物包括桥梁、涵洞及隧道等。桥梁是铁路线路跨越江河、深谷、溪沟、公路、道路或另一条铁路时所修建的建筑物。它由桥面、桥跨结构、墩台及基础组成；涵洞是一种修筑在路堤下部的填土中，主要用于通过少量水流的建筑物。它由洞身、基础、端墙和翼墙组成；隧道是铁路线路穿越山岭时，为避免开挖深路堑或缩短迂回线的长度而修建的建筑物。另外还有各种水下隧道和大城市的地下铁路。隧道由洞身、衬砌、洞门、避人（车）洞等组成。

我国新建或改建的铁路线路等级，根据其在铁路网中的作用、性质、旅客列车设计行车速度和客货运量，按下列规定确定：

Ⅰ级铁路：在铁路网中起骨干作用的铁路，或近期年客货运量大于或等于 20 Mt 者；

Ⅱ级铁路：在铁路网中起联络、辅助作用的铁路，或近期年客货运量小于 20 Mt 且大于或等于 10Mt 者；

Ⅲ级铁路：为某一地区或企业服务的铁路，近期年客货运量小于 10 Mt 且大于或等于 5 Mt 者；

Ⅳ级铁路：为某一地区或企业服务的铁路，近期年客货运量小于 5 Mt 者。

铁路线路按其用途分为正线、站线、段管线、岔线和特别用途线。

截止至 2014 年底，全国铁路营业里程达到 11.2 万 km，比 2013 年增长 8.4%，其中高铁营业里程达到 1.6 万 km。路网密度 116.48 km/万 km^2，比 2013 年增加 9.04 km/万 km^2。其中，复线里程 5.7 万 km，比 2013 年增长 17.7%，复线率 50.8%，比 2013 年提高 4.0 个百分点；电气化里程 6.5 万 km，比 2013 年增长 16.9%，电化率 58.3%，比 2013 年提高 4.2 个百分点。西部地区营业里程 4.4 万 km，比 2013 年增加 4 020 km、增长 10.2%。

二、铁路车站

车站是铁路线上设有配线的分界点，并办理列车接发、会让、越行和客货运业务。因此车站是铁路运输生产的基本生产单位，是办理客、货运输的基地。在车站上，不仅要办理旅客运输和货物运输的各项作业，如旅客的乘降、售票、候车，货物和行包的承运、保管、装卸、交付等；还办理与列车运行有关的各种作业，如列车的到发、通过、会让、越行，车列的解体、集结、编组、机车的换挂、检修、整备，机车和列车乘务组更换，车辆检修，等等。因此，铁路车站参与了铁路运输的整个环节。与此同时，为了使这些作业安全、有效、迅速的进行，车站还集中了办理这些作业的各项技术设备，如客、货运转设备，机车、车辆检修设备以及信联闭设备等。

由此可见，铁路车站对保证铁路运输工作质量起着决定性的作用。因此，合理设计车站，有效运用车站的各种技术设备，对完成铁路运输任务、加速货物送达、提高劳动生产率、降低运输成本、提高运输效益，以及提高铁路通过能力和减少铁路建设造价、节省工程费用等都具有决定性的作用。

车站又是沟通城乡、联系社会生产和消费的纽带，是加强各省、市及国内外合作的门户，因此合理规划、设计车站，在政治上也具有十分重要的意义。

车站按所办理的技术作业的性质分为中间站、区段站和编组站；按所办理业务的性质分为营业站和非营业站；营业站分为客运站、货运站（包括工业站、港湾站和换装站）和客货运站；按在路网上的作用、地位及所担负的作业量分为特等站、Ⅰ等站、Ⅱ等站、Ⅲ等站、Ⅳ等站、Ⅴ等站。

非营业站包括会让站和越行站，是为提高线路通过能力和保证行车安全而设的车站。会让站是在单线铁路上专门办理列车到发、通过和会让作业的车站。越行站是在双线铁路上办理列车到发、通过、越行及运行调整的车站。

中间站设在牵引区段内，主要办理列车到发、通过、会让、越行、转线作业，还办理少量的客货运及摘挂列车的甩挂作业。设置中间站的目的是提高铁路区间的通过能力，保证行车安全，以及为沿线城乡人民生活和工农业生产服务。

区段站设在铁路网上牵引区段的分界点处，主要办理无改编中转货物列车的作业、区段列车和摘挂列车的解编作业、更换机车和乘务组、进行车辆的检修及客货运业务。其目的是便利、及时地换挂无改编中转货物列车的机车和更换乘务组，使这类列车按运行图规定的时间迅速发车，保证车站具有足够的通过能力，从而提高线路通过能力。

编组站设在路网交叉和汇合地点，是铁路内部办理各种技术作业性质的车站。它主要办理大量的各种货物列车的解体和编组作业、更换机车和乘务组、进行车辆的检修等作业。其目的是为全路合理的车流组织服务。

客运站是设在大中城市、旅游胜地、经济开发区和客运专线上，主要办理旅客乘降，行包承运、保管、装卸、交付，旅客列车的到发、通过作业，客车车底的整备、取送和检修等。其目的是为该车站吸引范围内旅客运输服务，满足旅客出行的需要。

货运站是设在大中城市，办理各种货物的承运、保管、装卸、交付，以及货物列车的到发和有关的调车作业。其目的是为该车站吸引范围内人民生活和工农业生产所需要的货物运输服务。它包括为工业企业生产服务的工业站、为港口进出货物服务的港湾站及为不同轨距货物换装服务的换装站等。

铁路枢纽：铁路枢纽是指在几条铁路干、支线的交汇点或终端地区，由各种铁路线路、专业车站以及其他为运输服务的有关设备，如联络线、环线、迂回线等组成的总体。它除办理枢纽内各种车站的有关作业外，在货运运转方面还办理无改编中转和有改编中转列车的作业及小运转列车的作业，在客运作业方面办理通过、管内和市郊列车的有关作业，在货运业务方面办理各种货物的承运、装卸、发送、保管等作业，此外还供应运输动力，进行机车车辆的检修等作业。

重载及高速铁路站场：重载及高速铁路站场主要介绍了重载铁路车站和高速铁路车站的作业、设备及布置图。

到 2008 年，我国国家铁路共有车站 5 470 个，其中，特等站 50 个、一等站 236 个、二等站 313 个、三等站 936 个。车站中，办理客运业务的有 1 753 个，办理货运业务的有 2 923 个，办理集装箱业务的有 398 个。

第一章　线路平面和纵断面

运行列车和机车车辆的线路称为铁路线路，简称线路。线路是机车车辆和列车运行的基础，它是由路基、桥隧建筑物、轨道组成的一个整体的工程结构。为使列车按规定的最高速度安全、平稳和不间断地运行，铁路线路必须经常保持完好状态。

铁路线路的平面与纵断面不但确定了其在空间的位置，同时也为路基、桥涵、隧道及站场等其他设备的设置提供依据，对铁路通过能力及输送能力都有直接影响。从运营的观点来看，最理想的线路是既平又直，但是天然地面情况复杂多变，有山、水、沙漠、森林、矿区、城镇等障碍物和建筑物，如果把铁路修得过于平直，就会造成工程数量和工程费用的增加，并且将会延长工期。所以，铁路线路平面与纵断面必须按线路等级和《铁路线路设计规范》规定的技术标准，结合具体情况设置。

第一节　线路平面

铁路线路在空间的位置用它的中心线表示。线路中心线在水平面上的投影，叫做铁路线路的平面。

线路平面能够表明线路的直、曲变化状态。在线路平面设计时，为缩短线路长度和改善运营条件，应尽可能设计较长的直线段，但当线路遇到地形、地物等障碍时，为减少工程造价和运营支出，还应适当设置曲线。为使列车由曲线到直线或由直线到曲线运行平稳，还应设置缓和曲线。所以线路平面由直线、圆曲线以及连接直线与圆曲线的缓和曲线组成。

一、圆曲线

铁道线路在转向处所设的曲线为圆曲线，如图 1-1 所示，其基本要素有：曲线半径 R，曲线转角 α，曲线长度 L，切线长度 T。

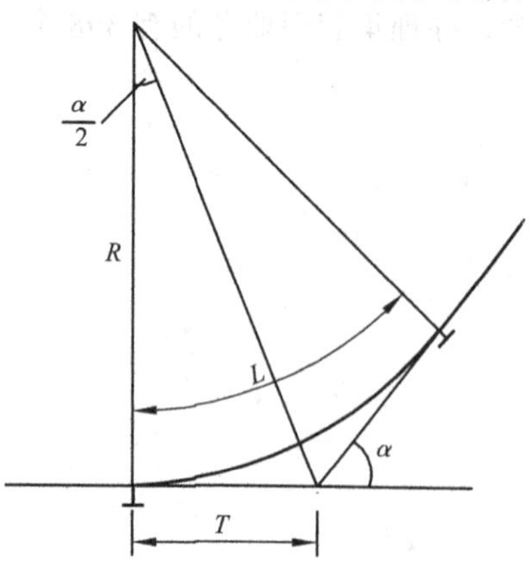

图 1-1　圆曲线要素图

在线路设计时，一般是先设计出 α 和 R，再按下式算出 T 及 L：

$$T = R \times \tan\frac{\alpha}{2} \quad (\text{m}) \tag{1-1}$$

$$L = \frac{\pi}{180} \cdot R \cdot \alpha \quad (\text{m}) \tag{1-2}$$

曲线转角 α 的大小由线路走向、绕过障碍物的需要等确定。圆曲线半径的大小，反映了曲线弯曲度的大小。圆曲线半径愈小，弯曲度愈大，行车速度愈低，工程费用愈低。反之，圆曲线半径愈大，弯曲度愈小，行车速度愈高，工程费用愈高。因此，正确地选用曲线半径就显得十分重要。

影响曲线半径的主要因素有列车运行速度、地形条件及牵引机车的种类等，其中行车速度是选定最小曲线半径的主要依据。设计线路时，可根据具体条件尽可能选用较大的半径。

在客货混跑的铁路线上，由于旅客列车与货物列车的速度差较大，其最小曲线半径既要保证旅客列车的安全舒适，又要使货物列车通过曲线时，不过于挤压和磨耗内轨，载运的货物不发生移位。为了保证线路的通过能力，并有一个良好的运营条件，我国《铁路技术管理规程》（简称《技规》）规定，客货共线铁路区间线路最小曲线半径应不小于表 1-1 所示的数据。

表 1-1　客货共线Ⅰ、Ⅱ级铁路区间线路最小曲线半径

铁路等级	路段设计行车速度/（km/h）	最小曲线半径/m	
		一般	困难
Ⅰ	200	3 500	2 800
	160	2 000	1 600
	120	1 200	800
Ⅱ	120	1 200	800
	80	600	500

高速铁路为保证列车运行应有的速度和良好的舒适性，应选择较大的曲线半径。日本新干线规范规定为 4 000 m，已建成的除东海道线为 2 500 m，最高运行速度为 210 km/h 外，其他均为 4 000 m，最高运行速度为 260 km/h。法国大西洋线为 6 000 m，最高运行速度为 300 km/h。德国已建成的两线均为 7 000 m，最高运行速度可达 350 km/h。我国《技规》规定的高速铁路区间线路最小曲线半径见表 1-2，最大曲线半径为 12 000 m。

表 1-2　高速铁路铁路区间线路最小曲线半径

路段设计行车速度/（km/h）		最小曲线半径/m	
200	客运专线	一般	2 200
		困难	2 000
250	有砟轨道	一般	3 500
		困难	3 000
	无砟轨道	一般	3 200
		困难	2 800
300	有砟轨道	一般	5 000
		困难	4 500
	无砟轨道	一般	5 000
		困难	4 000
350	有砟轨道	一般	7 000
		困难	6 000
	无砟轨道	一般	7 000
		困难	5 500

二、缓和曲线

为保证列车运行安全，使线路平顺地由直线过渡到圆曲线或由圆曲线过渡到直线，以避免离心力的突然产生和消除，常需要在直线与圆曲线之间设置一个曲率半径变化的曲线，这个曲线称为缓和曲线。

缓和曲线的作用主要是在缓和曲线范围内，其半径由无限大逐渐变化到等于它所衔接的圆曲线半径，从而使车辆产生的离心力逐渐增加（或减少），列车不会产生强烈的横向摇摆，有利于改善运营条件，保证行车安全和平顺。

缓和曲线的长度对行车的安全性、平顺性有直接影响。缓和曲线太短，显然将不利于行车的安全与平顺，但太长，又将给设置和养护带来困难。因此，缓和曲线的长度应根据曲线半径，结合该地段的行车速度和地形条件合理选用，至少应保证曲线超高在缓和曲线范围内顺完。有条件时，应尽量采用较长的缓和曲线，以便创造更有利的运营条件。

我国《铁路线路设计规范》规定缓和曲线的长度应优先选择表 1-3 中的数据。

表 1-3 缓和曲线长度

路段旅客列车设计行车速度/（km/h）		160	140	120
曲线半径/m	12 000	40	40	40
	10 000	50	40	40
	8 000	60	40	40
	7 000	70	50	40
	6 000	70	50	40
	5 000	70	60	40
	4 500	70	60	40
	4 000	80	60	50
	3 500	90	70	50
	3 000	100	80	50
	2 800	110	90	60
	2 500	120	90	60
	2 000	150	100	70
	1 800	170	120	80
	1 600	190	130	90
	1 400	—	150	100
	1 200	—	190	120
	1 000	—	—	140
	800	—	—	180

对于高速客运专线，其缓和曲线的设置应满足列车运行平稳、安全和旅客舒适的要求，同时，便于维修养护以及节省工程费用。《高速铁路设计规范》规定，缓和曲线长度应根据设计速度、曲线半径和地形条件合理选用，应选用（1）栏值，困难条件下可选用（2）栏值或（3）栏值，见表1-4。

表1-4　高速铁路缓和曲线长度　m

曲线半径/m	设计速度/（km/h）								
	350			300			250		
	（1）	（2）	（3）	（1）	（2）	（3）	（1）	（2）	（3）
12 000	370	330	300	220	200	180	140	130	120
11 000	410	370	330	240	210	190	160	140	130
10 000	470	420	380	270	240	220	170	150	140
9 000	530	470	430	300	270	250	190	170	150
8 000	590	530	470	340	300	270	210	190	170
7 000	668 700*	651 900*	555 400*	390	350	310	240	220	190
6 000	668 700*	651 900*	555 400*	450	410	370	280	250	230
5 500	668 700*	651 900*	555 400*	490	440	390	310	280	250
5 000	—	—	—	540	480	430	340	300	270
4 500	—	—	—	558 750*	552 100*	447 600*	380	340	310
4 000	—	—	—	558 750*	552 100*	447 600*	420	380	340
3 500	—	—	—	—	—	—	480	430	380
3 200	—	—	—	—	—	—	480	430	380
3 000	—	—	—	—	—	—	480 490*	430 440*	380 400*
2 800	—	—	—	—	—	—	480 490*	430 440*	380 400*

注：① 表中（1）栏为舒适度优秀条件值，（2）栏为舒适度良好条件值，（3）栏为舒适度一般条件值。

② *号标志，表示为曲线设计超高175 mm时的取值。

三、夹直线

为保证列车运行的平稳，两条相邻曲线间应设置一定长度的直线。两相邻曲线转向相同时称为同向曲线，如图 1-2（a）所示；转向相反时，称为反向曲线，如图 1-2（b）所示。图中的 HZ 表示缓和曲线和夹直线的交点，ZH 为夹直线与缓和曲线的交点。车辆运行在同向曲线上，因相邻曲线半径不同，超高高度不同，车体内倾度也不相同；车辆运行在反向曲线上，因两曲线超高方向不同，所以车体时而向左倾斜，时而向右倾斜。这两种情况都会造成车体摇晃震动，夹直线愈短，摇晃震动愈大。

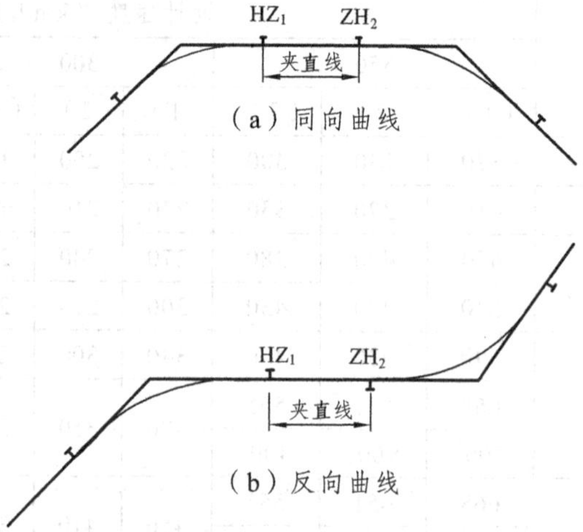

图 1-2　相邻曲线间的夹直线

为保证良好的运营条件，夹直线应尽量长些。特别是反向曲线间的夹直线应更长些，因为列车通过反向曲线时，其曲线单位附加阻力比单个曲线增大，影响运行中列车的稳定与安全。根据运营实践，为保证旅客舒适，夹直线长度应保持 2 ~ 3 辆客车长度，困难条件下，也不应短于一辆客车长度。因此《铁路线路设计规范》规定了各级铁路线路两相邻曲线间夹直线最小长度，见表 1-5。

表 1-5　各级铁路线路两相邻曲线间夹直线最小长度

路段旅客列车行车设计速度/（km/h）	160	140	120	100	80
夹直线最小长度/m	130	110	80	60	50

在行车速度较高的线路上，为保证列车运行平稳，夹直线相应要求较长。《高速铁路设计规范》规定夹直线的长度应根据下列公式计算确定，并不得小于表 1-6 的规定。

一般条件下　$l \geqslant 0.8v$　（1-3）

困难条件下　$l \geqslant 0.6v$　（1-4）

式中　v——设计速度（km/h）。

表 1-6　高速铁路夹直线长度

设计行车速度/（km/h）	350	300	250
夹直线最小长度/m	280（210）	240（180）	200（150）

注：括号内为困难条件下采用的最小值。

四、曲线附加阻力

当列车通过曲线时，由于惯性的作用，外侧车轮轮缘紧压外轨头，产生滑动摩擦，车轮在轨面产生的横向滑动加剧。又由于曲线外轨长于内轨，外轮在外轨上的滑行等原因，运行中的列车所受阻力比在直线上所受阻力大，两者之差称为曲线附加阻力。曲线阻力的大小，我国通常用下列的试验公式来计算：

当 $l_r \geqslant l_l$ 时：

$$w_r = \frac{A}{R}\ (\text{N/kN}) \tag{1-5}$$

式中　l_r——曲线长度（m）；

l_l——列车长度（m）；

w_r——单位曲线阻力，即列车每一千牛重力所摊到的曲线附加阻力（N/kN）；

R——曲线半径（m）；

A——试验得出的常数。在计算时，我国通常采用 $A = 600$。

当 $l_r < l_l$ 时：

$$w_r = \frac{A}{R} \times \frac{l_r}{l_l}\ (\text{N/kN}) \tag{1-6}$$

从公式可以看出，曲线半径愈小，曲线附加阻力愈大，运营条件就愈差。同时小半径曲线还会限制列车的运行速度，加剧轮轨之间磨耗，增加轨枕、轨距杆、轨撑等轨道设备及轨道养护维修费用。但是，小半径曲线在地形困难时，容易适应地形，对工程条件有利。因此，设计时必须根据该铁路的最高设计速度，由小到大合理选用曲线半径。

第二节　线路纵断面

线路中心线纵向展直后在铅垂面上的投影，叫线路的纵断面。为了适应地面的起伏，线路上除了平道以外，还修成不同的坡道。线路纵断面只表明线路坡度的变化。因此，平道、坡道及设于变坡点处的竖曲线就构成了线路纵断面的组成要素。

一、坡道的坡度

铁路线路坡道坡度的大小是用千分率表示的，即某段坡道两端点的高差 h 与水平距离 L 之比，用 i‰ 表示（见图 1-3）：

$$i‰ = 1000\frac{h}{L} = 1\,000\tan\alpha \quad (‰) \tag{1-7}$$

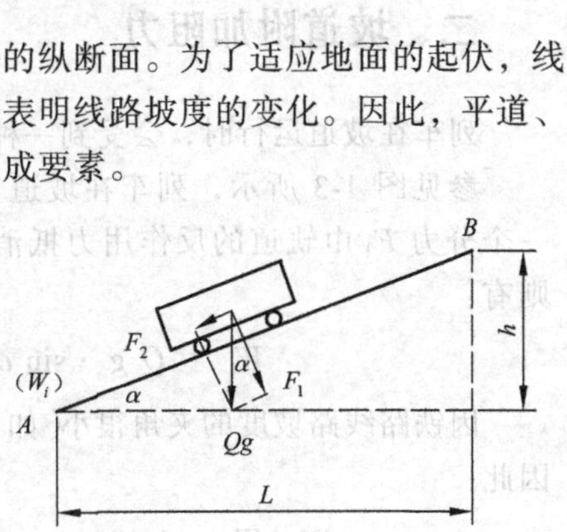

图 1-3　坡道坡度及坡道附加阻力示意图

若设 $h = 8$ m，$L = 4\,000$ m，则坡度为 0.002 或 2‰。

铁路线路根据地形的变化，有上坡、下坡和平道。上、下坡是按列车运行方向来区分的，通常上坡为正（+），下坡为负（−），平道为 0。例如，+4‰表示坡度为 4‰的上坡，其意为线路每 1 000 m 的水平距离升高 4m；−4‰则表示坡度为 4‰的下坡，其意为线路每 1 000 m 的水平距离降低 4 m。

相邻两坡段的交点叫变坡点，两变坡点间的距离，叫坡段长度。从运营角度来看，纵断面的坡段越长，变坡点越少，越有利于列车运行的平稳，但在地形困难时，较长的坡段有时会增加工程量。因此，在具体设计时，应综合考虑运营条件、地形条件及工程量等因素。一般情况下，坡段长度不短于远期列车长度的一半，使一个列车长度范围内不超过两个变坡点，以减少变坡点附加力的叠加影响所引起列车运行的不平稳。《铁路线路设计规范》规定，旅客列车行车设计速度为 160 km/h 的路段，坡道长度不应小于 400 m，且最小坡段不应连续使用 2 个以上。旅客列车行车设计速度小于 160 km/h 的路段，坡道长度不宜少于表 1-7 的规定。

表 1-7　坡段长度

远期到发线有效长度/m	1 050	850	750	650
坡段长度/m	400	350	300	250

高速铁路为满足列车运行平稳和旅客舒适性的要求，设计坡段大于一个列车长度以上的长坡段比较好。《高速铁路设计规范》规定的正线最小坡段长见表 1-8。困难条件下的最小坡段长度不得连续采用。

表 1-8　高速铁路最小坡段长度

设计行车速度/（km/h）	350	300	250
一般条件/m	2 000	1 200	1 200
困难条件/m	900	900	900

注：困难条件的最小坡段长度需进行技术经济比选，报部批准后方可采用。

二、坡道附加阻力

列车在坡道运行时，会受到一种由坡道引起的阻力，称为坡道附加阻力。

参见图 1-3 所示，列车在坡道上行驶时其重力 Qg 可以分解为 F_1 和 F_2 两个分力，前一个分力 F_1 由轨道的反作用力抵消了，后一分力 F_2 就成了坡道附加阻力，用 W_i 来表示。则有：

$$W_i = Qg \cdot \sin\alpha\,(\mathrm{kN}) = Qg \cdot \sin\alpha \cdot 1\,000\ (\mathrm{N})$$

因铁路线路坡度的夹角很小（如 $i = 30‰$ 时，α 仅为 1° 44′），而 α 很小时 $\tan\alpha \approx \sin\alpha$，因此：

$$W_i = 1\,000 \cdot \tan\alpha \cdot Qg\ (\mathrm{N})$$

又因 $i‰ = \tan\alpha$，则：

$$W_i = i \cdot Qg\ (\mathrm{N}) \tag{1-8}$$

坡道附加阻力与列车重力之比，叫做单位附加阻力，用 w_i 来表示。它等于：

$$w_i = \frac{W_i}{Qg} = i \quad (N/kN) \tag{1-9}$$

即机车车辆每一千牛重力所受的坡道附加阻力在数值上等于该坡道的坡度千分数 i。例如，上坡时 i = 6‰，则单位坡道附加阻力 w_i = 6 N/kN；若为下坡时 i = －6‰，则单位坡道附加阻力 w_i = －6 N/kN。

由式 1-9 可以看出，坡道坡度越大，列车上坡时的坡道阻力也就越大，同一台机车（在列车速度相同的条件下）所能牵引的列车重量也就越小。

三、换算坡度

列车在坡道上运行时有坡道附加阻力，在曲线上运行时有曲线附加阻力，这两种附加阻力有时单独存在，有时同时存在，为了计算方便，用单位加算附加阻力 w_j 表示因坡道和曲线所产生的单位附加阻力之和，即

$$w_j = w_r + w_i \quad (N/kN) \tag{1-10}$$

前已证明，单位坡道附加阻力在数值上等于该坡道的坡度千分数，因此，这些附加阻力也可用一个相当的坡道附加阻力代替，这个相当的坡道称为加算坡道。加算坡道的坡度千分数为：

$$i_j = i + w_r \quad (‰) \tag{1-11}$$

由此可知，当坡道上有曲线时，列车上坡运行时坡道就显得更陡；而下坡运行时，坡道则显得缓了。

例：根据图 1-4 所示的资料，求列车（列车长度为 800 m）运行在各坡段的加算坡度。

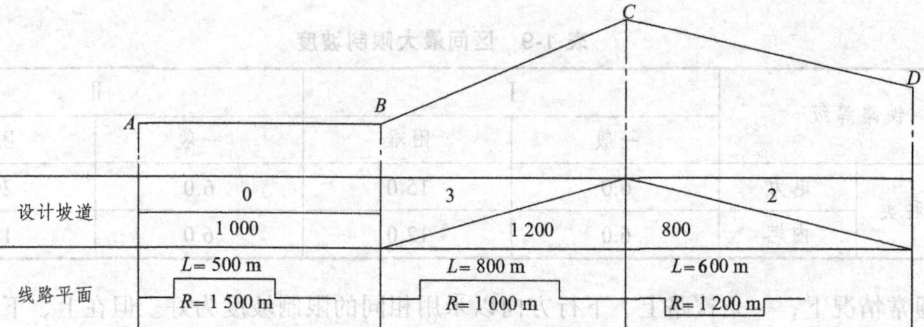

图 1-4　线路平、纵断面图

解：当列车由 $A \to D$ 运行时，根据公式（1-11）有：

$$i_j^{AB} = i + w_r = 0 + \frac{600}{1500} \times \frac{500}{800} = 0.25\ (‰)$$

$$i_j^{BC} = i + w_r = 3 + \frac{600}{1000} \times \frac{800}{800} = 3.60\ (‰)$$

$$i_j^{CD} = i + w_r = -2 + \frac{600}{1200} \times \frac{600}{800} = -1.62\ (‰)$$

当列车由 $D \to A$ 运行时，根据公式（1-11）有：

$$i_{\mathrm{j}}^{AB} = i + w_{\mathrm{r}} = 0 + \frac{600}{1\,500} \times \frac{500}{800} = 0.25\ (‰)$$

$$i_{\mathrm{j}}^{BC} = i + w_{\mathrm{r}} = -3 + \frac{600}{1\,000} \times \frac{800}{800} = -2.40\ (‰)$$

$$i_{\mathrm{j}}^{CD} = i + w_{\mathrm{r}} = 2 + \frac{600}{1\,200} \times \frac{600}{800} = 2.38\ (‰)$$

高速铁路通常运行客运列车，按铁科院的研究，高速铁路高速客运列车所受到的单位曲线附加阻力为 $w_{\mathrm{r}} = 2\,000/R$。按最小曲线半径 7 000 m，在 12‰的上坡道计算，其所受的单位曲线附加阻力，不到总阻力的 1%。从国外高速铁路来看，均没有考虑曲线附加阻力的有关规定，因此《高速铁路设计规范》规定最大坡度不考虑曲线阻力和隧道阻力的坡度折减。

四、限制坡度

每一铁路区段都是由许多平道和不同坡度的坡道组成。坡道的坡度不同，它们对列车重量的影响也就不同。

限制坡度是指某个区间或区段内对牵引重量起限制作用的坡道，即用一台机车牵引规定重量的货物列车，以规定的计算速度作等速运行时所能爬上的最大坡度。

一条铁路线路的限制坡度愈小，机车牵引重量愈大，运营效率亦愈高。但采用过小的限坡，又可能造成土石方工程量的增加，提高线路造价。因此，线路的限制坡度应根据铁路等级、地形类别和牵引种类比选确定，并应与其衔接铁路的限制坡度、牵引定数相协调。《技规》规定客货共线Ⅰ、Ⅱ级铁路区间线路最大限制坡度如表 1-9 所示。

表 1-9 区间最大限制坡度 ‰

铁路等级		Ⅰ		Ⅱ	
		一般	困难	一般	困难
牵引种类	电力	6.0	15.0	6.0	20.0
	内燃	6.0	12.0	6.0	15.0

通常情况下，一条铁路上、下行方向以采用相同的限制坡度为好。但在上、下行方向货流量相差悬殊的铁路线路上，地形条件适合重车方向采用较缓的限坡，轻车方向采用比重车方向大的限坡，这叫分方向限制坡度。Ⅰ级铁路一般不宜采用，Ⅱ、Ⅲ级铁路上、下行方向运量显著不同，预计将来也不会发生较大变化，且分方向采用不同限制坡度，又可节省大量工程时，可按不同方向分别采用限制坡度。

在个别越岭地段，当采用限制坡度会引起工程费用的增加时，经过比选，也可以采用坡度大于限制坡度的坡道，在牵引重量不变的条件下，采用两台或多台机车牵引，这种坡度称为加力牵引坡度。加力牵引坡度值应根据限制坡度、采用的机车类型和加力牵引方式计算确定。根据我国铁路运营经验：加力牵引坡度最大值，内燃机车牵引不超过 25‰，电力机车牵引不超过 30‰。

高速列车重量较小，机车功率较大，可在较大线路坡度上高速运行，如法国 TGV 东南线采用 35‰，大西洋线为 15‰；德国为 12‰；日本除在东海道新干线上采用 20‰外，山阳、东北、上越新干线均为 15‰。我国《高速铁路设计规范》规定区间正线的最大坡度一般不超过 20‰，在困难条件下，经技术经济比较，可采用不大于 30‰的坡度。动车组走行线最大坡度不宜大于 35‰，困难条件下不应大于 35‰。

五、竖曲线

竖曲线就是在纵断面上的圆曲线。为使列车在纵断面上不以折线运行，两相邻坡段应以竖曲线连接。当车辆经过变坡点时，将产生振动和竖向加速度；同时由于坡度变化，车钩会产生一种附加应力；车辆经过凸凹地点时，相邻车辆处在不同坡道上易产生车钩上下错移，这些现象将会随相邻坡段坡度代数差的增加而加剧，甚至会发生断钩、脱钩等事故，如图 1-5 所示。

图 1-5　车辆经过变坡点的状态

因此，当相邻坡段坡度代数差超过一定数值时，应在变坡点处设置竖曲线，将相邻两坡段连接起来，使列车顺利地由一个坡段过渡到另一个坡段，保证列车平稳运行，防止断钩、脱钩事故的发生。

《铁路线路设计规范》规定：路段设计速度为 160 km/h 的区段，当相邻两坡度差大于 1‰时，应采用圆曲线型的竖曲线连接，竖曲线半径采用 15 000 m。路段设计速度小于 160 km/h 的区段，当相邻两坡度差大于 3‰时，应采用圆曲线型的竖曲线连接，竖曲线半径采用 10 000 m。

高速铁路为保证行车安全和旅客舒适性要求，《高速铁路设计规范》规定正线相邻坡段的坡度差大于或等于 1‰时，应采用圆曲线型竖曲线连接，最大曲线半径不应大于 30 000 m，最小竖曲线长度不得小于 25 m。动车组走行线相邻坡段坡度差大于 3‰时，设置圆曲线型竖曲线，其半径一般为 5 000 m，困难条件为 3 000 m。

竖曲线半径的大小，不但应保证列车经过变坡点时车钩不脱钩、车轮不脱轨，还应考虑列车在竖曲线上产生的竖向离心加速度和离心力对旅客舒适的影响。竖曲线的半径与列车运行速度有关，速度越大，竖曲线半径就越大。

《高速铁路设计规范》规定的竖曲线半径如表 1-10 所示。

表 1-10　高速铁路最小竖曲线半径

设计行车速度/（km/h）	350	300	250
最小竖曲线半径/m	25 000	25 000	20 000

国外高速铁路竖曲线半径，日本和法国已建成的高速铁路为 10 000 m、12 000 m、16 000 m；法国今后新线将用 21 000 m。而德国虽然规定竖曲线半径大于 $0.4v_{max}^2$，必要时不小于 $0.25v_{max}^2$，但又规定在特殊情况下，凸形纵断面可不小于 14 000 m，凹形可不小于 12 000 m。

第三节　线路平面和纵断面图

线路平面图和纵断面图是全面、正确反映线路主要技术条件的重要文件，也是指导线路施工工作和线路交付运营后仍需使用的技术资料。

一、线路平面图

线路平面图是用一定的比例尺（1：2 000 或 1：10 000）和规定的符号，把线路中心线及两侧的地形、地物投影到水平面上绘出的图。从图 1-6 中，我们可以看到线路的中心线和里程标，以及沿线的车站、桥隧建筑物等的数量和位置；同时还可以看到用等高线（地面上高程相等各点的连线）表示的沿线地形和地物等情况。

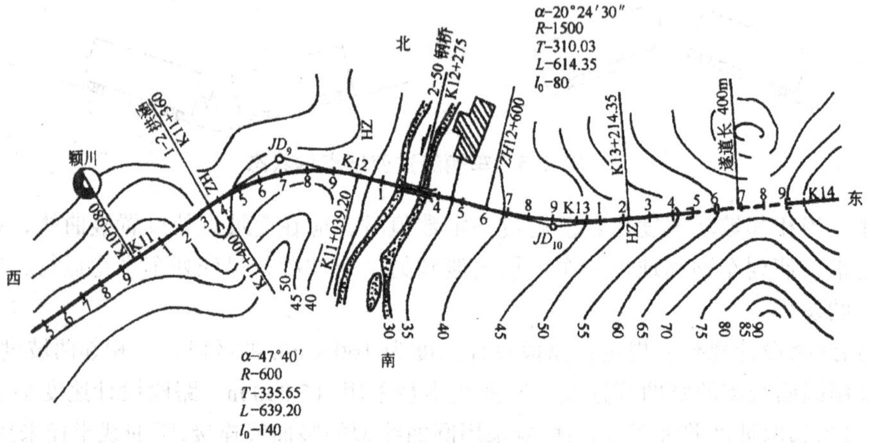

图 1-6　线路平面图

1. 线路平面

图中的粗实线为线路中心线，由图可看出线路的走向及直、曲线变化情况。该段线路范围包括三段直线、两段曲线和一段隧道（虚线所示）。

2. 线路里程标和百米标

线路自起点开始每整公里处注有线路里程标，如 K11 为设计的里程 11km 处。在各里程标之间整百米处注有百米标，如图中的 1、2、3 等。

3. 曲线要素及起、终点里程

在各曲线内侧平行于线路注有曲线要素。曲线起点 ZH（直缓点）、终点 HZ（缓直点）及 *HY*（缓圆点）、YH（圆缓点）的里程数应垂直于线路标注在曲线内侧。

4. 各种主要建筑物

铁路沿线的桥梁、涵洞、隧道、车站等建筑物，应以规定的图例符号注明其所在位置的中心里程、类型及尺寸等。

5. 地　形

图中用等高线来表示铁路经过地的地面起伏形状。地面上高程相等各点的连线称为等高线，等高线在水平面上的投影，称为等高线地形图。

二、铁路纵断面图

线路纵断面图是用一定的比例尺（横向为 1 : 10 000、纵向为 1 : 1 000）和规定的符号，把线路中心线展直后投影到铅垂面上，并注有线路平面和纵断面有关资料的图。图上能详细地反映线路纵断面要素以及设计铁路线地区的地面情况。

线路纵断面图由图和资料两部分内容组成，如图 1-7 所示。

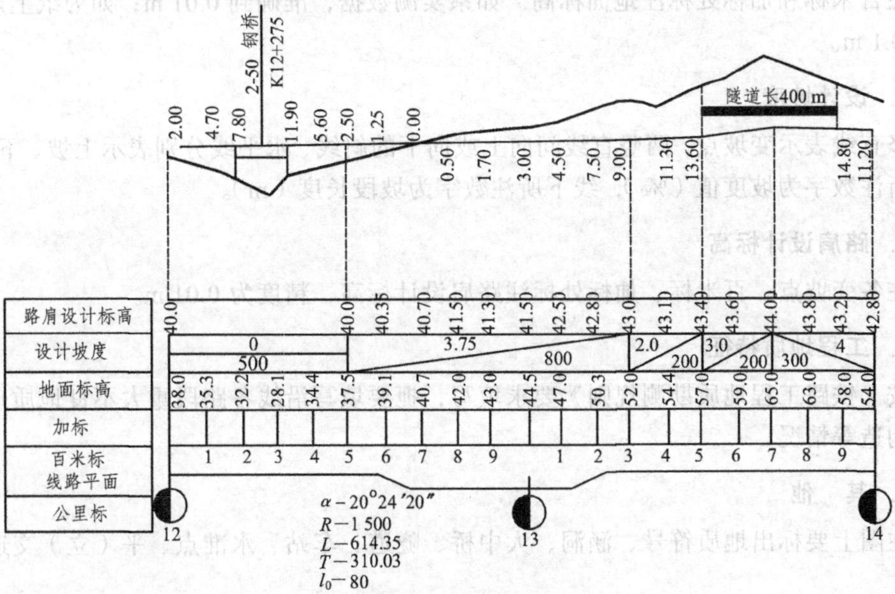

图 1-7　线路纵断面图

图的上部分表示线路纵断面概貌和沿线主要建筑物特征。图中细实线为地面线，粗实线为设计线。设计线上方数字为路基填方高度（m），下方数字为路基挖方深度（m）。路基填挖高度等于地面标高与路肩设计标高之差。图上还用符号和数字注明各主要建筑的位置、类型和有关尺寸。

在纵断面图的下部是表格部分，其中主要是路肩设计标高（在变坡点处和百米标、加标处都标出路肩设计标高）和设计坡度（每个坡段分别标出）。同时，用公里标、百米标和加标（在桥涵中心位置等必要地点都设置加标，并表明加标和前后百米标之间的距离）标明线路上各个坡段和设备的位置，此外，还有地面标高等。

线路纵断面图应标出下列各项：

1. 连续里程

一般以线路起点车站的旅客站房中心为零起算，由零点起贯通线路全长的累计里程，并注出相应的百米标。

2. 线路平面

线路平面是表示线路直、曲变化的示意图。凸起部分表示右偏角的曲线，凹下部分表示左偏角的曲线，凸起与凹下的斜线转折点依次为 ZH、HY、YH、HZ 点。在 ZH 和 HZ 点处注有距前百米标的距离。曲线要素应注于曲线内侧，两相邻曲线间的水平线为直线段，从纵断面上可看出曲线所在处的坡度情况。

3. 百米标及加标

在两公里标之间的整百米处注百米标数。在百米标之间地形突变点应标注加标，其数字为距前百米标的距离。

4. 地面标高

在百米标和加标处标注地面标高。如系实测数据，准确到 0.01 m；如为纸上定线，则准确到 0.1 m。

5. 设计坡度

竖直线表示变坡点，两竖直线间向上或向下的斜线、水平线分别表示上坡、下坡或平道。线上所注数字为坡度值（‰），线下所注数字为坡段长度（m）。

6. 路肩设计标高

在各变坡点、百米标、加标处标注路肩设计标高，精度为 0.01 m。

7. 工程地质特征

按《铁路工程地质勘测规则》要求填写，扼要填写沿线各路段重大不良地质现象、主要地层构造等情况。

8. 其　他

在图上要标出地质符号、涵洞、大中桥、隧道、车站、水准点、平（立）交道等。

第四节　线路标志

为满足行车和线路养护维修及司机和车长等工作上的需要，在铁路沿线设有各种标明铁路建筑物及设备的位置和线路技术状态的标志，称为线路标志。线路标志应设在其内侧距线路中心线不小于 3.1 m 处（警冲标除外）。线路标志按计算公里方向设在线路左侧。双线区段须另设线路标志时，应设在列车运行方向左侧。

常见的线路标志有：

（1）公里标，如图 1-8 所示。它表示从铁路起点开始计算的连续里程，每一公里设一个，白底黑字。

（2）半公里标，如图 1-9 所示。它设于相邻两公里标的中间，白底黑字，用“$\frac{1}{2}$”字样表示。

（3）曲线标，如图 1-10 所示。它设在曲线中部，白底黑字，其上标有曲线长度、缓和曲线长度、曲线半径、外轨超高和轨距加宽，侧面标有曲线中部里程。

图 1-8　公里标

图 1-9　半公里标

图 1-10　曲线标

（4）圆曲线和缓和曲线的始终点标，如图 1-11 所示。该标志呈三棱柱形，侧面标有缓、直、圆字样，分别设在直缓、缓圆、圆缓、缓直点处。

图 1-11　曲线始终点标

（5）坡度标，如图 1-12 所示。设在变坡点处，白底黑字，两面各标明其前进方向的坡度值及坡段长度。箭头向上斜为上坡，箭头向下斜为下坡，横线为平道。

图 1-12　坡度标

（6）桥隧涵，如图 1-13 所示。设于桥头或涵洞前方，其上标有桥涵编号和中心里程。

（7）管界标，如图 1-14 所示。设在各单位（铁路局、工务段、领工区、养路工区和供电段、水电段等）管辖地段的分界点处，白底黑字，两侧标明所向的单位名称。

图 1-13　桥梁标

图 1-14　管界标

复习思考题

1．何谓线路平面图，何谓线路纵断面图？
2．线路平面组成要素有哪些？线路纵断面组成要素有哪些？
3．曲线对铁路运营工作有何不利影响？
4．何谓缓和曲线？何谓竖曲线？这两种曲线有什么作用？
5．单位曲线附加阻力如何确定？单位坡度附加阻力如何确定？换算坡如何确定？
6．何谓限制坡度？
7．线路平、纵断面图上有哪些内容？
8．铁路沿线的线路标志有何作用？铁路有哪些常见的线路标志？

第二章　路基及桥隧建筑物

第一节　路　基

路基是轨道的基础，是铁路线路的重要组成部分。它直接承受轨道的重量，承受轨道传来的机车车辆及其载荷的压力。路基质量如何，对整个线路质量和行车安全有很大的关系。因此，路基必须填筑坚实，基床应强化处理，并经常保持干燥、稳定和完好状态，以保证运输安全畅通。同时，路基两侧应留有足够宽度的铁路用地，以保护路基、养护维修取土和植树造林。

一、路基构造

1．路基本体构造

其上铺设轨道的部分叫路基本体。随着地面的起伏，一条铁路线路的路基的地段填筑有的开挖、有的半填半挖而成。

路基按横断面分有路堤、路堑两种基本形式，如图 2-1 所示。

（1）路堤：按照纵断面图的规定，路肩的设计标高高于天然地面，经填筑而成的路基，如图 2-1（a）所示。

（2）路堑：按照纵断面图的规定，路肩的设计标高低于天然地面，经开挖而成的路基，如图 2-1（b）所示。

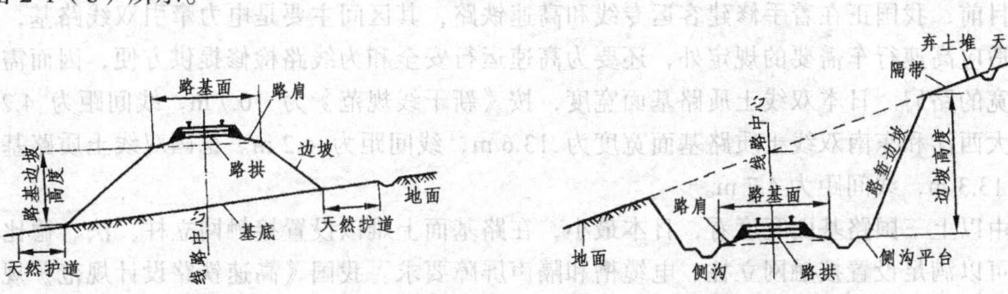

（a）路堤　（b）路堑

图 2-1　路基的基本形式及各部分名称

2．路基的基本参数

（1）路基面形状：路基面的形状根据土质情况分为有路拱和无路拱两种。路拱的作用是把降落在路基面上的雨水排走，以免其侵入路基，降低路基强度和稳定性。对非渗水土路基的路面应设路拱，单线路基的路拱横断面做成梯形，而一次修成的双线路基，路拱的形状为三角形。如果是用岩石等渗水土填筑的路基，降落在路基面上的雨水会自行渗走，也就用不着修路拱，路基面做成水平面的即可。所以只有用不渗水土填筑的路基方设路拱。

（2）路肩宽度：路基面上道床坡脚以外的部分叫路肩。设置路肩是为了加大路基断面，增加路基的稳定性，防止道砟散失，设置线路、信号标志和供养路人员行走等。

路基面上道床坡脚至路基面边缘的水平距离称为路肩宽度。《技规》规定路肩宽度：线路设计速度为200 km/h路段的路堤、路堑两侧均不应小于1 m；线路设计速度为160 km/h及以下的铁路路堤不应小于0.8 m；路堑不得小于0.6 m。牵出线的中心线距路肩边缘的宽度不得小于3.5 m。高速铁路有砟轨道路肩宽度：线路设计速度为200 km/h区段不应小于1.0 m；250 km/h及以下的区段双线不应小于1.4 m，单线不应小于1.5 m。无砟轨道路肩宽度应根据无砟轨道形式、电缆槽和接触网基础类型等确定。

（3）路肩标高：路基面上边缘点的标高，称为路肩标高。路基最怕被洪水淹没，冲走道床，也怕地下水上升到路基面，使路基松软下沉。所以，为了防止地面或地下水对路基的侵害，路肩标高应高出当地的最高地下水位或最高地面积水水位。因此《技规》规定路肩标高应不低于设计洪水位加波浪侵袭高（或斜水流局部冲高）加壅水高再加 0.5 m。如果由于各种原因路肩标高达不到上述标准，则要采取降低水位的措施。

（4）路基面宽度：路基面宽度等于道床底宽加两边的路肩宽度。路基面的宽度，则视土壤种类、线路等级和轨道类型等条件而异，通常单线为5.7～7.0 m，双线为9.7～11.1 m。

（5）路堤边坡：用土石填筑的路堤，两边要有适当的坡度才能保持稳定，不向下坍滑。坡度的大小与路堤高低、填料性质有关，通常为1∶1.5～1∶1.75（即边坡高度与边坡的水平投影之比）。路堤很高时，可以分段采用不同的坡度，上部较陡，下部较缓，以确保路堤的稳定。

（6）路堑边坡：由于路堑边坡受雨水冲刷和地下水渗透比路堤边坡严重，尤其对于地质不良的路堑或深路堑，边坡陡缓的合理选定关系到边坡的稳定和行车安全。因此，路堑边坡应根据工程、水文条件、边坡高度等因素综合确定。通常情况，对均质黏土、黏砂土采用1∶1～1∶1.5的坡度；中粗砂采用1∶1.5～1∶1.75的坡度。

3. 高速铁路路基的设置

目前，我国正在着手修建客运专线和高速铁路，其区间主要是电力牵引双线路基，横断面除适应高速行车需要的规定外，还要为高速运行安全和为线路检修提供方便，因而需要设计较宽的路肩。日本双线土质路基面宽度，按《新干线规范》为 10.7 m，线间距为 4.2 m。法国大西洋和东南双线土质路基面宽度为 13.6 m，线间距为 4.2 m。德国双线土质路基面宽度为13.3 m，线间距为4.7 m。

由以上三国路基面宽度看，日本最小，在路基面上难以设置接触网立柱。法、德比较接近，可以满足设置接触网立柱、电缆槽和隔声屏障要求。我国《高速铁路设计规范》规定的路基面宽度：有砟轨道单线为8.8 m，双线为13.4～13.8 m，线间距为4.6～5.0 m。无砟轨道单线为8.6 m，双线为13.2～13.6 m，线间距为4.6～5.0 m。

二、路基排水设施

路基是土石工程，最怕水的浸泡和冲刷。即使修建了坚固的防护设施，如不把积水及时地排出去，路基还会松软、下沉，甚至毁坏，危及行车安全，后果不堪设想。

水分地面水和地下水，因此，排水设施也分地面排水设施和地下排水设施。各种排水设施要互相配合，形成排水网，使排水畅通。

1. 地面排水设施

对于路基有危害的地面水，应采取拦截引排等措施，及时将它们引泄到路基范围以外。

常用的路基地面排水设施，路堤有纵向排水沟或取土坑；路堑有侧沟、截水沟、天沟等，如图 2-2 所示。

图 2-2　排出地面水设施

2. 地下排水设施

对路基有危害的地下水，应根据地下水类型、含水层深度等条件，采用渗沟、渗管等设施予以排除，如图 2-3 所示。

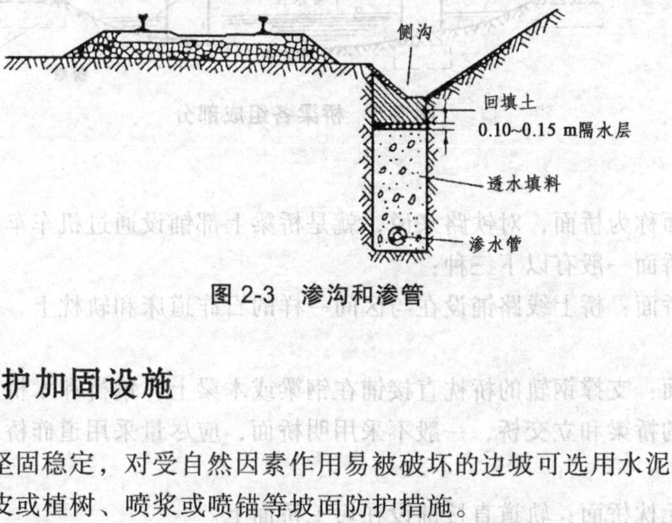

图 2-3　渗沟和渗管

三、路基防护加固设施

为保证路基的坚固稳定，对受自然因素作用易被破坏的边坡可选用水泥砂浆、干砌或浆砌片石护坡，铺草皮或植树、喷浆或喷锚等坡面防护措施。

铁路路基通过不良地质或困难地段，为防止土坡坍塌、滑坡等，可考虑用挡土墙、抗滑桩等建筑物加固，使路基稳固可靠，运营畅通。挡土墙如图 2-4 所示。

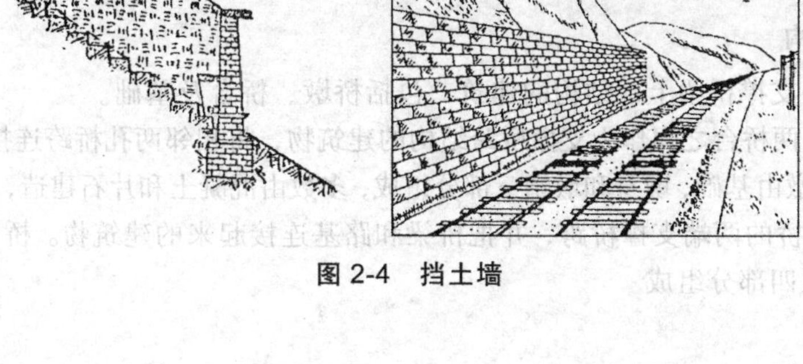

图 2-4　挡土墙

第二节 桥隧建筑物

一、桥 梁

桥梁是铁路线路跨越河流、池沼、低地、深谷、公路、市区（郊区）道路或另一条铁路线路时而修建的建筑物。

（一）桥梁的组成

桥梁主要由桥面、桥跨结构、墩台及基础三个部分所组成，此外，桥台锥体防护建筑也属于桥梁范围。桥梁各组成部分如图 2-5 所示。

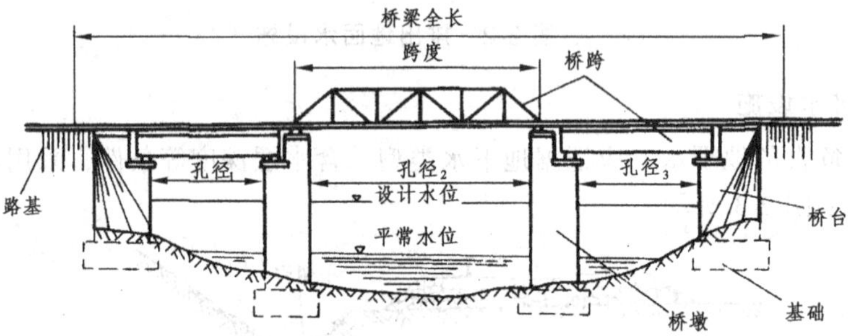

图 2-5 桥梁各组成部分

1. 桥面

桥上的路面称为桥面，对铁路来说，就是桥梁上部铺设通过机车车辆的轨道和供行人走的部分。铁路桥面一般有以下三种：

（1）道砟桥面：桥上线路铺设在与区间一样的石砟道床和轨枕上，一般圬工桥多采用这种桥面。

（2）明桥面：支撑钢轨的桥枕直接铺在钢梁或木梁上，钢桥和木桥多采用这种桥面。位于城市居民区的桥梁和立交桥，一般不采用明桥面，应尽量采用道砟桥面结构，并设置防噪声措施。

（3）无砟无枕桥面：轨道直接铺设在圬工桥面上。

2. 梁拱结构

梁拱结构是桥梁上部结构的主体部分，它支撑桥面及由桥面传来的载荷。梁常用的有钢板梁、钢桁梁、钢筋混凝土梁及预应力混凝土梁；拱常用的有钢筋混凝土拱及石拱等。

3. 下部结构

下部结构是支撑桥梁上部结构的建筑，包括桥墩、桥台及基础。

（1）桥墩：两桥台之间作为支撑桥跨结构的建筑物，将相邻两孔桥跨连接起来，使全桥成为一个整体。桥墩由基础、墩身和墩帽三部分组成，多数由混凝土和片石建造，少数采用钢塔架。

（2）桥台：桥的两端支撑桥跨，并把桥梁和路基连接起来的建筑物。桥台由基础、台身、道砟槽和桥台顶四部分组成。

（3）基础：桥梁墩台的最下面部分称为桥梁基础。它支撑墩台自身的重量、列车的重量和冲击力，以及自然界的外力和风力等，并把这些力传到地基。桥梁基础按其施工方法的不同，有明挖基础、桩基础、管柱基础、沉井基础和沉箱基础等。

墩台基础应有足够的埋置深度。当桥涵建筑物及其附近有超过设计容许的冲刷可能时，应加深原有桥涵基础，必要时改建原有桥涵。

4. 桥台锥体

它是桥台翼墙（两旁侧墙）与路堤边坡之间的锥形填土。为防止水流冲刷，锥体表面一般以片石铺砌或混凝土块做成护面，保护桥台和桥头路基。

5. 桥梁的跨度、孔径、净空、长度

桥梁的跨度、孔径、净空、长度参见图 2-5 所示。

（1）跨度。横跨在两墩台之上的部分叫桥跨，而一孔梁两端支撑的中心点之间的距离，称为梁的跨度。

（2）孔径。桥梁两个墩台之间的空间叫桥孔，每个桥孔在设计水位处的水平距离叫孔径。单孔桥的孔径是沿着计算水位量出两桥台间的净宽度；多孔桥的孔径是各孔孔径的总和。桥梁孔径的大小，根据最大流量、航船及木筏通过条件，以及其他技术经济条件来决定。

（3）净空。从设计水位到桥跨结构底部的高度以及相邻两墩台之间的限界空间，叫桥下净空。桥梁的孔径和桥下净空应能满足国家防洪标准，满足排洪、泥石流、漂浮物及船舶通航、筏运等要求。

（4）桥长是桥梁的长度。梁桥按桥台挡渣墙之间的距离，拱桥按拱上端墙与桥台间的伸缩缝间的距离计算。

（5）桥梁全长，指两桥台边墙外端（包括托盘及基础）间的距离，两边墙不相等时以短边计；曲线桥为中心线上墩台之间各段折线之和。

（二）桥梁的分类

铁路桥梁根据设计、施工和运营部分的需要，形式多样，种类繁多，可按下列不同方法分类：

1. 按桥身的长度分类

按长度可分为小桥、中桥、大桥和特大桥：

（1）小桥：桥身长在 20 m 及其以下者。

（2）中桥：桥身长超过 20 ~ 100 m 者。

（3）大桥：桥身长超过 100 ~ 500 m 者。

（4）特大桥：桥身长超过 500 m 者。

2. 按桥身的建筑材料分类

按桥身的建筑材料可分为钢桥、钢筋混凝土桥、混凝土桥、石桥、混合桥等。

3. 按桥身结构分类

按桥身结构可分为梁桥（简支梁桥、连续梁桥、悬臂梁桥）、拱桥、刚架桥、斜拉桥、悬索桥等，如图 2-6 所示。

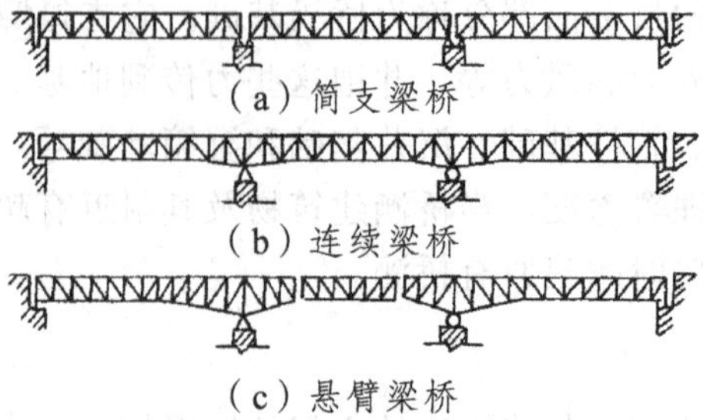

图 2-6　桥梁的种类

（1）梁桥：桥跨结构通过仅能传递竖直反力和水平反力的支座支撑在墩台上。

① 简支梁桥：一孔一梁，一端为固定支座，一端为活动支座，分别支撑在墩台上，如图 2-6（a）所示。

② 连续梁桥：二孔或多孔梁联结，如图 2-6（b）所示。

③ 悬臂梁桥：有锚孔及悬吊孔（即自由梁），如图 2-6（c）所示。

（2）拱桥：拱形结构的桥梁，用天然石料、混凝土、钢筋混凝土或钢材做成，如图 2-7 所示。

拱从力学上可分为无铰拱、两铰拱和三铰拱，如图 2-8 所示。铁路桥梁常采用无铰拱或两铰拱，很少采用三铰拱。

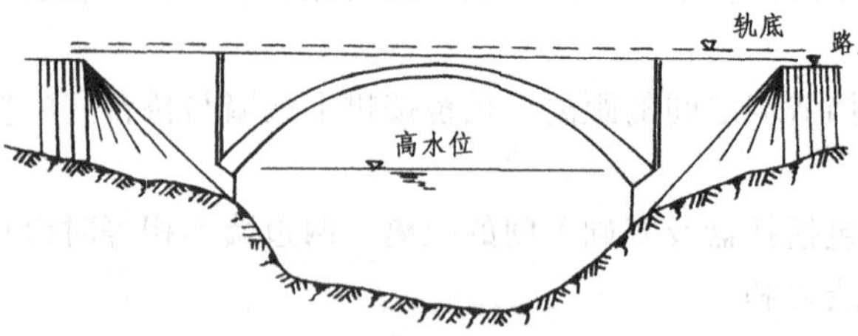

图 2-7　拱桥示意图

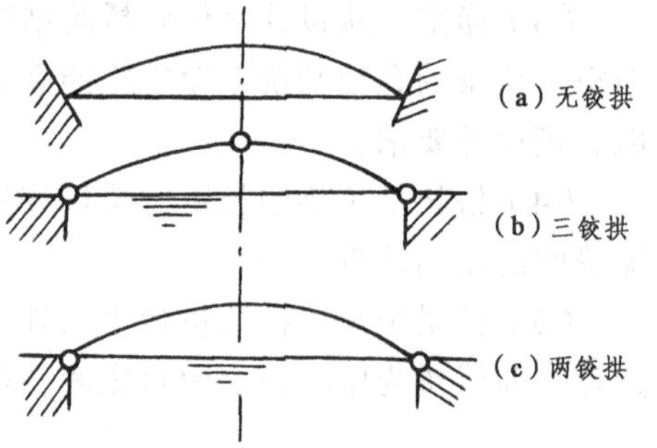

图 2-8　简单拱桥的静力示意图

（3）刚架桥：桥跨结构和墩台联结成一个整体的桥梁，它用钢筋混凝土或钢料制成，一般用钢筋混凝土较多。主要优点是跨中梁身的高度较小，因此多用于桥下净空受到限制的跨线桥，如图 2-9（a）所示；或用于跨谷桥，如图 2-9（b）所示。刚架桥支撑尺寸较小，易于损坏，不宜用作跨越流水或激流的桥梁。

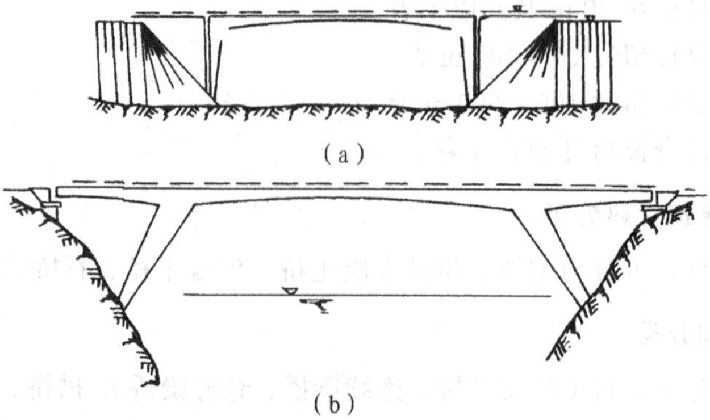

图 2-9　门形钢架桥和斜腿钢架桥示意图

（4）斜拉桥：主要由梁、斜拉索和索塔组成，如图 2-10 所示。

在斜拉桥中，由索塔引出的斜拉索用以悬吊梁跨，起着支撑梁跨的中间支墩作用，是近二三十年随着张拉技术的不断完善以及高强度钢材的广泛应用迅速发展起来的。斜拉索一般采用高强度钢丝组成，塔柱和主梁可用钢材或预应力钢筋混凝土制造。主梁多为连续梁，具有梁身高度小、用料省、桥下净空大，并便于悬臂架设等特点，适用于较大跨度。我国铁路上第一座预应力混凝土斜拉桥——红水河桥中孔跨度 96 m。

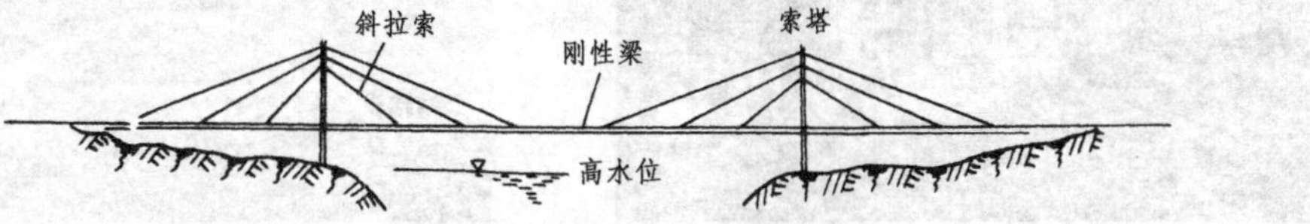

图 2-10　斜拉桥示意图

（5）悬索桥：桥跨结构的主要承载部分由柔性的链或缆索构成，链或缆索在垂直载荷下承受拉力，如图 2-11 所示。

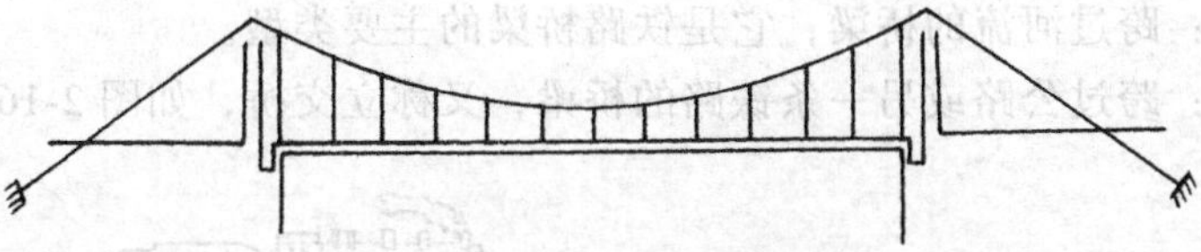

图 2-11　悬索桥示意图

4. 按桥身能否活动分类

按桥身能否活动可分为固定桥、开合桥。

（1）固定桥的桥跨不能开启。

（2）开合桥的桥跨结构可以开合，当它开启时，船只可以通航，公路、铁路就中断；当它闭合时，桥上交通恢复而河中航运停止（小船除外）。因其开启的方法不同又可分为横旋桥、竖旋桥和直升桥。天津塘沽海门铁路大桥为直升桥，如图 2-12 所示。

5. 按桥面位置分类

按桥面位置可分为上承式桥、下承式桥和中承式桥。

（1）上承式桥：桥面位于梁、拱、桁架结构的上部者，如图 2-13 所示。

图 2-12　天津塘沽海门大桥（直升桥）

图 2-13　上承式桥

（2）下承式桥：桥面位于两主梁（桁梁或板梁）或两拱之间，载荷先传至其下部者，如

图 2-14 所示。武汉、南京长江大桥均为下承式铁路大桥。

（3）中承式桥：在桥跨全长中，一部分为上承式桥面，其余部分为下承式桥面者，如图 2-15 所示。

图 2-14　下承式桥

图 2-15　中承式桥

6. 按跨越的障碍物分类

按跨越的障碍物可分为跨河桥、跨线桥、高架桥。

（1）跨河桥：跨过河流的桥梁，它是铁路桥梁的主要类型。

（2）跨线桥：跨过公路或另一条铁路的桥梁，又称立交桥，如图 2-16 所示。

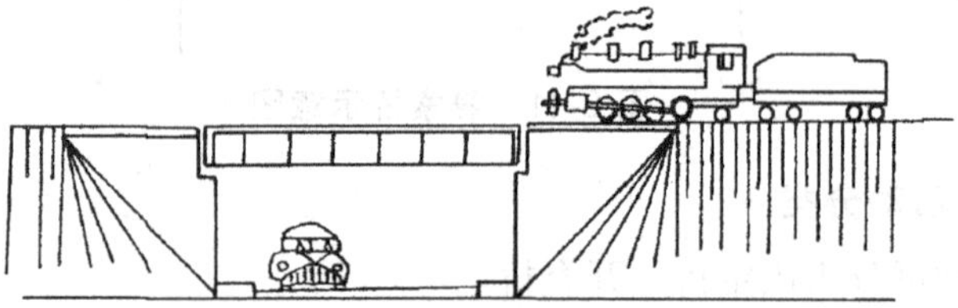

图 2-16　跨线桥示意图

（3）高架桥：横过深谷、低地以代替路堤，又称跨谷桥，如图 2-17 所示。

图 2-17　高架桥

从实际情况看，各种桥梁都有各自的特点及其适用范围。钢梁的自重轻、强度大、安装方便，适于建造大跨度桥梁。预应力钢筋混凝土梁具有造价低、节省钢材、坚固耐用、养护方便等优点，因而得到广泛采用。有关资料表明，在跨度为 20 m 以下的桥梁中，各国大量采用了预应力钢筋混凝土结构。石拱亦有造价低、经久耐用、养护费用省等优点，但它的适用范围比钢筋混凝土桥要小得多。

（三）我国铁路桥梁建设取得了巨大的成就

1. 我国桥梁建设具有悠久的历史

早在公元 7 世纪初，隋朝的李春就在河北赵县城南洨河上，建成了世界上最早的、跨度达到 37.37 m 的石拱桥——河北省赵州桥（又名安济桥）。到 1 300 多年后的今天，它仍然屹立在洨河上。赵州桥的设计方案和建造工艺，在国际桥梁上占有一定的地位。

2. 新中国成立后铁路桥梁建设取得了巨大成就

新中国成立 60 多年来，我国铁路桥梁建设取得了巨大的成就，一座座技术先进、气势雄伟的桥梁飞架于祖国的江河、深谷之上。目前我国修建的主要特大铁路桥梁如表 2-1 所列。

表 2-1 目前我国修建的主要铁路特大桥梁情况

桥梁名称	铁路线	长度（m）	建成年份
武汉长江大桥	京广线	1 315	1957 年 10 月
南京长江大桥	京沪线	6 772	1968 年 9 月
济南黄河大桥	京沪线	5 698	1976 年 7 月
第二济南黄河大桥	津浦线	5 698	1981 年 6 月
长东黄河大桥	新荷线	10 283	1986 年 1 月
水阳江大桥	宣杭线	3 675.4	1990 年 12 月
涪江大桥	达成线	4 738.55	1994 年 9 月
九江长江大桥	京九线	7 675	1994 年 10 月
孙口黄河大桥	京九线	6 685	1995 年 4 月
长东黄河二桥	新荷线	13 010	1998 年 4 月
芜湖长江大桥	淮南线	10 616	2000 年 9 月
清水河特大桥	青藏铁路	11 703.62	2003 年
月牙河大桥	秦沈客专	7 840.61	2002 年
渭河特大桥	郑西客专	79 732	2009 年

3. 桥梁建筑技术日益提高

新中国成立以来，我国铁路建设技术不断提高，实现了两次大的飞跃。新中国成立初期，学习苏联，相继制定了一整套建筑规范，组建了专业设计、施工队伍，修建了丰沙、宝成和武汉长江大桥等巨大工程，实现了建筑技术的第一次飞跃。20 世纪 60 年代以后，我国工程技术人员自力更生、发愤图强、引进西方技术，在成昆、京秦、大秦、衡广二线、京九、南昆等铁路线和南京、九江、芜湖长江大桥的修建中，采用了各种先进技术，实现了建筑技术的第二次飞跃，特别是桥梁技术取得了突破性进展。

（1）桥梁建筑标准化。新中国成立以来，铁路系统研制了符合我国桥梁建筑的统一标准，如铁路桥梁荷载标准、设计规范、施工规程，设计并审定了各种跨度和不同结构的桥梁、墩台标准，实现了桥梁建筑标准化。

（2）钢筋混凝土拱桥的建造取得很大成就。20 世纪 60 年代中期，在丰沙二线的永定河上建造了主跨为 150 m 的装配式钢筋混凝土拱桥，在当时达到世界先进水平。

（3）钢筋混凝土梁与预应力钢筋混凝土梁有长足的发展。20 世纪 70 年代末，预应力钢筋混凝土梁的跨度已达到 48 m，80 年代达到 82 m。湘桂线红水河第二线斜拉桥主梁为 48+96+48（m），该桥成为继德、英、日三国之后，世界上第四座铁路斜拉桥，标志着我国桥梁技术的新成就。

（4）钢梁的跨度逐步增长。20 世纪 50 年代建成的武汉长江大桥，跨度为 128 m；60 年代建成的南京长江大桥，跨度为 160 m；70 年代建成的成昆线三堆金沙江大桥主跨为 192 m；20 世纪 90 年代建成的京九线九江长江大桥，主跨为 216 m；20 世纪 90 年代末修建的芜湖长江大桥，主航道跨度为 312 m。2014 年建成的南盘江特大桥，主桥单跨 416 m，成为目前世界上最大跨度客货共用高速铁路特大桥。

（5）墩台和基础的施工技术已达到世界先进水平。随着设计和施工水平的提高，桥墩高度逐步增长，例如南昆线清水河大桥，其中 4 号桥墩明挖基础深度达 54 m，桥墩高达 100 m。

墩台下部的基础，从 20 世纪 60 年代采用桩基，以后发展为管柱基础。目前，我国深水基础的施工技术已达到世界先进水平。

（6）高速铁路桥梁技术标准体系基本形成，为又好又快推进大规模铁路建设奠定了坚实基础。随着客运专线建设的全面推进，中国高速铁路桥梁建设取得了实质性进展。目前，中国在建和即将开工建设的客运专线规模达到 9 700 km，其中桥梁比重近 50%。桥梁比重最高的广珠城际铁路达到 90%以上。京津城际铁路桥梁比重达到 88%。全长 1 318 km 的京沪高速铁路桥梁总长达 1 060 km，桥梁比重为 80%，其中昆山特大桥 168.4 km,为我国客运专线中桥梁长度之最。

多年来，中国铁路学习借鉴世界发达国家高速铁路建设技术和成功经验，探索和积累符合国情的高速铁路桥梁建设的技术标准、设计技术、建造技术，在高速铁路桥梁设计、施工、科研以及建设管理等方面实现了重大跨越。

深水大跨桥梁建造技术进入世界先进行列，武汉天兴洲长江大桥是国内外已建的速度为 250 km/h 最大跨度公铁两用斜拉桥；南京大胜关长江大桥是目前世界上设计速度为 350 km/h 最大跨度的高速铁路桥梁。

大吨位桥梁建造技术取得重大突破，国内自主研发客运专线 900 t 架桥机和运梁车，解决了大吨位整孔箱梁架设问题，推动了我国铁路桥梁事业发展。

特殊结构桥梁广泛运用于客运专线，数量之多在我国铁路建设史上前所未有。自主知识产权客运专线桥梁技术标准体系基本形成，为又好又快推进大规模铁路建设奠定了坚实的基础。

二、涵　洞

涵洞是一种修筑在路堤下部的填土中，主要用于跨越天然沟谷洼地，作为排洪通道的过水建筑物。涵洞还可用于跨越道路或人工渠道，作为立交或灌溉之用。涵洞靠近市区村镇时，应尽可能兼顾行人、牲畜及车辆的通行。

（一）涵洞与小桥的区别

涵洞与小桥的基本区别主要有以下三个方面：

（1）有无墩台。涵洞没有墩台，而桥梁是有墩台的。

（2）路堤是否连续。涵洞顶上有一定厚度的填土，涵洞处的路堤是连续的，而小桥则一般没有填土。

（3）孔径大小。涵洞的孔径较小，一般在 0.75 ~ 6 m 之间，最大的孔径不超过 6 m。当孔径在 6 m 以上时，均称为桥。

拱桥与拱涵区分：跨度≤6 m 且填土高大于 1 m 为拱涵，否则为拱桥。

框构桥与框构涵区分：跨度≥4 m，且填土高小于 1 m 的为框构桥。

（二）涵洞的组成

涵洞的主体工程由洞身、基础和出入口（端墙及翼墙）所组成，如图 2-18 所示。涵洞的附属工程包括出入口的河床和路堤边坡的加固等。

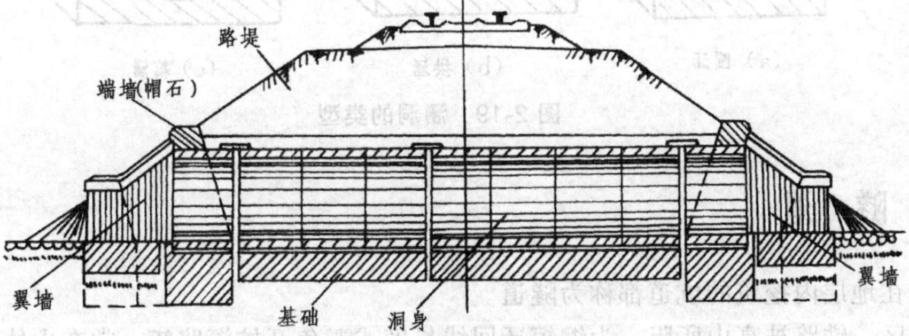

图 2-18　涵洞的组成示意图

1. 洞　身

涵洞的洞身除了承受列车载荷压力和土压力，并将其传给基础及地基外，尚应有必要的空间，以保证水流和人、车的通过。

洞身一般应分节建造，每节长约 2 ~ 5 m。设置在非岩石地基上的涵洞，节与节之间用 3 cm 宽的沉降缝断开，沉降缝用有弹性的、不透水的材料堵塞。设置沉降缝的目的是在填土自重和列车载荷作用下，各段涵身能自由沉落，避免因纵向受力不均而使涵洞圬工底部发生裂缝甚至断裂。

涵洞洞身在纵向应设置一定的流水坡度，以满足排洪的需要。

2. 基　础

在涵洞的洞身下一般应设置基础，基础随洞身分节建造。

3. 出入口

为使水流顺利地进出涵洞，提高涵洞口的过水能力和确保涵洞处路堤的稳固，应设置涵洞的出入口建筑。常用的出入口有端墙式和翼墙式。

（1）端墙式（一字式）：端墙是一道垂直于涵洞纵轴线的矮墙，两侧设置锥体护坡，以起导流和挡住路堤边坡的作用。这种形式的出入口工程数量小，构造简单，但排水条件较差，仅在水流量较小处采用。

（2）翼墙式（八字式）：这种出入口除端墙外，端墙前洞口两侧还有张开成八字形的翼墙。翼墙端部折成与线路方向平行的短横墙，横墙前设锥体。翼墙式出入口的工程量较大，但排水条件较好，适用于水流量较大的地点，是一种广为采用的出入口形式。

（三）涵洞的分类

涵洞按建筑材料的不同有石涵、混凝土涵、钢筋混凝土涵等；涵洞按洞身断面形状可分为圆涵、拱涵、盖板箱涵（箱涵）三种，如图2-19所示。

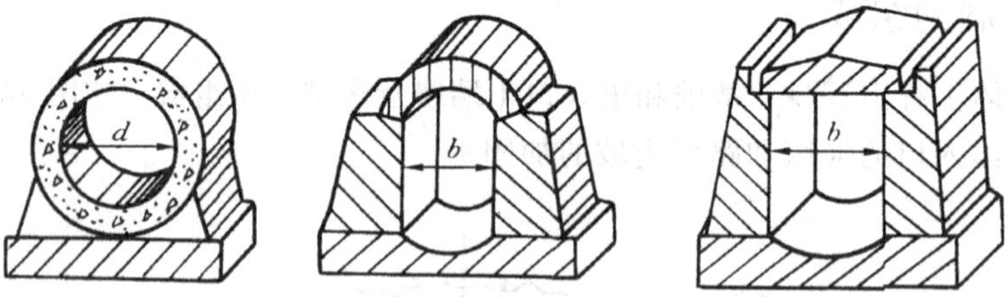

（a）圆涵　（b）拱涵　（c）箱涵

图2-19　涵洞的类型

三、隧　道

所有在地层内挖筑的坑道都称为隧道。

在山区，铁路被高山所阻，为缩短迂回线长度或避免开挖深路堑，常在山体中挖筑一条隧道让铁路贯穿过去，以满足现代化铁路对线路顺直、平缓的要求，改善列车运行条件和保证行车安全。所以，铁路隧道是专供铁路运输使用的地下建筑物，主要用以克服高山等障碍物。此外，还有建筑在河床、海峡或湖底下面的水底隧道和城市地下铁道。

隧道与桥梁一样，是铁路线上的一个重要组成部分。修建一座隧道（特别是长大隧道）的造价很高，工期也长，但它在提高运营效率，节省运营费用方面，从长远观点来看是合理的。

（一）隧道的分类

铁路隧道按其长度、所在的位置和埋藏的深度来分类。

1. 按隧道长度分类

按长度隧道可分为短隧道、中隧道、长隧道和特长隧道。

（1）短隧道：隧道长度小于500 m者。

（2）中隧道：隧道长度500～3 000 m者。

（3）长隧道：隧道长度3 000～10 000 m者。

（4）特长隧道：隧道长度10 000 m以上者。

2. 按隧道位置分类

按隧道位置可分为傍山隧道、越岭隧道、地下铁道、明洞等。

（1）傍山隧道：多建筑在地势陡峭的峡谷地段，也叫河谷隧道，一般埋藏较浅。

（2）越岭隧道：多修筑在山峦起伏，地形陡峭，穿越分水岭的地段，一般埋藏较深。

（3）地下铁道：主要是在大城市中用来解决交通运输之用。

（4）明洞：在地质条件较差的地段，采用明挖修建而后回填覆盖保护层。

3. 按隧道埋藏深度分类

按隧道埋藏深度可分为深埋隧道和浅埋隧道，其分类是根据隧道在地层下埋置的深浅来定的。

（二）隧道的构造

隧道一般由洞身、衬砌、洞门、避人（车）洞等组成。

1. 洞 身

洞身是隧道的主要组成部分，其长度由两端洞门的位置决定。洞身是列车通过的通道，为保证行车安全，洞身必须按建筑限界标准修建。

2. 衬 砌

衬砌的作用是用来承受底层的压力，防止坑道周围地层的变形，防止岩石的风化和坍落，维护坑道轮廓不侵入建筑限界的范围，以保证行车安全。目前，主要是采用整体灌注式衬砌，一般由拱圈、边墙、仰拱所组成，如图 2-20 所示。

（1）拱圈位于坑道的顶部，呈半圆形，为承受地层压力的主要部分。

（2）边墙有垂直型和曲线型两种，位于坑道的两侧，承受来自拱圈和坑道侧面的土体压力。

（3）仰拱位于坑底，形状与一般拱圈相似，但弯曲方向与拱圈相反，其作用是帮助边墙抵抗土体的滑动，并抵抗底部土体隆起。

3. 洞门

洞门是隧道进出口处建筑物，其主要作用是用来保证洞口土体仰坡和边坡的稳定，并通过洞门位置的排水系统将仰坡流下的雨水引离隧道，以防止水流冲刷洞门，如图 2-21 所示。

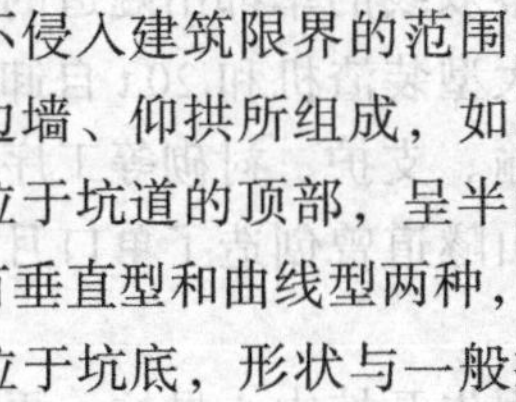

图 2-20 衬砌结构

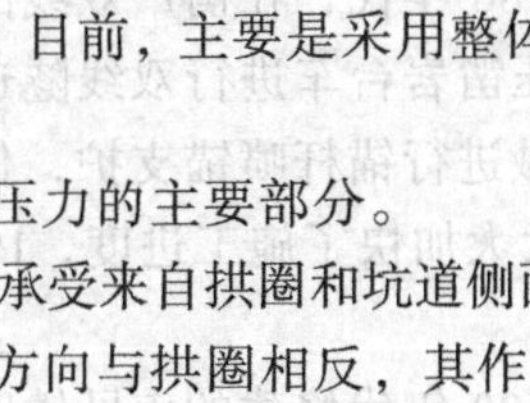

图 2-21 隧道洞门

4. 避人洞和避车洞

为使工作人员、行人及运料小车避让列车，在隧道的两侧互相交错修建了避人洞和避车洞。它们是隧道的附属建筑。

（三）隧道的施工方法及施工技术改进

1. 隧道的施工方法

隧道施工一般有明挖法和暗挖法两种基本方法。

（1）明挖法。先将隧道上方地层全部挖开，然后修筑隧道衬砌，再进行回填，如明洞。明洞适用于下列情况：洞顶覆盖薄，难以用钻爆法修筑隧道的地段；受塌方、落实、泥石流等威胁的地段；公路、铁路、沟渠等必须在隧道上方通过，又不宜做暗洞或立交桥时采用。

（2）暗挖法。采用暗挖法时，不必开挖隧道上方的地层，而用钻爆法等在地下修筑隧道，这就是铁路隧道施工的主要方法。采用暗挖法时，一般从隧道两头同时施工，向中间推进，以增加施工面，加快施工进度。

2. 隧道施工技术的进步

20 世纪 50 年代，我国隧道施工主要采用手持风动凿岩机、有轨运输、管道式通风、电灯照明，并普遍采用圬工衬砌。这种施工方法进度较慢，平均单口月成洞不超过 100 m。

20 世纪 60 年代，隧道施工中推广配套的小型机械化、凿岩机打眼、装渣机装渣、电瓶车运输、机械通风，平均单口月成洞可达 100 ~ 150 m。

20 世纪 80 年代，在衡广双线的大瑶山隧道和大秦双线的军都山隧道的施工中，采用先进的四臂液压凿岩台车进行双线隧道全断面开挖，用大型装渣机和 20 t 自卸汽车出渣；用混凝土喷射机械进行锚杆喷锚支护，使开挖、装渣、运输、支护、衬砌等工序全部实现了机械化。这样，大大加快了施工进度，1986 年大秦线军都山隧道曾创造了单口月成洞 238 m 的最高纪录。

20 世纪 90 年代修建的南昆铁路米花岭隧道，采用先开挖中心导坑，再全断面扩大的施工方法，应用光面爆破技术，配备了门架式全液压四臂凿岩台车钻眼、装药，两台装载机平行装渣，用 16 t 电瓶车牵引 14 m^3 的大型梭式矿车出渣，然后在隧道轮廓的岩壁上喷射一层混凝土作为初期支护，并用轨道输送车运送拌和好的混凝土，用混凝土泵将混凝土输送到模板台车上，一次浇筑成型。这样，使开挖、运输、喷锚衬砌三条机械化作业能力匹配，实现了长隧道的快速施工，创造了我国单线铁路隧道双口月成洞 769 m 的新纪录。

1998 年在西康铁路的秦岭 I 线隧道施工中，采用了由德国进口、世界上最先进的 TBM 掘进机以挤压方式作业。这种机械的使用，标志着我国隧道建设水平上了一个新台阶。

TBM 隧道掘进机由主机及其辅助设备和配套设备组成，共有 151 个部件，全长 232 m，总重 2 000 t。这种掘进机由电脑操作，全断面开挖。直径 8.8 m 的巨大刀盘飞速旋转，每小时切削进尺可达 1.8 m 以上，被切削下来的岩块由传送带载入矿渣列车运出。全机集破岩、装载、转载、出渣、支护、衬砌、激光导向、防灾、环保、供电、供水、排水、除尘、通风诸功能于一体，是当今最先进的掘进机。

（四）我国铁路隧道建设取得的巨大成就

新中国成立以来，通过山区铁路的修建，我国取得了在各种复杂地质条件下开挖长大隧道的丰富经验，已建成很多长大隧道，取得了巨大成就。目前，中国最长铁路隧道情况见表 2-2 所示。

表 2-2 中国最长的铁路隧道基本情况

序号	隧道名	完工年份	所在铁路	隧道长/m	隧道形式
1	新关角隧道	2012	青藏铁路西格复线	32 605	双洞单线
2	西秦岭隧道	2014	兰渝铁路	28 236	双洞单线
3	太行山隧道	2007	石太高铁	27 848	双洞单线
4	戴云山隧道	2014	向莆铁路	27 558	双洞单线
5	中天山隧道	2012	南疆铁路	22 452	双洞单线
6	青云山隧道	2012	向莆铁路	22 175	双洞单线
7	高盖山隧道	2010	向莆铁路	21 104	双洞单线
8	吕梁山隧道	2009	太中银铁路	20 785	双洞单线
9	乌鞘岭隧道	2006	兰新铁路	20 050	双洞单线
10	木寨岭隧道	2014	兰渝铁路	19 068	双洞单线
11	木寨岭隧道	2013	兰渝铁路	19 025	双洞单线
12	秦岭隧道	1999	西康铁路	18 460	双洞单线
13	南太行山隧道	2014	山西中南部铁路	18 125	双洞单线
14	雪峰山隧道	2006	向莆铁路	17 772	双洞单线
15	石羊山隧道	2010	大瑞铁路	17 590	双洞单线

近几年，随着铁路建设的迅速发展，铁路隧道建设技术也取得了实质性的进步，已经建成的著名长隧道，如已经建成的国内最长的铁路单线隧道兰武二线乌鞘岭隧道（20.5 km）、国内首次采用 TBM 修建的西安安康秦岭特长隧道（18.5 km）、国内最长的岩溶隧道渝怀铁路圆梁山隧道（11.1 km）、国内最长的瓦斯隧道侯月铁路云台山隧道（8.2 km）。正在建设或建成的著名长大隧道有：国内设计最长的铁路隧道太行山隧道（27 km）、武广客运专线大瑶山隧道（10 km）、合武铁路大别山隧道（13.3 km）、襄渝铁路新大巴山隧道（10.6 km）、龙厦铁路象山隧道（16 km）、太中银铁路兴旺峁隧道（11 km）、南疆铁路中天山隧道（25 km）、国内第一条长大水下盾构隧道——广深港铁路客运专线狮子洋隧道（10.8 km）等。这些隧道的建成，无不体现着我国隧道技术的巨大进步。

第三节 道 口

一、概 述

1. 道口的含义及设置要求

铁路与汽车、马车道路平面交叉的地点，称为道口。在铁路线路与道路（公路、城乡道路）平交的道口上，为了防止铁路机车车辆与道路车辆以及行人等发生冲撞而设置的安全防护信号设备，称为铁路道口信号。早期的铁路与道路平交道口只设有简单的警告牌和道口标志，或在繁忙道口设看守人员，利用机器栏木或栅门进行防护。20 世纪 20 年代，开始在铁路道口设置由轨道电路接触器或轨道电路控制的自动报警设备。20 世纪 50 年代开始出现了无人看守的道口自动信号和自动栏木。20 世纪 60 年代相继研制出连续测速定时报警的道口自动信号、半自动栏木及全自动化的道口防护设备。各种遥控栏木和自动信号以及障碍自动探测装置和故障集中监视装置等广泛应用在铁路道口上。目前，我国铁路道口不仅数量相当多，而且密度也大。现有铁路产权道口 2 万多处，非铁路产权道口有近万处，而且不少繁忙的铁路干线上甚至 300 ~ 400 m 就有一处道口。在铁路管辖的道口中，有人看守道口约有 5 000 个，占 25%，无人看守的道口占了大多数。

为了便于火车、汽车司机瞭望，道口一般应尽可能设在对铁路及道路有良好瞭望条件的地点。

《技规》规定：列车运行速度在 120 km/h 及以上线路全封闭、全立交，线路两侧按标准进行栅栏封闭，并设置相应的警示标志。列车运行速度在 120 km/h 以下的线路，铁路道口、人行过道的设置或拓展按照铁路总公司有关规定办理。铁路道口、人行过道的等级、标准、铺设、拆除及需否看守，由铁路局决定。

铁路道口应设置警示标志、铁路道口路段标线、司机鸣笛标及护桩；人行过道应设置路障、鸣笛标；站内道口、人行过道两端不设鸣笛标。根据需要设置栅栏或其他安全设备。

站内平过道必须与站外道路和人行道路断开，禁止社会车辆、非工作人员通行，平过道不应设在车站两端咽喉区。

高速线路应全封闭、全立交，线路两侧按标准进行栅栏封闭，对铁路技术作业的专用通道和处所，须设置“非铁路作业人员禁止进入”的警示标志。站内不得设置平过道。

2. 道口的分类

根据《铁路与道路平交道口等级划分》标准（暂行规定）和《铁路与公路平交道口防护设备暂行规定》的规定，可将铁路道口按下述方式分类：

（1）按是否防护，可分为防护的和不防护的两种。

（2）按道口所处的地点，可分为区间道口和车站道口。

（3）按防护的方法不同，可分为人工看守道口和自动防护道口。

《技规》规定：有人看守道口应修建道口看守房，设置照明灯、列车接近报警装置、警示灯、遮断信号机和道口自动通知设备，并督促地方道路管理部门设置、维护警示标志、铁路道口路段标线。根据需要设置列车无线调度通信设备。

有人看守道口数量较多的工务段，应设道口工区或领工区，专门负责有人看守道口的管理和道口防护设备的维修。

3. 道口的基本功能

道口的基本功能主要是保证铁路和道路交叉处的行车安全，提高铁路和道路的行车效率。道口工作直接关系到铁路与道路的运输安全，直接关系到人民生命财产的安全。平交道口上发生交通事故或路外伤亡事故，不但给运输生产和人民财产造成巨大损失，而且在政治上也造成不良影响，严重的还影响社会稳定。因此，加强平交道口的安全防护，对确保铁路的畅通无阻及人民生命财产的安全有着十分重要的作用。

二、道口的监护设备种类及特征

铁路道口设置的栏木或栅栏、音像及闪光信号机等设备按其控制方式可以分为人工控制和自动控制两类：① 人工控制，又分就地控制与电动遥控两种。就地控制时，道口看守人员接到电话通知或列车接近的自动通知后，自动关闭栏木并同时用音响和闪光的道口信号机向公路车辆和行人报警；列车通过后立即开放栏木并关闭信号。电动遥控时，由道口附近的车站或信号值班人员用电动遥控栏木及道口信号的显示，向公路车辆和行人报警，并通过监视器来监视道口信号设备的工作状态。由于采用了电动设备，因此车站附近几个相邻的道口可由一处统一进行控制。② 自动控制是通过轨道电路或其他传感器将列车接近信息及时传至道口，使道口信号机和音响器自动发出闪光和音响信号，栏木自动落下，待列车全部清出道口，自动栏木才能开放。

随着时代的发展、科学技术水平的提高，铁路道口的监护设备不断更新换代，为道口安全提供了可靠的物质保证。目前，道口监护设备有道口自动信号设备、报警设备、半遮断式路障等设备。

1. 道口自动信号设备

近年来随着道口防护设备的不断完善，其工作可靠性显著提高，在无人看守的道口装设道口自动信号设备，这对保证铁路行车安全和公路交通的安全具有重要意义。

在列车接近道口时，道口自动信号设备自动向车、马、行人的通行方向显示禁止通行的信号。

在无列车接近道口时，道口信号设备无显示，允许公路上的车辆、行人通过道口；当列车到达道口接近区时，道口音响信号自动鸣响，道口信号机向公路车辆、行人显示两个交替闪光的红色信号，禁止通过道口；在列车尾部驶过道口以后，信号设备复原，道口开放。

道口自动设备包括在公路上设置道口信号机和室外音响设备，适用于无人看守道口。它装设在公路交通定期繁忙的道口，如农村收获季节人们必经的要道和工厂区工人在上下班必经的道口，即在一定时间内车辆、行人的通过量较大，而在其他时间则比较空闲的道口。道口自动信号方框图如图 2-22 所示。

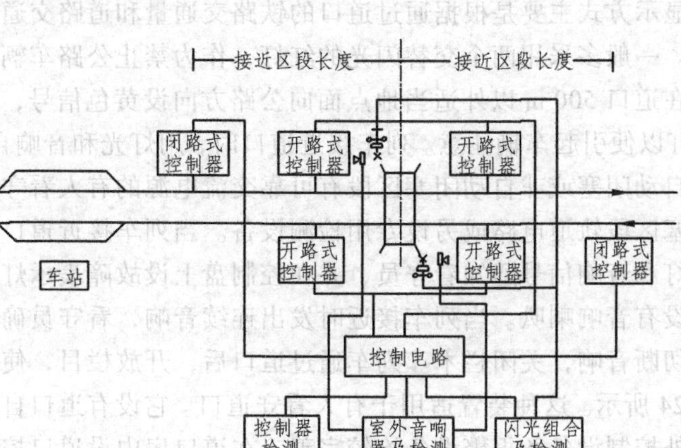

图 2-22 道口自动信号方框图

道口信号机安装示意图如图 2-23 所示。

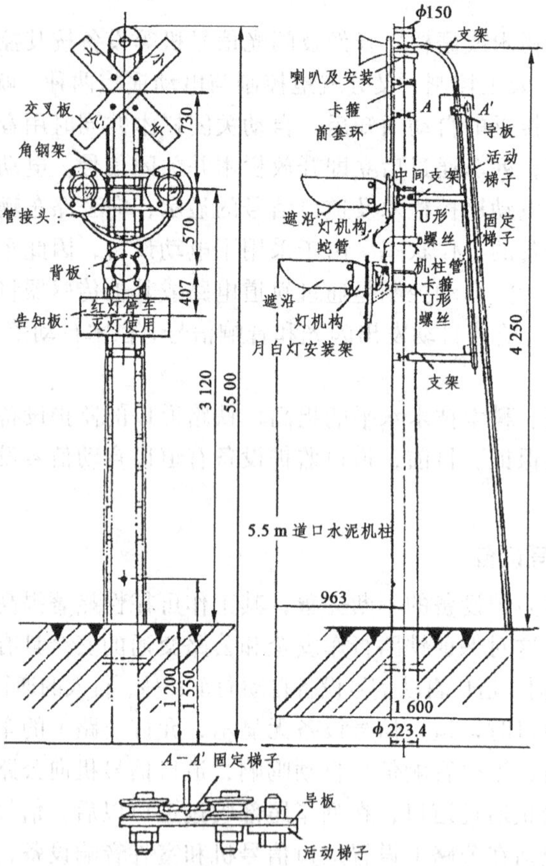

图 2-23　DK·X3 型道口信号机安装示意图

2. 道口自动通知装置

道口信号的显示方式主要是根据通过道口的铁路交通量和道路交通量，结合道口瞭望条件等因素确定的。一般多采用两个交替闪光的红灯，作为禁止公路车辆、行人通行的信号。在高速公路上可在道口 500 m 以外适当地点面向公路方向设黄色信号，当道口防护信号机闪红灯时，它闪黄灯以便引起车辆注意。列车接近道口时，用灯光和音响自动通知道口看守员。这种设备适用于自动闭塞或非自动闭塞区段有可靠交流电源的有人看守道口。列车接近的检测可利用自动闭塞区段轨道电路或另设专用检测设备。当列车接近道口时，以看守房内道口控制盘上的表示灯和音响信号通知看守员，并在控制盘上设故障表示灯和确认、故障、复原等按钮，盘上还设有音响喇叭。当列车接近时发出连续音响，看守员确认列车已接近道口，可按确认按钮，切断音响，关闭栏木。列车通过道口后，开放栏目，使公路恢复通行，其设备方框图如图 2-24 所示。这种装置适用于有人看守道口。它设有道口自动通知和道口自动信号设备，故室内外控制设备和报警设备均较完善，在道口房内设道口控制盘，在公路方面设置道口信号机。当列车接近时向公路显示灯光信号和音响信号，给道口看守员和公路的车辆、行人发出列车接近道口警报。此种类型道口的信号可装设在铁路、公路交通运输均较繁忙的道口上，其设备方框图如图 2-25 所示。

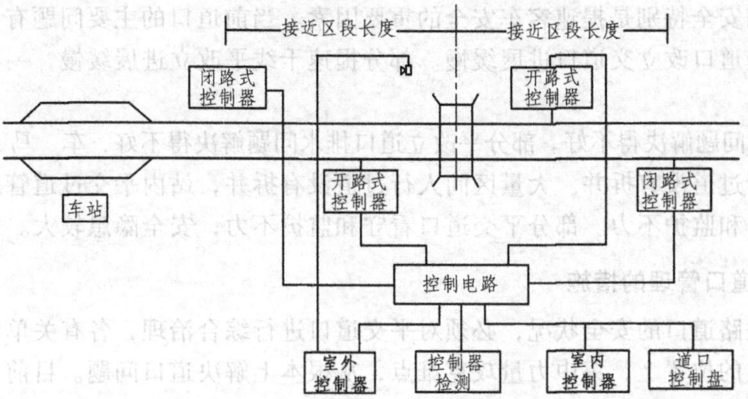

图 2-24 道口自动通知方框图

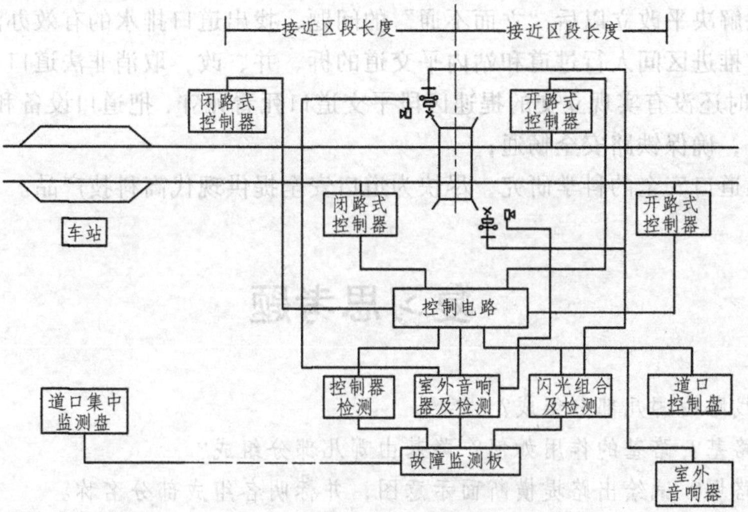

图 2-25 道口自动通知和道口自动信号方框图

对于道口信号类型的选择，应根据道口的繁忙程度、瞭望条件确定。

繁忙道口根据需要可在铁路线旁距道口 50 m 以上的地点设置遮断信号机，平时灭灯，道口有障碍物需要防护时，利用人工或自动探测装置，使遮断信号机显示一个红色灯光的停车信号。道口无障碍物时，将光能转换为电能，使检查继电器吸起，遮断信号机熄灭。当障碍物遮断红外光时，受光器输出变小，使检查继电器落下，启动遮断信号机亮灯。

对于闲散的道口不设人看守，也不装自动信号，一般只设置道口警冲标和司机鸣笛标。司机见此标志必须鸣笛，以对公路进行报警。

三、道口管理的现状及措施

1. 道口管理的现状

近年来，列车速度提高，客车密度加大，机动车辆增多，这三大因素使道口安全问题越来越突出，道口重大路外伤亡事故不断发生，其中发生在旅客列车上较多，道口已成为威胁旅客列车运输安全特别是提速客车安全的重要因素。当前道口的主要问题有以下几个方面：

（1）平交道口改立交道口进展缓慢。部分提速干线平改立进展缓慢，一些道口改造没有如期完成。

（2）排水问题解决得不好。部分平改立道口排水问题解决得不好，车、马、行人无法通过。

（3）人行过道没有拆并。大量区间人行过道没有拆并，站内平交过道管理薄弱。

（4）看守和监护不力。部分平交道口看守和监护不力，安全隐患较大。

2. 加强道口管理的措施

为改善铁路道口的安全状况，必须对平交道口进行综合治理，各有关单位要把道口管理问题摆在突出的位置上，集中力量攻克难点，从根本上解决道口问题。目前，主要采取以下措施：

（1）加快道口“平改立”进度，提速区段尽快消灭平交道口，完成线路封闭；

（2）尽快解决平改立以后“立而不通”的问题，找出道口排水的有效办法；

（3）大力推进区间人行过道和站内平交道的拆、并、改，取消非法道口；

（4）对暂时还没有实现立交的提速区段平交道口死看死守，把道口设备和看守人员配强，强化检查监督，确保铁路安全畅通；

（5）加强道口安全的科学研究，尽快为道口安全提供现代高科技产品。

复习思考题

1. 铁路线路由哪几部分组成？
2. 何谓路基？路基的作用如何？路基由哪几部分组成？
3. 何谓路堤？试绘出路堤横断面示意图，并标明各组成部分名称。
4. 何谓路堑？试绘出路堑横断面示意图，并标明各组成部分名称。
5. 路基有哪些排水设备？有哪些防护加固方式？
6. 铁路桥梁由哪几部分组成？桥梁如何分类？
7. 涵洞的作用是什么？涵洞与桥梁有何区别？
8. 隧道的作用是什么？隧道一般由哪几部分组成？

第三章 轨 道

轨道铺设在路基之上，是用来引导机车车辆的运行方向、直接承受机车车辆巨大压力的部分，它由道床、轨枕、钢轨、联结零件、防爬设备和道岔等组成，如图 3-1 所示。

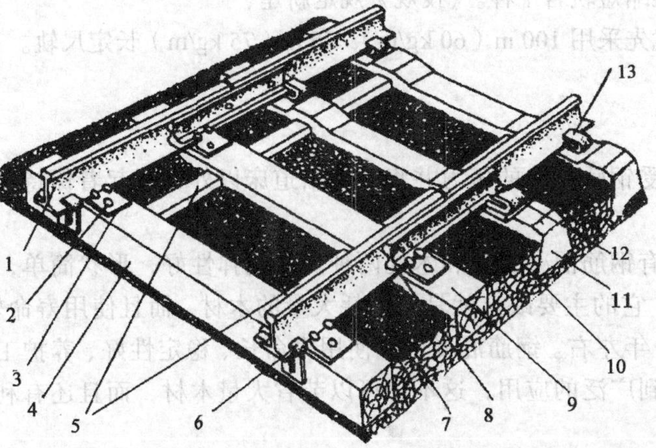

1—钢轨；2—普通道钉；3—垫板；
4、9—木枕；5—防爬撑；
6—防爬器；7—道床；8—鱼尾板；
10—螺栓；11—钢筋混凝土轨枕；
12—扣板式中间联结零件；
13—弹片式中间联结零件
注：图中绘出了多种类型扣件是为了示例之用，并非现场线路中的实际使用情况

图 3-1 轨道的基本组成

轨道是一个整体性工程结构，经常处于列车运行的动力作用下，所以它的各组成部分均应具有足够的强度和稳定性，以便保证列车按照规定的最高速度安全、平稳和不间断地运行。

列车的压力通过车轮首先作用在钢轨面上，然后依次传到轨枕、道床和路基上。这个压力越往下传越扩散，即承受压力的面积越大，而产生的压强越小。轨道的这种结构，由于传力合理，再加上造价低，便于维修养护，所以从有铁路以来没有根本的改变。

第一节 轨道的组成

一、轨道的组成

（一）钢 轨

钢轨的功用是直接承受车轮压力并引导车轮的运行方向，因此它应具有足够的强度、稳定性和耐磨性，而且要有韧性。

我国采用的是稳定性较好的宽底式钢轨，它的断面很像工字梁，包括轨头、轨腰和轨底三个部分，如图 3-2 所示。

钢轨的类型或强度是用每米长度的质量千克数来表示的，我国现行的标准钢轨类型有 75 kg/m、60 kg/m、50 kg/m、43 kg/m。

实践表明，行车速度将会越来越快，从经济、技术和安全的角度考虑，采用重型钢轨是有利的，也是轨道现代化的发展方向。新建、改建铁路正线应采用 60 kg/m 钢轨的跨区间无缝线路，重载运煤专线可采用 70 kg/m 钢轨轨道结构。

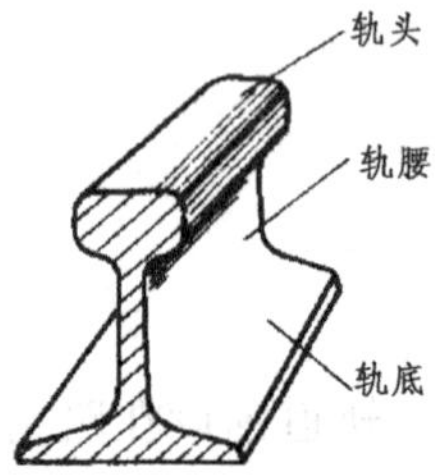

图 3-2　钢轨断面形状

钢轨的长度以长一些为好，这样可以减少接头的数量，节省接头零件和线路的维修费用，但是一根钢轨的轧制长度总是有限的，它受加工和运输等条件限制。我国钢轨的标准长度有两种：12.5 m 和 25 m。此外，还有用作曲线内轨用的标准缩短轨若干种。《技规》规定新建、改建铁路正线，重载铁路正线，优先采用 100 m（60 kg/m）、75 m（75 kg/m）长定尺轨。

（二）轨　枕

轨枕是钢轨的支座。它除承受钢轨传来的压力并将其传给道床以外，还起着保持钢轨位置和轨距的作用。

按照制作材料的不同，轨枕有钢筋混凝土枕和木枕两种。木枕弹性好，形状简单，制造容易，重量轻，铺设、更换方便。它的主要缺点就是要消耗大量的木材，而且使用寿命较短，经过防腐处理的木枕一般可用 15 年左右。钢筋混凝土枕使用寿命长、稳定性好、养护工作量小，加上材料来源广泛，所以得到广泛的应用，这不仅可以节省大量木材，而且还有利于提高轨道的强度。

我国铁路普通轨枕的一般长度是 2.5 m，道岔用的岔枕和钢桥上用的桥枕，其长度有 2.6 ~ 4.85 m 等多种。

每千米线路上铺设的轨枕数量，根据运量、最高行车速度等运营条件不同而不同。要求线路的强度越大，轨枕也应布置得越密，一般每千米在 1 520 ~ 1 840 根。《高速铁路设计规范》规定正线有砟轨道应采用 2.6 m 长混凝土轨枕，每千米铺设 1 667 根。

由于轨枕在道床上不能连续地支撑钢轨，使道床的局部受力较大，轨道沉陷也较多，因而维修费用也较大。为了适应运量增长和行车速度提高的需要，现在采用一种宽混凝土轨枕，它比钢筋混凝土轨枕薄、宽，而且在轨道上是连续铺设的，所以轨道的沉陷较小，只要初期调整好了以后，就不易发生坑洼不平的现象，道床也不易污染，日常维修工作量也很小。由于它的底部和道床接触面积大，上部和轨底接触面积大，因而改善了钢轨受力条件，有利于高速行车。

（三）联结零件

联结零件包括接头联结零件和中间联结零件两大类。

1. 接头联结零件

两根钢轨的末端，用接头联结零件联结，即先用两块鱼尾板夹住钢轨，然后用螺栓拧紧，如图 3-3 所示。

联结时，两截钢轨之间应当预留适当的缝隙，叫做轨缝。这样，当温度发生变化时，钢轨就可以自由地伸缩。

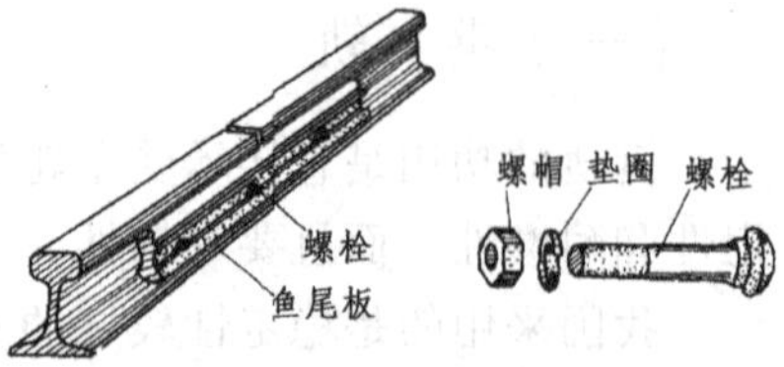

图 3-3　接头联结零件

钢轨接头处是轨道上的薄弱环节，由于轨缝的存在，列车通过时将产生冲击，增加行车的阻力和线路维修量。

目前，广泛采用的钢轨接头形式是悬接而又对接，如图 3-4 所示。悬接是指钢轨的接头正好处在两根轨枕之间，这种形式弹性较好；对接是指轨道上两股钢轨的接头恰好彼此相对，这样就可以避免错接时机车车辆通过时的左右摇摆。

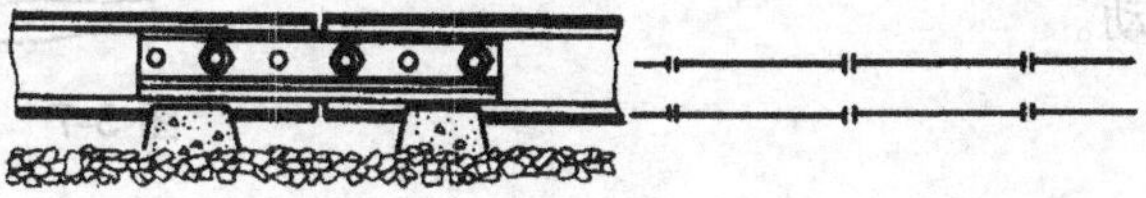

图 3-4 钢轨接头形式

2. 中间联结零件

钢轨是用中间连接零件扣紧在钢轨上的。中间联结零件分为钢筋混凝土轨枕用的和木枕用的两种。

我国钢筋混凝土轨枕用的中间联结零件基本上有三种：扣板式[见图 3-5（a）]、拱形弹片式[图 3-5（b）]和ω弹条式扣件[见图 3-6]。扣板式的扣板和拱形弹片式的轨距挡板有各种不同规格的号码，以便调整轨距时选用。缓冲绝缘垫板是用橡胶或塑料制成的，垫在轨底和轨枕之间，作为弹性垫层。

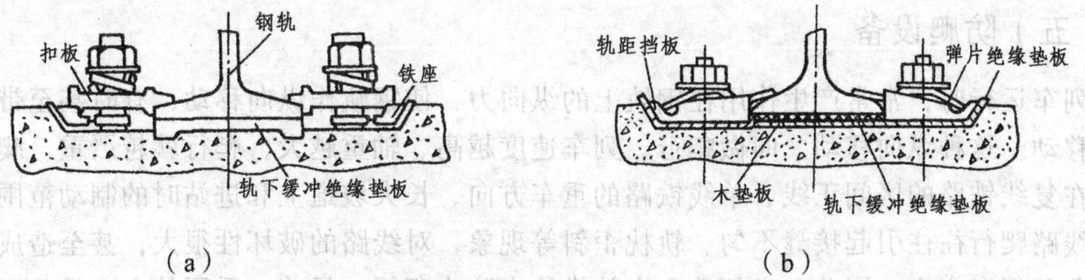

图 3-5 钢筋混凝土轨枕用中间联结零件

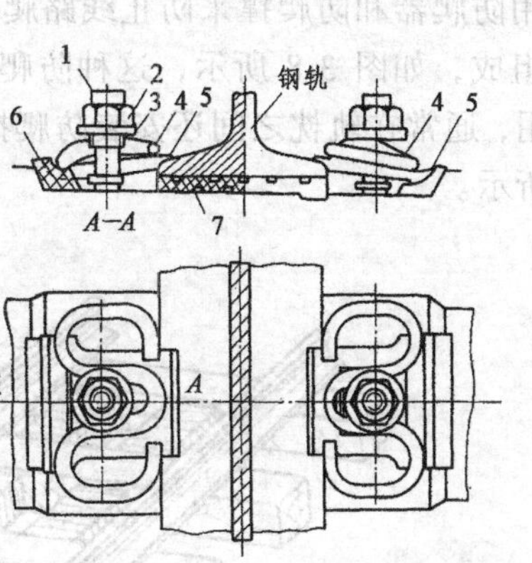

图 3-6 ω弹条扣件

ω弹条式扣件主要由ω形弹条、螺旋道钉、轨距挡板、挡板座及弹性垫板等组成，其各部件如图 3-6 所示。

木枕用的中间联结零件（见图 3-7）包括道钉和垫板。垫板在钢轨和木枕之间，将从钢轨传来的压力分布到较大的木枕面上，以免木枕很快损坏；同时，由于垫板顶面有 1∶40 的斜坡，钢轨安设在垫板上就可以有合适的内倾度，使钢轨顶面与车轮接触良好，轨顶磨耗均匀，钢轨能垂直受力，防止压塌轨头边缘，延长钢轨使用寿命，并在列车运行时有利于防止和减轻轮对在轨道中的蛇行运动。

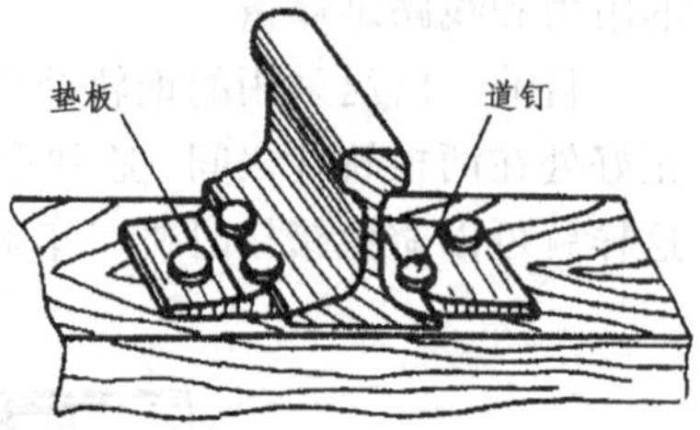

图 3-7　木枕用的中间连接零件

（四）道　床

道床就是铺设在路基面上的道砟层。它承受从钢轨传来的压力，并把它传给路基；同时，它还有缓和轮对对钢轨的冲击，排除轨道中的雨水，阻止轨枕滑移，校正线路平面和纵断面等作用。因此，道砟材料应当坚硬、稳定、有弹性，并有利于排水。碎石是最好的道砟材料，在碎石缺乏地段，卵石、粗砂和中砂等也可以用作道砟材料。

道床的断面尺寸，根据铁路的运营条件而定，线路的强度越大，道床也应该越厚。道床厚度是指直线或曲线内轨上轨枕底下的道砟处于压紧状态下的厚度。

如果将碎石道床灌注水泥浆，使它成为一个整体来支撑钢轨，或用混凝土、钢筋混凝土直接在路基面上筑成轨道基础来支撑钢轨，就是整体道床。这是一种刚性轨下基础，线路的强度高、维修工作量小，适用于高速行车。目前我国大部分整体道床在隧道内铺设。

（五）防爬设备

列车运行时，常常产生作用在钢轨上的纵向力，使钢轨作纵向移动，有时甚至带动轨枕一起移动。这种纵向移动，叫做爬行。列车速度越高、轴重越大，爬行就越严重。爬行一般发生在复线铁路的区间正线、单线铁路的重车方向、长大坡道上和进站时的制动范围内。

线路爬行往往引起接缝不匀、轨枕歪斜等现象，对线路的破坏性很大，甚至造成涨轨跑道，危及行车安全。因此，必须采取有效措施来防止爬行。目前，采用的方法是除了加强轨道的其他有关组成部分以外，还采用防爬器和防爬撑来防止线路爬行。我国广泛采用的穿销式防爬器，由带挡板的轨卡及穿销组成，如图 3-8 所示，这种防爬器每个可以承受 3 000 kg 的爬行力。为充分发挥防爬器的作用，通常在轨枕之间还安装防爬撑，把 3 ~ 5 根轨枕联系起来，共同抵抗钢轨爬行，如图 3-9 所示。

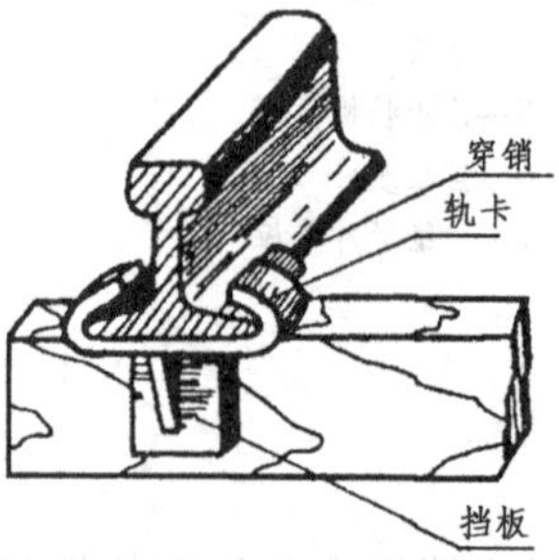

图 3-8　穿销式防爬器

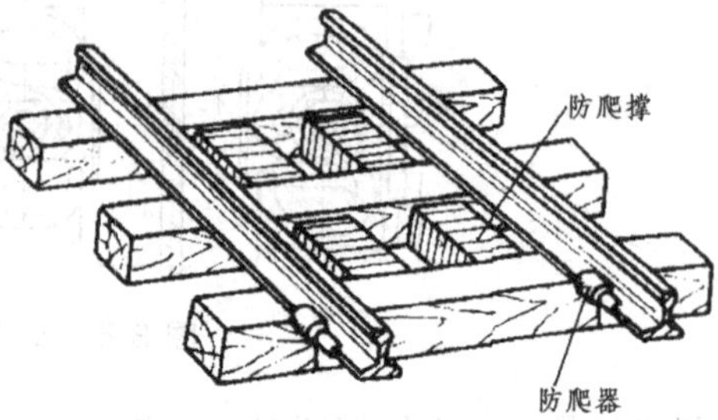

图 3-9　防爬器的安装

（六）道　岔

道岔是使机车车辆由一条线路转往另一条线路的连接设备，通常设在车站上，是铁路轨道的一个重要组成部分。道岔结构复杂，零件较多，通过机车车辆频繁，技术标准要求高，是轨道设备的薄弱环节。

为了满足各种情况下的行车要求，我国铁路采用的道岔结构形式有多种，一般常用的有单开道岔、对称道岔、三开道岔和交分道岔四种。

1. 单开道岔

单开道岔是最常见、最简单的线路连接设备。这种道岔数量最多，约占全部道岔数的 90% 以上，它由转辙部分、辙叉部分及连接部分所组成，如图 3-10 所示。

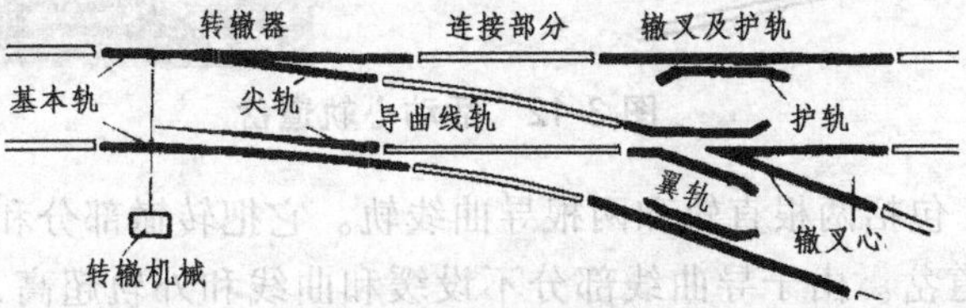

图 3-10　单开道岔

（1）转辙部分，包括两根尖轨、两根基本轨和转辙机械。尖轨是转辙器的主要部件，通过连接杆与转辙机械相联，操纵转辙机械可以改变尖轨的位置，确定道岔的开通方向。单开道岔的主线为直线，侧线由主线向左或向右岔出，分为左开及右开两种形式，如图 3-11 所示。

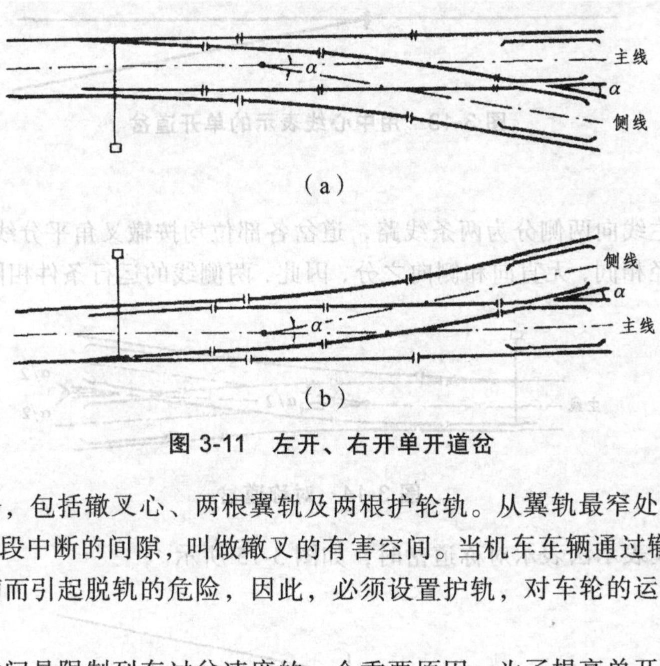

图 3-11　左开、右开单开道岔

（2）辙叉部分，包括辙叉心、两根翼轨及两根护轮轨。从翼轨最窄处到辙叉实际尖端之间，存在着一段轨段中断的间隙，叫做辙叉的有害空间。当机车车辆通过辙叉的有害空间时，轮缘有走错辙叉槽而引起脱轨的危险，因此，必须设置护轨，对车轮的运行方向实行强制性引导。

道岔的有害空间是限制列车过岔速度的一个重要原因。为了提高单开道岔的过岔速度，除了可以采用辙叉号数较大的道岔外，还可以采用活动心轨道岔，从根本上消灭有害空间，适应列车高速运行的要求。

我国铺设的活动心轨单开道岔，如图 3-12 所示。它的辙叉心轨和尖轨是同时搬动的，在正常情况下，辙叉心轨的尖端总是同一根翼轨密贴而与另一根翼轨分离。运营实践证明，由于消灭了有害空间，活动心轨道岔具有行车平稳、直向过岔速度限制较少等优点，因而适合在运量较大、高速行车的线路上使用。

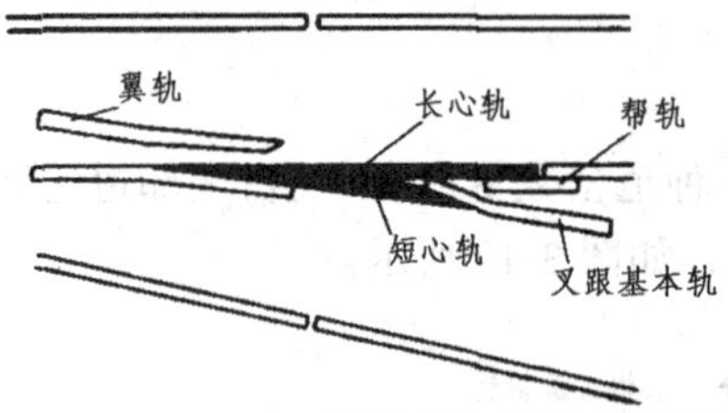

图 3-12　活动心轨道岔

（3）连接部分，包括两根直轨和两根导曲线轨。它把转辙部分和辙叉部分连接起来，使之成为一组完整的道岔。由于导曲线部分不设缓和曲线和外轨超高，列车突然通过道岔时，如果速度过高，突然产生的离心力就很大，特别是当侧向通过时，车轮对尖轨、护轨和翼轨都有冲击，速度过大时冲击力就很大，这样不仅会造成很大程度的摇晃，使旅客感到不适，而且威胁行车安全，因此列车的过岔速度不得不受到很大限制。

单开道岔在图上用线路中心线表示法表示时，如图 3-13 所示。

图 3-13　用中心线表示的单开道岔

2. 对称道岔

对称道岔由主线向两侧分为两条线路，道岔各部位均按辙叉角平分线对称排列，两条连接线路的曲线半径相同，无直向和侧向之分，因此，两侧线的运行条件相同，如图 3-14 所示。

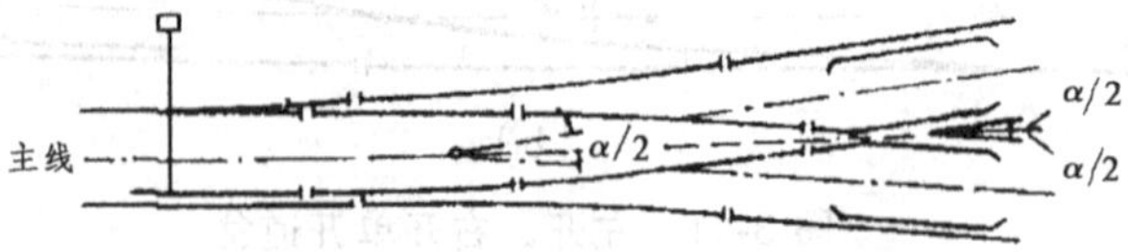

图 3-14　对称道岔

用线路中心线表示法表示对称道岔时，如图 3-15 所示。

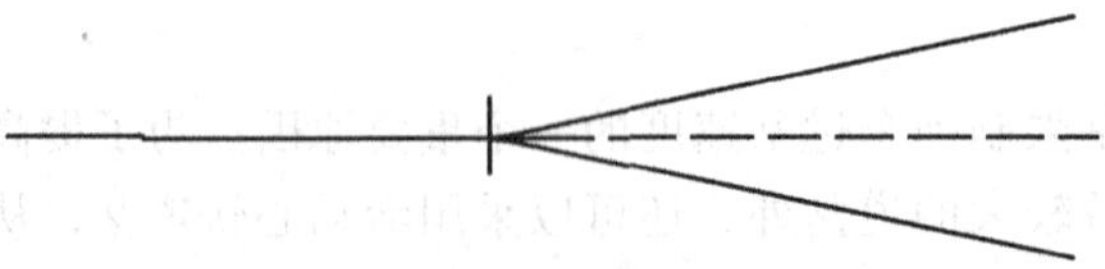

图 3-15　用中心线表示的对称道岔

3. 三开道岔

三开道岔如图 3-16 所示，是将一个道岔纳入另一个道岔内构成的。这种道岔的优点是长度较短，缺点是尖轨削弱较多，转辙器使用寿命短，同时两普通辙叉在主线内侧无法设置护轨，机车车辆沿主线无法高速运行。

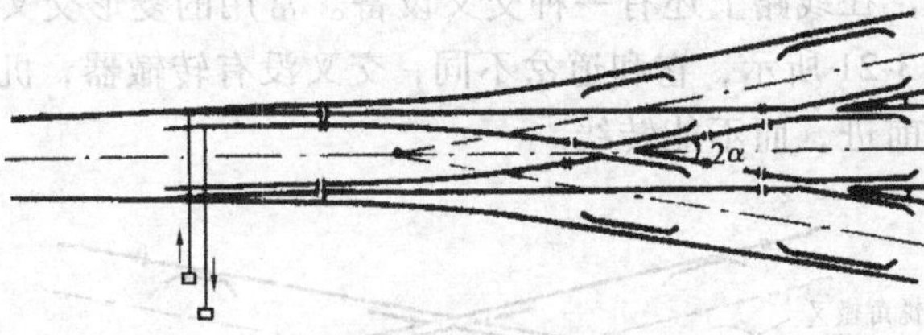

图 3-16 三开道岔

用线路中心线表示法表示三开道岔时，如图 3-17 所示。

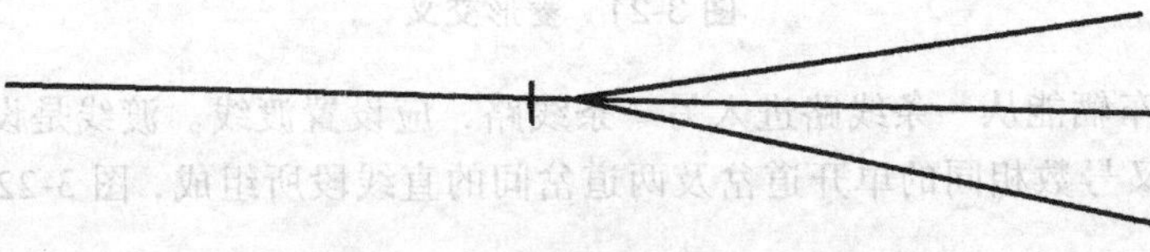

图 3-17 用中心线表示的三开道岔

4. 交分道岔

交分道岔是将一副单开道岔纳入另一个道岔内构成的，如图 3-18 所示。它起到了两个道岔的作用，却占地较短，而且列车通过时弯曲较少，走行平稳，速度可以提高，瞭望条件也较好。但交分道岔的构造复杂，零件数量较多，维修困难。

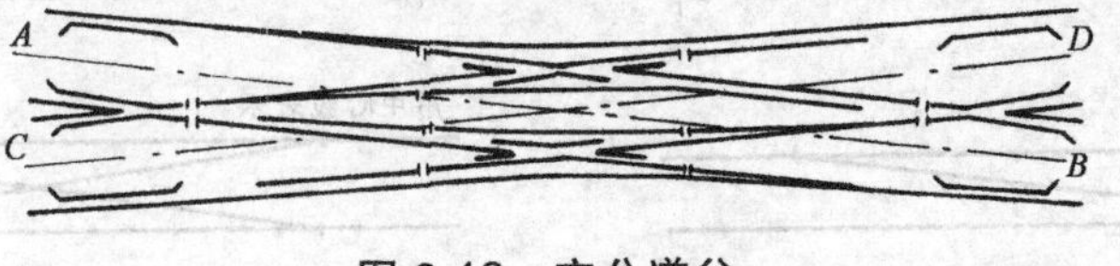

图 3-18 交分道岔

普通交分道岔的四组辙叉都是固定型的，在两钝角辙叉处存在着没有护轨防护的有害空间，如果辙叉号码较大，则机车车辆通过该处时有脱轨的可能。

图 3-19 所示为活动心轨交分道岔。由于采用了活动心轨钝角辙叉，因此从根本上消除了钝角辙叉在直通方向上的有害空间。

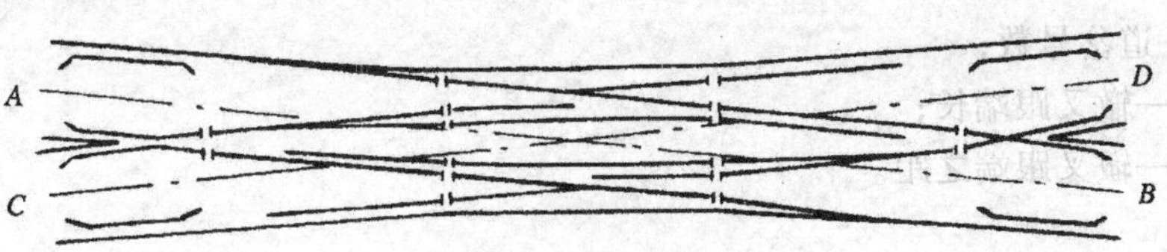

图 3-19 活动心轨交分道岔

用线路中心线表示法表示交分道岔时，如图 3-20 所示。

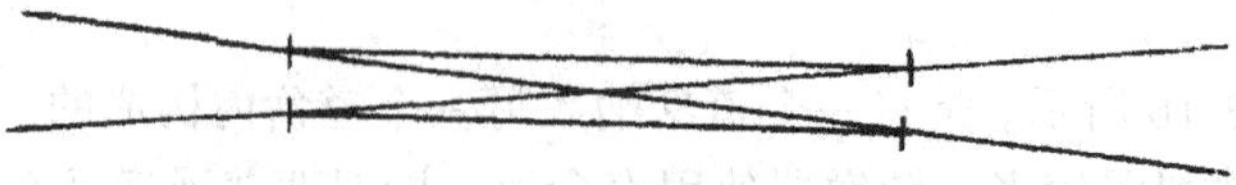

图 3-20　用中心线表示的交分道岔

除了各种道岔以外，在线路上还有一种交叉设备。常用的菱形交叉由两个锐角辙叉和两个钝角辙叉组成，如图 3-21 所示，它和道岔不同，交叉没有转辙器，机车车辆只能在原来的线路上通过交叉后继续前进，而不能转线。

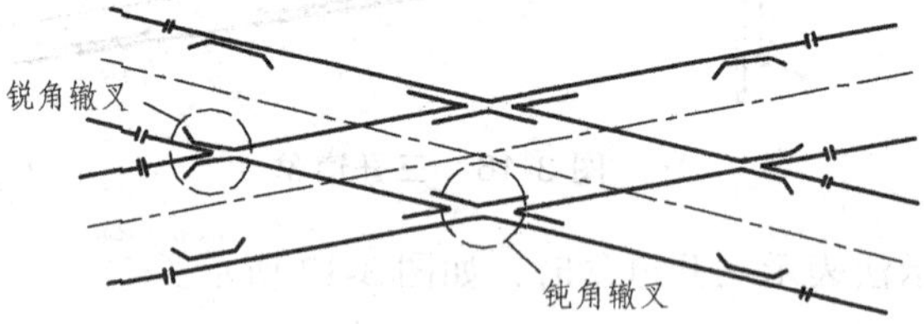

图 3-21　菱形交叉

为了使机车车辆能从一条线路进入另一条线路，应设置渡线。渡线是设在两条平行线路之间，由两副辙叉号数相同的单开道岔及两道岔间的直线段所组成，图 3-22 所示是最常见的一种渡线。

交叉渡线设在两平行线路之间，由四副普通单开道岔和一幅菱形交叉组成，如图 3-23 所示。

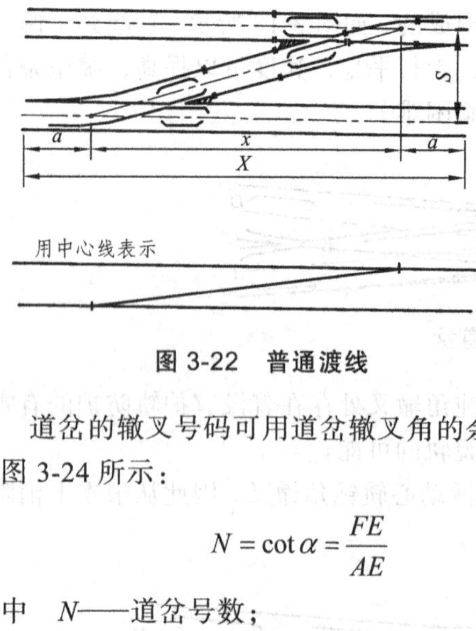

图 3-22　普通渡线

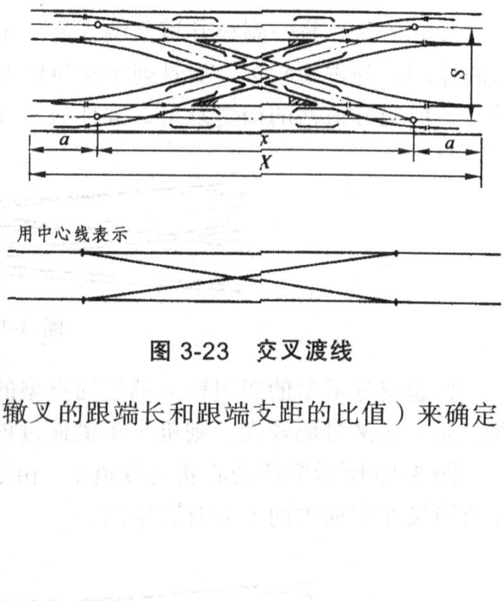

图 3-23　交叉渡线

道岔的辙叉号码可用道岔辙叉角的余切（即辙叉的跟端长和跟端支距的比值）来确定，如图 3-24 所示：

$$N = \cot\alpha = \frac{FE}{AE}$$

式中　N——道岔号数；

FE——辙叉跟端长；

AE——辙叉跟端之距。

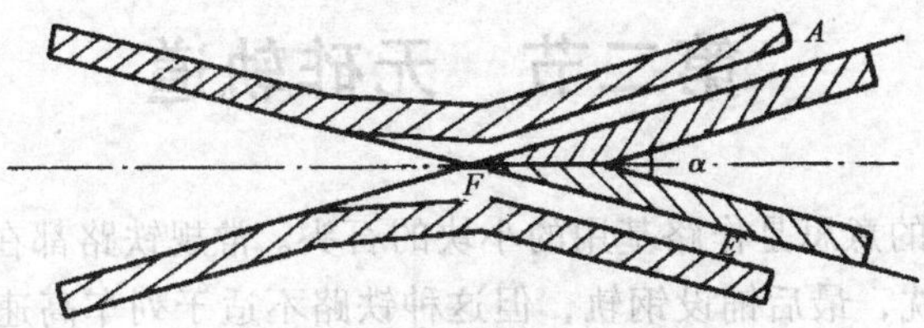

图 3-24 道岔号数计算示意图

由此可见，道岔号数 N 与辙叉角 α 成反比例关系。N 越大，α 角越小，导曲线半径也越大，机车车辆通过道岔时越平稳，允许的过岔速度也越高。所以逐步采用强度更高的大号码道岔对于行车是有利的。

目前，我国铁路的主要线路上通常使用的单开道岔有 8 号、9 号、12 号、18 号、30 号、38 号道岔，对称道岔有 6 号、9 号，三开道岔有 7 号，交分道岔有 12 号、9 号。

二、轨道的类型

轨道作为列车运行的基础，它的强度应当满足该线路每年通过的最大运量和最高行车速度的要求。在列车重量大、列车密度和运行速度高的线路上，轨道强度应该大些，反之，则可以小些。轨道即为综合性工程结构体，它的强度当然也和各部分材质、强度和数量等有关，如钢轨的重量与耐磨性，轨枕的种类和数量，连接零件的强度和道床材料、厚度等。

目前，我国铁路正线轨道共分特重型、重型、次重型、中型和轻型等五种类型，如表 3-1 所示。

表 3-1 正 线 轨 道 类 型

条 件	项 目			单位	特重型	重型	次重型	中型	轻型
运营条件	年度通过总重密度			Mt、km/km	>60	60～30	30～15	15～8	<8
	最高行车速度			km/h	≥160	≥120	120	100	80
轨道条件	钢 轨			kg/m	≥70	60	50	43	43～38
	轨枕根数	预应力混凝土枕		根/km	1 840～1 760	1 760	1 760～1 680	1 680～1 600	1 600～1 250
		木 枕		根/km	1 840	1 840	1 840～1 760	1 760～1 600	1 600
	道床厚度	非渗水土路基	面层	cm	30	30	25	20	20
			垫层	cm	20	20	20	20	15
		岩石、渗水土路基		cm	35	35	30	30	25

第二节　无砟轨道

在铁路上，“砟”的意思是作路基用的小块的石头。常规铁路都在小块石头的基础上，再铺设枕木或混凝土轨枕，最后铺设钢轨，但这种铁路不适于列车高速行驶。世界高速铁路的发展证实，高速铁路基础工程如果使用常规的轨道系统，道砟粉化严重，线路维修频繁，安全性、舒适性、经济性相对较差。

采用混凝土、沥青混合料等整体基础取代散粒体碎石道床的轨道结构统称为无砟轨道。其轨枕本身是混凝土浇灌而成，而路基也不用碎石，钢轨、轨枕直接铺在混凝土路基上，如图 3-25 所示。无砟轨道是当今世界先进的轨道技术，可以减少维护、降低粉尘、美化环境，而且列车速度可以达到 200 km/h 以上。所以说，无砟轨道是高速铁路工程技术的发展方向。

图 3-25　无砟轨道

一、无砟轨道的主要技术特点

1. 良好的结构连续性和平顺性

无砟轨道的下部基础、底座、道床板（或 CA 砂浆调整层）均为现场工业化浇筑；双块式轨枕、轨道板、微孔橡胶垫层、轨下胶垫、扣件、钢轨等均为工厂预制件或标准产品，可以保证其性能有较好的均一性。由此组成的轨道整体结构与有砟轨道相比具有更好的结构连续性和弹性均匀性，为提高轨道的平顺性，改善乘车质量提供了有利条件。

2. 良好的结构恒定性和稳定性

无砟轨道结构中，作为无缝线路稳定性计算参数的轨道横向阻力、轨道纵向阻力不再依赖于材质和状态多变的有砟道床，其整体式轨下基础可为无缝线路提供更高和更恒定的轨道纵、横向阻力，具有更好的耐久性和更长的使用寿命。

3. 良好的结构耐久性和少维修性能

消除了道砟的破碎、粉化，道床的形变而导致轨道几何形态恶化，无砟轨道维修工作量大大减少，被称为“省维修”轨道，为延长线路的维修周期以及客运专线列车的高密度、准点正常运行提供重要保证。

4. 工务养护、维修设施减少

由于维修工作量减少，可以延长每个综合维修中心和维修工区的管辖范围，从而减少上述维修部门的数量。同时也可相应减少每个部门配置的维修机械、停车股道数量和房屋等设施。

5. 免除高速条件下有砟轨道的道砟飞溅

我国秦沈客运专线在线路开通之前进行的行车实验表明：行车速度达到 250 km/h 时，道心道砟出现飞砟现象，造成车辆转向架部分的车轴、制动缸等被道砟打击的现象。此外，在严寒冬季，冻结在车体下部的冰块融化时，冰块搭载道砟上，溅起的道砟会打坏钢轨踏面。采用无砟轨道后，就可以完全免除道砟飞溅的顾虑。

6. 有利于适应地形选线，减少线路的工程投资

无砟轨道的纵、横向稳定性较有砟轨道大大增加。在选线困难的地段可以利用无砟轨道能承受较大轮轨横向力的有利条件，在保证舒适度的前提条件下，适当放宽曲线允许超高、欠超高的限制，减少最小曲线半径，从而有利于选线，减少工程量。

7. 减少客运专线特级道砟的需求

为了延续客运专线有砟轨道上道砟的磨耗和粉化，道砟材料要求采用为客运专线专门制定的特级道砟。我国的特级道砟标准与国外高速铁路道砟标准相比，尽管在性能指标上仍有一定的差距，但符合这种性能要求的岩藏资源在我国，特别是中南和西南地区仍相当稀少，可能难以满足我国新建客运专线的需求。发展无砟轨道可以减少客运专线建设对特级道砟的需求量。

8. 无砟轨道弹性差

轨道弹性的降低会增大轴重对轨道破坏、失效和轨道状态恶化的影响，也会随着轴重的增加加剧环境振动和噪声。因此在轴重较大的客货共线铁路，以及轴重更大的重载铁路，国内外规模铺设无砟轨道的范例尚属罕见。

高速列车的轴重较轻、车辆转向架悬挂性能改善、簧下质量减小，为在高速铁路上采用无砟轨道创造了有利条件。

进一步改善无砟轨道弹性和降低列车轴重，是今后在客运专线上发展无砟轨道的努力方向。

9. 建设期工程总投资大于有砟轨道

与有砟轨道相比，尽管无砟轨道的结构高度低、自重轻，在桥隧上铺设时，可以降低桥隧工程费用。但无砟轨道结构本身的工程费用高于有砟轨道，特别是在对振动和噪声等环境要求较高的地段，用于减振降噪措施的费用比有砟轨道要高。总体来说，无砟轨道建设投资大于有砟轨道。

10. 地震和环保的适应性

日本是多地震国家。根据日本的经验，无砟轨道在低震级地震条件下，比有砟轨道有更好的稳定性，从而提高行车的安全性；但在大地震情况下，有砟、无砟轨道都会遭到破坏，而无砟轨道的修复更为困难。

和有砟轨道相比，无砟轨道的弹性较差、环境振动和噪声的量级较高。在靠近人口居住区及诸如学校、医院、办公区、度假区等环保要求较高等地段，其减振减噪措施及相应的工程费用也会增加。

二、无砟轨道的结构形式

1. 长枕埋入式无砟轨道

长枕埋入式无砟轨道是将木枕、普通钢筋混凝土枕、预应力混凝土枕或其他形式的轨枕埋入现浇的钢筋混凝土道床板中形成的无砟轨道。该类无砟轨道具有结构简单、施工方便、整体性好等特点，不足之处是轨道弹性和高低、水平的调整都仅仅是依靠扣件完成，且轨道出现病害时较难整治，对基础的适应性较差。如图 3-26 所示。

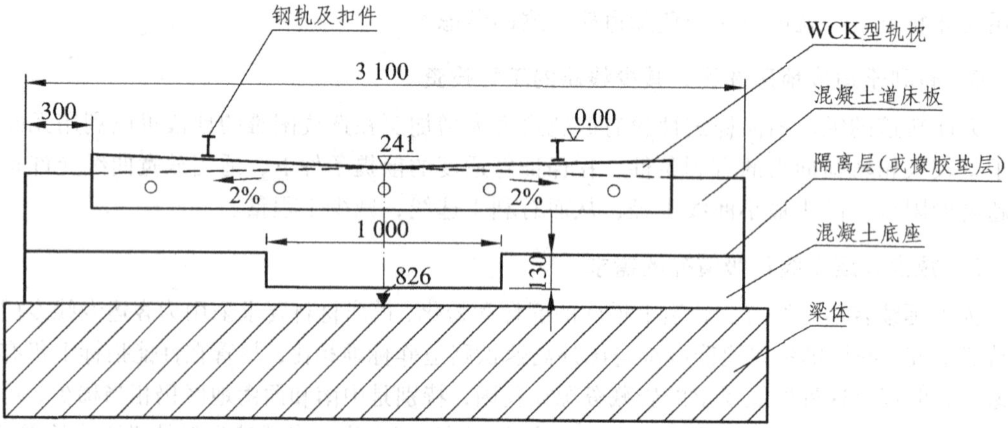

图 3-26 长枕埋入式无砟轨道结构

（1）长木枕埋入式无砟轨道。

1956 年，我国曾在吉沈线某隧道铺设了长木枕埋入式无砟轨道。采用 2.5 m 长的标准木枕，道钉扣件，将木枕埋入混凝土道床中。为方便更换木枕，采用中心水沟式混凝土道床。

作为短木枕支承块式的改进形式，长木枕埋入式轨道具有较好的稳定性，且施工简便，维修也比较容易，但木枕的使用寿命较短，与混凝土道床间的联结不牢，容易出现枕木与混凝土间的脱离、松动等病害，影响轨道的整体性，因此使用较少。

（2）混凝土长枕埋入式无砟轨道。

将长度约为 2.1 m 的钢筋混凝土枕埋入混凝土道床内，设侧向排水沟。一般常规要预留圆孔，让轨道内纵向钢筋穿过，加强轨枕与道床的联结，使道床更加坚固、稳定和整洁美观。长枕埋入式无砟轨道适用于在道岔区铺设。

长枕埋入式无砟轨道由钢轨、扣件、轨枕、道床板及混凝土支承层等部分组成。常见的钢筋混凝土长枕埋入式无砟轨道类型有：普通钢筋混凝土长枕埋入式无砟轨道、德国拉达 2000 型无砟轨道、预应力混凝土长枕埋入式无砟轨道。我国一般采用预应力混凝土长枕埋入式无砟轨道。

2. 板式无砟轨道

板式轨道是在现浇混凝土基础上，以乳化沥青砂浆（CA 砂浆）层支承预制轨道板的无砟轨道结构形式。板式轨道结构简单、施工方便，特有的 CA 砂浆层可提供一定的轨道弹性，在施工过程和病害整治中可方便调整轨道板的高低位置，具有较好的可维修性，对基础的适应能力较强。如图 3-27 所示。

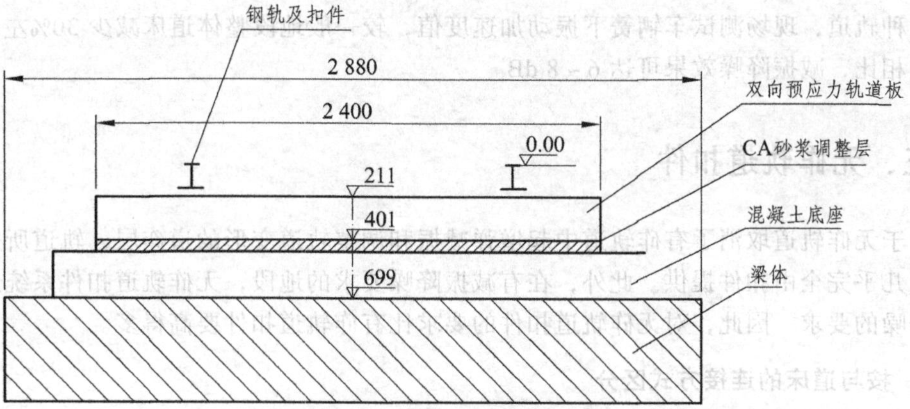

图 3-27 板式无砟轨道结构

（1）普通钢筋混凝土板式轨道。

普通型板式轨道由钢轨、扣件、预制混凝土轨道板、CA 砂浆调整层、混凝土凸形挡台及混凝土底座等部分组成。凸形挡台周围采用树脂材料填充。扣件铁垫板上设置充填式垫板。

（2）预应力混凝土板式轨道。

预应力混凝土板式轨道的结构是在普通钢筋混凝土板式轨道的基础上，在轨道板底层设置了橡胶垫层，使轨道具有足够的强度和弹性。

3. 弹性支承无砟轨道

为解决支承块式整体道床弹性的不足，在支承块下增设橡胶垫板，并用弹性套靴包裹支承块，提供轨道竖向和纵、横向弹性，形成弹性支承轨道。支承块下橡胶垫板的刚度，可根据不同的运营条件和减振降噪要求，在较宽范围内进行调整。因此，弹性支承轨道具有较广的适用范围，从城市地铁到客运专线和高速铁路，都有弹性支承轨道成功的例子。

弹性支承轨道由钢轨、扣件、短轨枕、橡胶包套、枕下胶垫、混凝土道床及混凝土底座等组成。如图 3-28 所示。

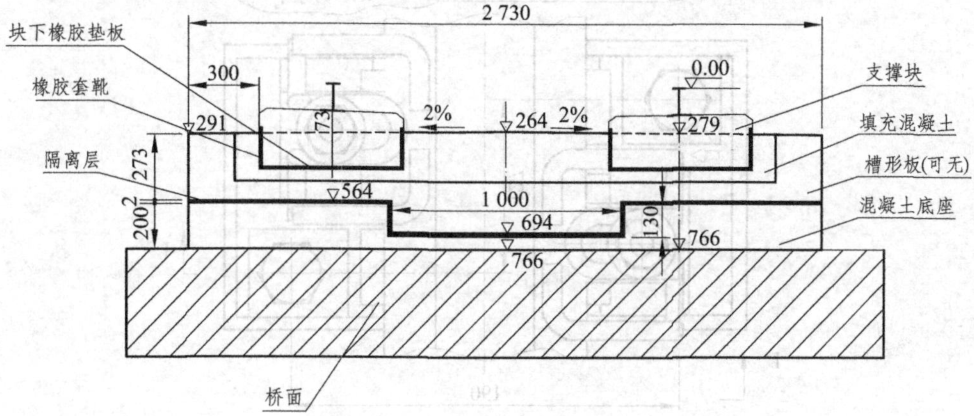

图 3-28 弹性支承无砟轨道结构

轨下胶垫及枕下胶垫为轨道提供了良好的垂向弹性，降低了道床应力，包套为轨道提供了良好的横向弹性，因此，弹性支承轨道具有较好的减振降噪效果。北京地铁东四十条站试铺了这种轨道，现场测试车辆簧下振动加速度值，较一般地段整体道床减少 30%左右，与有砟轨道相比，减振降噪效果可达 6 ~ 8 dB。

三、无砟轨道扣件

由于无砟轨道取消了有砟轨道中起增弹减振和调整轨道变形的道砟层，轨道所需弹性和调整量几乎完全由扣件提供。此外，在有减振降噪要求的地段，无砟轨道扣件系统还要考虑减振降噪的要求。因此，对无砟轨道扣件的要求比有砟轨道扣件要高得多。

1. 按与道床的连接方式区分

（1）不分开式扣件。

钢轨由扣件直接紧固连接于混凝土轨枕或无砟轨道，零部件少，连接牢固，但钢轨高低调整量较小，而且仅靠轨下弹性垫层提供弹性，这种扣件减振效果较差。如图 3-29 所示。

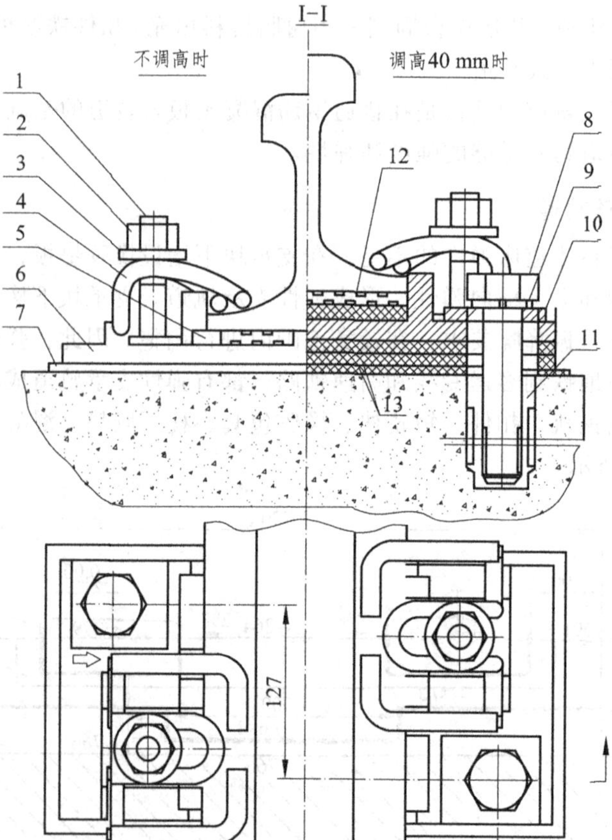

1—T 型螺栓；2—螺母 M22；3—平垫圈；4—弹条；5—复合胶垫；6—铁垫板；7—绝缘缓冲垫板；8—锚固螺栓；9—弹簧垫圈；10—平垫块；11—绝缘套管；12—轨下调高垫板；13—铁垫板下调高垫板

图 3-29 不分开式扣件结构

（2）分开式弹性扣件。

分开式弹性扣件通常为带铁垫板的扣件，钢轨由扣压件紧固于铁垫板上，铁垫板通过锚固螺栓与预先埋设在混凝土轨枕或无砟轨道的绝缘套管配合或其他方式直接紧固在基础上，钢轨高低调整量大，而且轨下和铁垫板上均设弹性垫层提供弹性，减振效果好，但零部件较多，维修工作量相对较大。如图 3-30 所示。

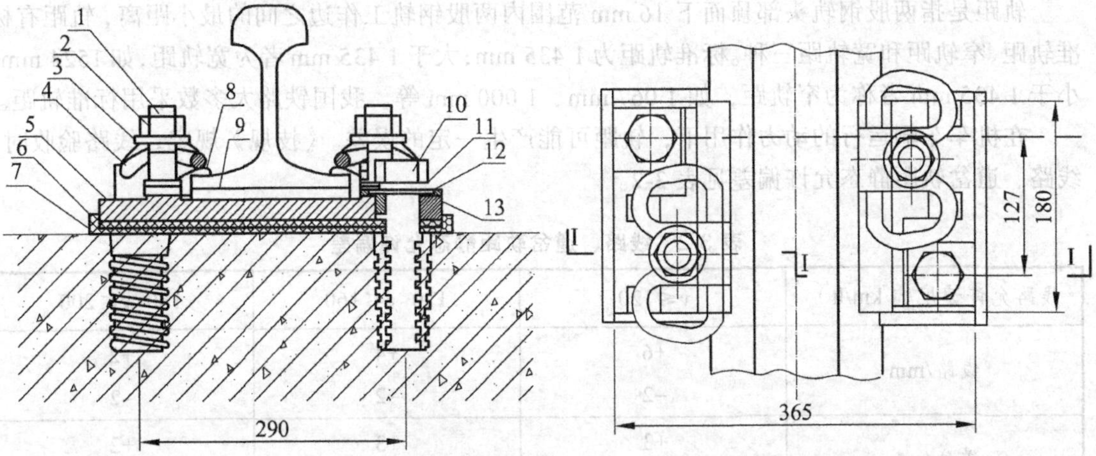

1—T 形螺栓；2—螺母 M24；3—平垫圈；4—弹条；5—铁垫板；6—轨下及板下调高垫板；7—板下复合垫板；8—轨距块；9—轨下复合垫板；10—套管螺栓；11—弹簧垫圈；12—平垫片；13—调距扣板

图 3-30 分开式扣件结构

2. 按承受水平力的方式区分

（1）有挡肩扣件。

混凝土轨枕或混凝土无砟轨道上设承轨槽，由钢轨传来的轮轨横向荷载主要由混凝土承轨槽挡肩承受，横向承受能力较大，这种方式的扣件零部件承受的横向力较小，如采用分开扣件，钢轨高低调整量更大。

（2）无挡肩扣件。

混凝土轨枕或混凝土无砟轨道上不设承轨槽，由钢轨传来的轮轨横向荷载主要由埋设挡肩或紧固铁垫板的锚固螺栓承受，承载能力相对较小，由于不设挡肩，特别适合无砟轨道尤其是板式轨道使用。如采用分开式扣件，钢轨高低调整量较大。

四、无砟轨道过渡段

为减小过渡段线路的刚性突变，需要在无砟轨道与有砟轨道、路基与桥涵、路基与隧道及路堤与路堑的连接处设置过渡段，以实现过渡段范围内线路刚度的渐进过渡。

轨道结构不同的情况下，需要考虑不同轨道结构之间的过渡，轨道结构相同的情况下，桥上、隧道内无砟轨道与路基上无砟轨道间的过渡主要是线路下部基础间的过渡。

第三节　轨道平顺标准

一、直线部分的轨距和水平位置

1. 轨　距

轨距是指两股钢轨头部顶面下16 mm范围内两股钢轨工作边之间的最小距离，轨距有标准轨距、窄轨距和宽轨距三种。标准轨距为1 435 mm；大于1 435 mm者为宽轨距，如1524 mm；小于1 435 mm者称为窄轨距，如1 067 mm、1 000 mm等。我国铁路大多数采用标准轨距。

在机车车辆运行的动力作用下，轨距可能产生一定的误差。《技规》规定，线路验收时，线路、道岔轨距静态允许偏差见表3-2。

表3-2　线路、道岔轨距静态允许偏差

线路允许速度/（km/h）	$v \leq 120$	$120 < v \leq 160$	$160 < v \leq 200$
线路/mm	+6 −2	+4 −2	+2 −2
道岔/mm	+3 −2	+3 −2	+2 −2

机车车辆轮对宽度与轨距之间有一定活动量，这样轮缘和钢轨之间有一个活动量，使轮缘能在两股钢轨之间自由滚动，而又不会卡住。

2. 两股钢轨顶面的相对水平位置

直线地段钢轨的顶面应保持在同一水平。《技规》规定，线路验收时，线路两股钢轨水平静态允许偏差见表3-3。

表3-3　钢轨水平静态允许偏差

线路允许速度/（km/h）	$v \leq 120$	$120 < v \leq 160$	$160 < v \leq 200$
正线及到发线/mm	4	4	3
道岔/mm	4	4	3

二、曲线部分的轨距加宽和外轨超高

1. 轨距加宽

机车车辆走行部中只能保持平行而不能做相对运动的车轴中心线间的最大距离，叫做固定轴距。由于机车车辆具有固定轴距，在曲线上运行时转向架的纵向中心线与曲线轨道中心线并不一致，因而引起转向架前一轮对外侧车轮轮缘和后一轮对的内侧车轮轮缘挤压钢轨的情况发生，如图3-31所示，所以小半径曲线的轨距应适当加宽。

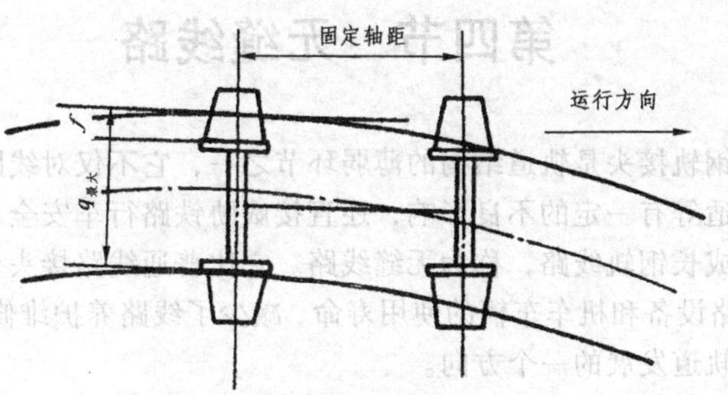

图 3-31 轨距加宽原因示意图

为了使机车车辆顺利地通过曲线，我国《技规》规定了在各种半径的曲线上轨距的加宽数值。曲线轨距加宽值如表 3-4 所示。

表 3-4 曲线轨距加宽值

曲线半径 R/m	加宽值/mm
$R\geqslant 295$	0
$295>R\geqslant 245$	5
$245>R\geqslant 195$	10
$R<195$	15

2. 外轨超高

机车车辆在曲线上运行时，由于受到离心力的作用使曲线外轨承受了较大的压力，因而造成两股钢轨磨耗不均匀，并使旅客感到不舒适，严重时还可能造成列车颠覆事故。因此通常要将曲线的外轨抬高，使机车车辆内倾，以平衡离心力的作用，外轨比内轨高出的部分称为超高。

我国规定，新建铁路应按下式设置超高值：

$$h=11.8\frac{(\beta v_{\max})^2}{R}$$

式中 h—— 外轨超高，mm；

R—— 曲线半径，m；

β—— 速度系数（一般情况下取 0.8，困难时取 0.6）；

$v_{\max}$—— 最高设计行车速度，km/h。

各种半径的曲线超高都有规定，但最大实设超高双线为 150 mm，单线为 125 mm。

目前高速铁路，除日本东海道新干线规定最大超高量为 200 mm 外，其余各线及法国高速干线上最大超高量均为 180 mm。我国高速线路曲线外轨超高最小为 150 mm，最大为 180 mm。

外轨超高和轨距加宽的设置都是从缓和曲线的起点开始，逐渐增加，到圆曲线起点时外轨超高和加宽都应达到规定的数值。相反，从圆曲线终点开始，超高和加宽逐渐减少，到缓和曲线终点又恢复直线地段的正常状态。

第四节　无缝线路

普通线路上的钢轨接头是轨道结构的薄弱环节之一，它不仅对线路设备、机车车辆的使用寿命、旅客的舒适等有一定的不良影响，还直接威胁铁路行车安全。为减少接头，把许多根钢轨焊接起来形成长钢轨线路，称为无缝线路。它比普通线路接头少，因而行车平稳，旅客舒适，延长了线路设备和机车车辆的使用寿命，减少了线路养护维修的工作量，适应高速、重载行车要求，是轨道发展的一个方向。

一、无缝线路的基本原理

一根不受限制可以自由伸缩的钢轨，当轨温发生变化时，其自由伸缩量为：

$$\Delta L = \alpha \times L \times \Delta t \text{（m）}$$

式中　α—— 钢轨的线膨胀系数，为 1.18×10^{-7} m（m · °C），即钢轨轨温变化 1℃时，每 1 米长钢轨伸缩 0.000 011 8 m；

Δt—— 轨温变化度数，°C；

L—— 钢轨长度，m。

由上式可知轨温变化，将直接影响无缝线路钢轨的伸缩、轨道的稳定。因此，修建无缝线路主要解决的问题，就是如何限制钢轨的自由伸缩。

如果钢轨两端被固定住，不能自由伸缩，那么随着轨温的变化，钢轨内部就有了力，这个力是由轨温变化引起的，叫做温度力。夏季轨温升高，钢轨受温度压力；冬季轨温降低，钢轨受温度拉力。钢轨内产生的温度力 P_t 可按下式计算：

$$P_t = 250 \times \Delta t \times S \text{（N）}$$

式中　S——钢轨断面积，cm^2。

从以上公式可以看出，温度力的大小和钢轨长度无关，只要轨温变化一样，钢轨断面积相同，钢轨不论长短，所受的温度力是相同的。根据这个道理，无缝线路可以无限长，但是，在工程实际中，为了更换钢轨、道岔和施工的方便，以及设置自动闭塞分区的绝缘头等原因，无缝线路的一般长度为 1 000 ~ 2 000 m。这样长的钢轨，通常是在工厂焊成 125 ~ 250 m 的轨条，再运到现场焊接而成。

二、无缝线路的锁定轨温

在无缝线路上，两端要拧紧扣件，按设计增设防爬设备，使两端“固定”，所以也叫锁定线路。锁定时的轨温称为锁定轨温。

锁定轨温，是无缝线路铺设和养护维修的依据。锁定轨温高了，冬天产生的温度拉力大，夏天产生的温度压力小；锁定轨温低了，冬天产生的温度拉力小，夏天产生的温度压力大，这对轨道的强度和稳定是不利的。

选定锁定轨温时，以冬季钢轨不折断，夏季不发生涨轨跑道为原则。根据各个地区的轨温变化情况进行检算和调整，一般以稍高于本地区的中间轨温作为锁定轨温比较适宜。例如，北京地区最高轨温 62.6 °C，最低轨温 - 22.8 °C，中间轨温就是 19.9 °C，而设计锁定轨温一般采用 24 °C。

三、无缝线路温度力的分布及组成

在无缝线路上，当轨温升高时，钢轨两端要伸长。首先遇到接头阻力阻止钢轨伸长，这时在钢轨的全长内产生温度力，而钢轨的长度没有变化；轨温继续升高，在克服接头阻力后，又遇到道床纵向阻力阻止钢轨伸长。然而每根钢轨下道床的阻力是有限的，轨温变化 1 ℃ 需要钢筋混凝土轨枕 3 ~ 4 根（或木枕 4 ~ 5 根）的阻力去抵抗钢轨伸长。轨温继续升高，阻止钢轨伸长需要的轨枕根数也继续增加，温度力也继续增加。由于轨枕下的道床阻力是一根一根轨枕地被克服，所以钢轨在产生温度力的同时，也产生了有限制的伸长。当轨温升高到当地最高轨温时，阻止钢轨伸长需要的轨枕数目达到最多，钢轨有限制的伸长达到最大，如图 3-32 所示。中间钢轨和轨枕都不动，只在钢轨中出现了最大温度力。

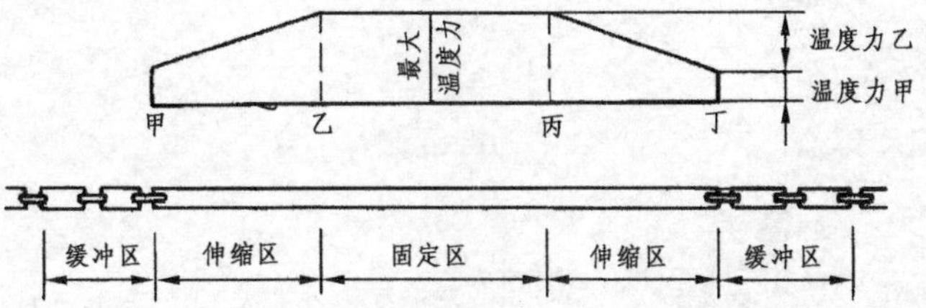

温度力甲——克服接头阻力产生的温度力
温度力乙——克服道床纵向阻力产生的温度力

图 3-32　无缝线路温度力分布图

温度力沿钢轨长度的纵向分布图，参见图 3-32 所示，通常以横轴表示钢轨长度，以纵轴表示温度力。温度应力式无缝线路具有固定区、伸缩区和缓冲区。缓冲区以 2 ~ 4 根标准长度的钢轨组成，个别地点为适应桥头或绝缘等特定要求，也可以多于 4 根。缓冲区应设在两根无缝钢轨之间。伸缩区在长钢轨的两端，其长度根据计算确定，一般长约 50 ~ 100 m，它是用中间连接零件和较多的防爬设备锁定的。固定区是不因温度变化而伸缩的区段，固定区及其两端伸缩区的总长一般为 1 000 ~ 2 000 m，如受其他设备及施工条件限制时应不短于 300 m。

复习思考题

1．轨道由哪几部分组成？轨道的作用如何？
2．钢轨的断面形式如何？钢轨有什么作用？
3．钢轨类型是如何划分的？普通钢轨的标准长度为多少？
4．轨枕有哪些作用？每公里线路上铺设的轨枕数量如何规定？
5．轨道联结零件有哪几种？各自的作用如何？
6．何谓道床？道床的作用如何？

7．何谓轨道爬行？轨道爬行的危害是什么？如何防止轨道爬行？

8．何谓道岔？道岔的作用是什么？常见的道岔有哪几种？

9．试绘出普通单开道岔示意图，并标注各组成部分及主要部件的名称。

10．何谓辙叉号数？它与行车速度有何关系？

11．道岔主要几何要素有哪些？

12．何谓轨距？我国铁路直线地段、曲线地段的轨距标准如何？

13．曲线外轨超高如何确定？外轨超高最大值为多少？

14．何谓无缝线路？无缝线路有哪些优越性？无缝线路的基本原理是什么？

第四章　站场设计基础知识

第一节　线路种类及编号

一、线路分类

铁路线路按用途分为正线、段管线、岔线、特别用途线及站线。如图 4-1 所示。① 正线是指连接车站并贯穿或直股伸入车站的线路；② 段管线是指铁路机务段、车辆段、工务段、电务段等专用并由其管理的线路；③ 岔线是指在区间或站内接轨，通向路内外单位的专用线路；④ 特别用途线是指为保证行车安全而设置的安全线和避难线。安全线是为防止列车或机车车辆从一进路进入另一列车或机车车辆占用的进路而发生冲突的一种安全隔开设备；避难线是在长大下坡道上能使失控列车安全进入的线路；⑤ 站线指车站内除正线以外的线路，包括到发线、调车线、牵出线、货物线及站内指定用途的其他线路。到发线是供接发旅客和货物列车的线路；调车线和牵出线是解体或编组车列的线路；货物线是办理货物装卸作业的线路；站内指定用途的其他线路，主要有机车走行线、机待线、禁溜线、峰下迂回线、存车线等。

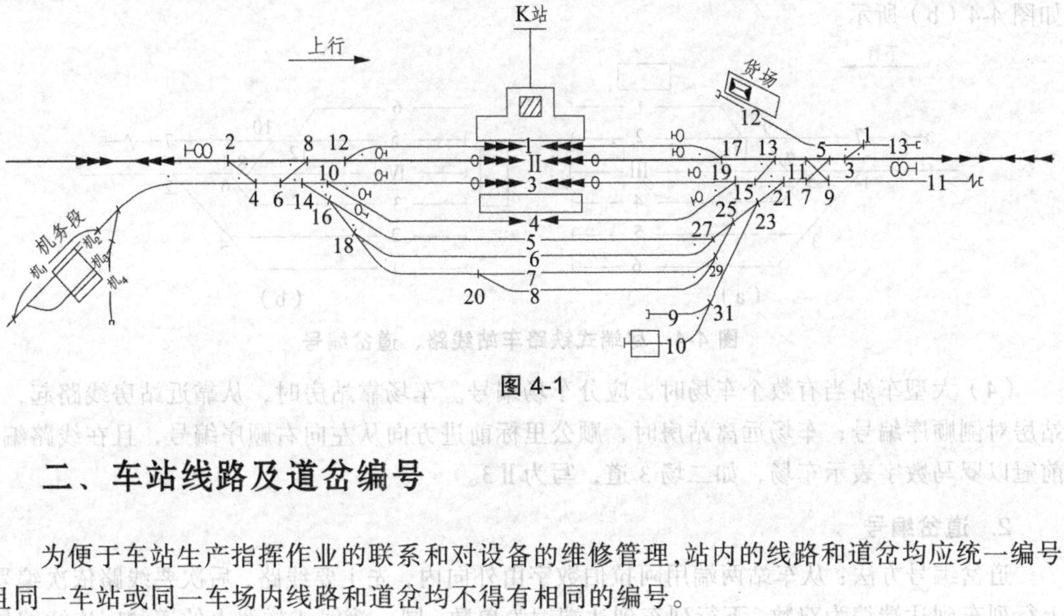

图 4-1

二、车站线路及道岔编号

为便于车站生产指挥作业的联系和对设备的维修管理，站内的线路和道岔均应统一编号，且同一车站或同一车场内线路和道岔均不得有相同的编号。

1. 线路编号

线路编号规定正线用罗马数字，站线用阿拉伯数字。

（1）单线铁路车站内的线路，由靠近站房的线路起向站房对侧依次顺序编号；位于站房左、右或后方的线路，在站房前的线路编完后，再由正线方向起，向远离正线顺序编号，如图4-2所示。

（2）双线铁路车站内的线路，从正线起按列车运行方向分别向外顺序编号，上行一侧编双数，下行一侧编单数，如图4-3所示。

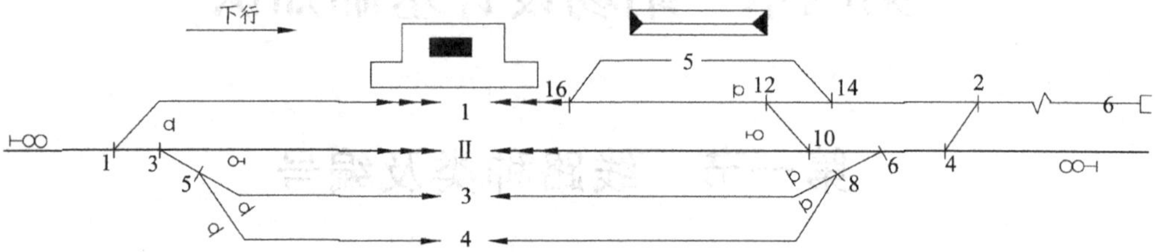

图4-2　单线铁路车站、道岔编号

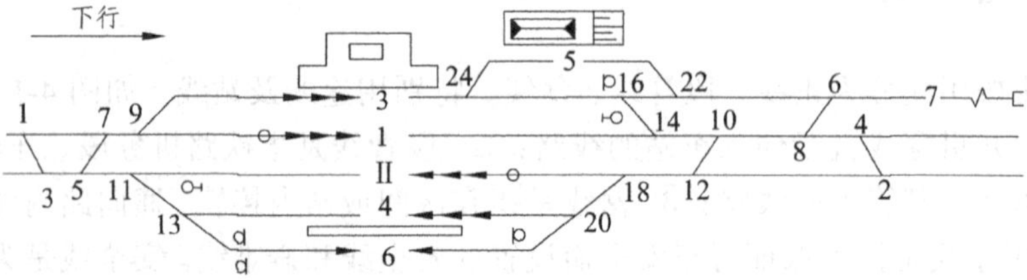

图4-3　双线铁路车站线路、道岔编号

双线铁路横列式区段站的线路，不适宜按列车运行方向分别编号，可比照单线铁路车站的线路编号方法编号。

（3）尽端式车站，当站房位于线路一侧时，从靠近站房的线路起向远离站房方向顺序编号，如图4-4（a）所示；当站房位于线路终端时，面向终点方向由左侧线路起顺序向右编号，如图4-4（b）所示。

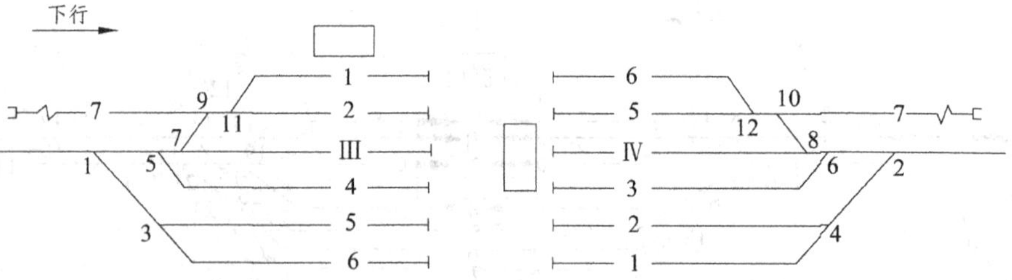

（a）　（b）

图4-4　尽端式铁路车站线路、道岔编号

（4）大型车站当有数个车场时，应分车场编号。车场靠站房时，从靠近站房线路起，向站房对侧顺序编号；车场远离站房时，顺公里标前进方向从左向右顺序编号，且在线路编号前冠以罗马数字表示车场，如二场3道，写为Ⅱ3。

2. 道岔编号

道岔编号方法：从车站两端用阿拉伯数字由外向内，先主要线路，后次要线路依次编号。上行列车到达端编为双数，下行列车到达端编为单数，同一渡线或梯线上的道岔应连续编号，参见图4-2和图4-3所示。

站内道岔一般以站房中心划分上、下行区域，若站房远离车站中心时，以车站或车场中心线划分。

车站一端衔接两个及其以上方向，有上行又有下行时，应按主要方向编号。

大型车站当有数个车场时，每一车场的道岔应单独编号，道岔号码使用三位数字，百位数字表示车场号码，十位和个位数表示道岔编号，如Ⅰ场道岔编为Ⅰ01～Ⅰ99。一个车场的道岔数在100副及以上时，用千位数往下编，千位数表示车场号码，如Ⅰ场的第100副道岔，编为Ⅰ100号。各车场以外的道岔编为1～99。

第二节　限界及线间距

为了保证行车安全，铁路线路附近的任何建筑物或设备（除与机车车辆直接相互作用的设备外）都应该离开线路中心线和钢轨顶面一定的距离，以防机车车辆通过时与其相撞。为此，铁路规定了线路四周建筑物或设备不得侵入的和机车车辆本身不得超出的轮廓尺寸线，即限界。

铁路限界主要分为机车车辆限界和建筑接近限界。

一、机车车辆限界

机车车辆限界是限制机车车辆横断面最大容许尺寸的轮廓。

机车车辆限界是一个和线路中心线垂直的横断面轮廓。无论是新造的机车车辆还是各种部件具有最大限度公差或磨耗的空重车，停在水平线路上时，沿车身所有一切突出部分和悬挂部分，除升起的受电弓外，都必须容纳在限界轮廓之内，严禁超出。客货专线铁路机车车辆上部限界如图4-5所示，客运专线铁路机车车辆限界见图4-6所示。

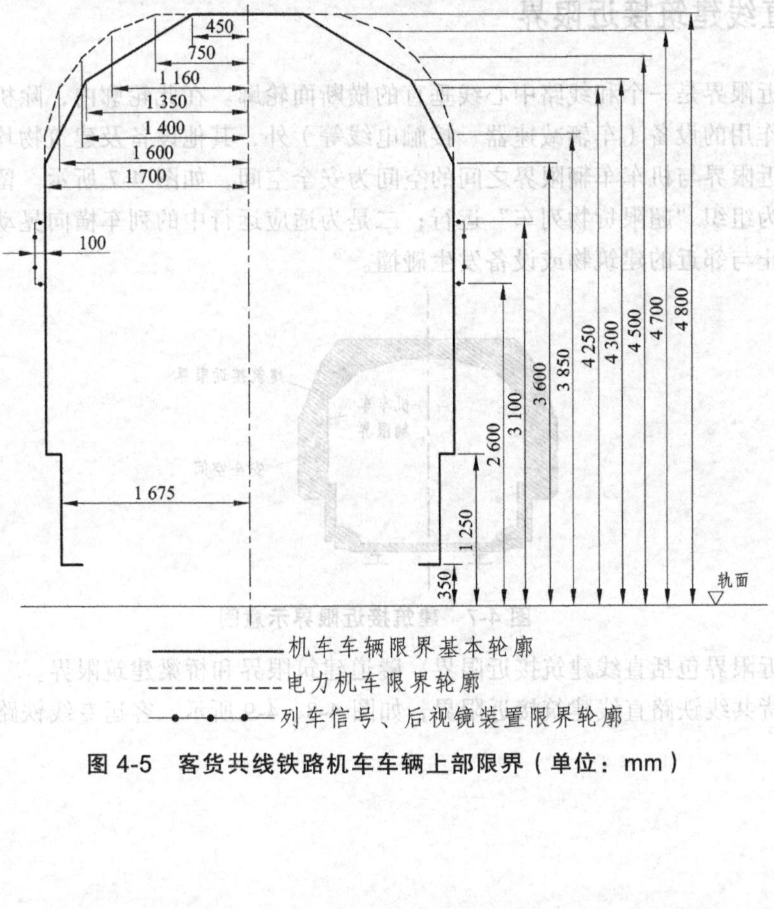

图4-5　客货共线铁路机车车辆上部限界（单位：mm）

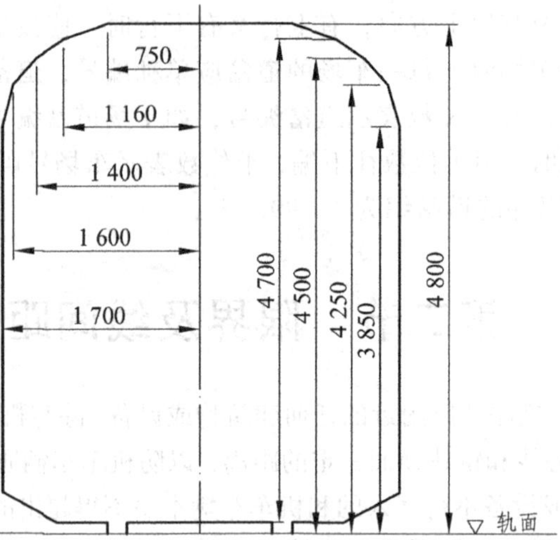

图 4-6　客运专线铁路机车车辆上部限界（单位：mm）

（1）机车车辆的中心最大高度为 4 800 mm。因此，机车车辆顶部的任何装置，如加高烟囱或天窗的开度等均应在 4 800 mm 之内，以防机车车辆顶部与桥梁、隧道上部相撞。

（2）机车车辆在钢轨水平面上部 1 250 ~ 3 600 mm 范围内其宽度为 3 400 mm，但为悬挂列车尾部的侧灯，在 2 600 ~ 3 100 mm 范围内允许两侧各加宽 100 mm。

（3）在钢轨水平面 1 250 mm 以下，机车车辆宽度逐渐缩减，因在此范围内建筑物和设备较多。

二、直线建筑接近限界

建筑接近限界是一个和线路中心线垂直的横断面轮廓。在此轮廓内，除机车车辆及与机车车辆相互作用的设备（车辆减速器、接触电线等）外，其他设备及建筑物均不得侵入。

建筑接近限界与机车车辆限界之间的空间为安全空间，如图 4-7 所示。留有安全空间的目的：一是为组织“超限货物列车”运行；二是为适应运行中的列车横向晃动偏移和竖向上下振动，防止与邻近的建筑物或设备发生碰撞。

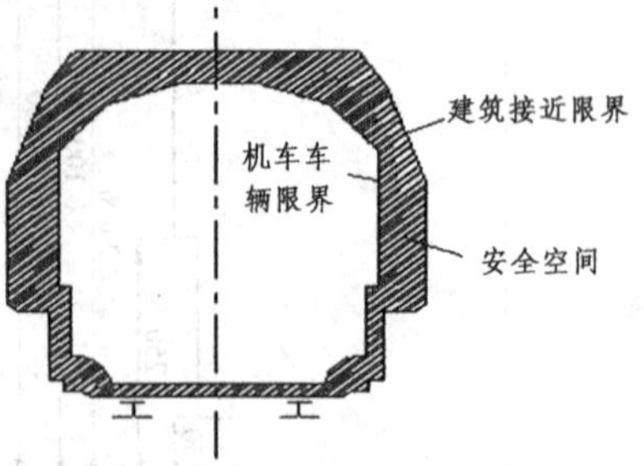

图 4-7　建筑接近限界示意图

建筑接近限界包括直线建筑接近限界、隧道建筑限界和桥梁建筑限界。

我国客货共线铁路直线建筑接近限界，如图 4-8、4-9 所示。客运专线铁路建筑限界如图 4-10 所示。

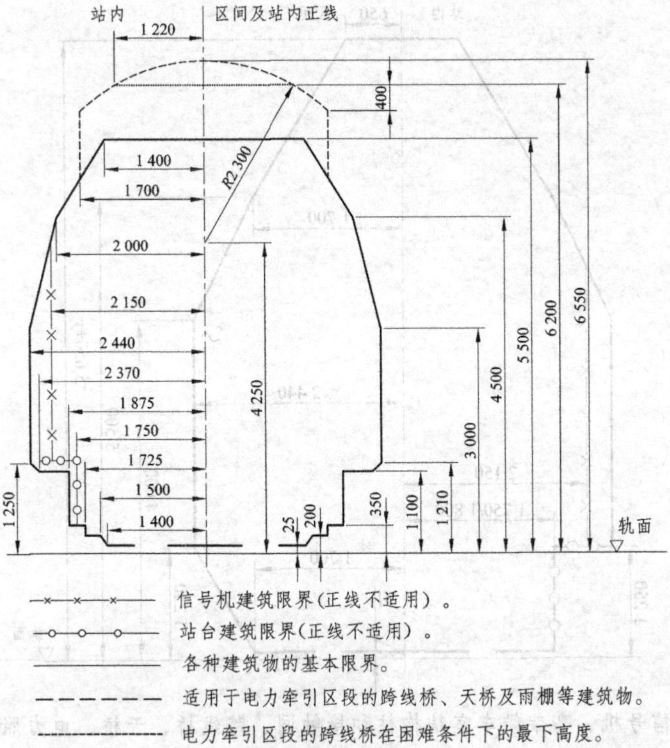

图 4-8　客货共线铁路基本建筑限界图（$v \leqslant 160$ km/h）（单位：mm）

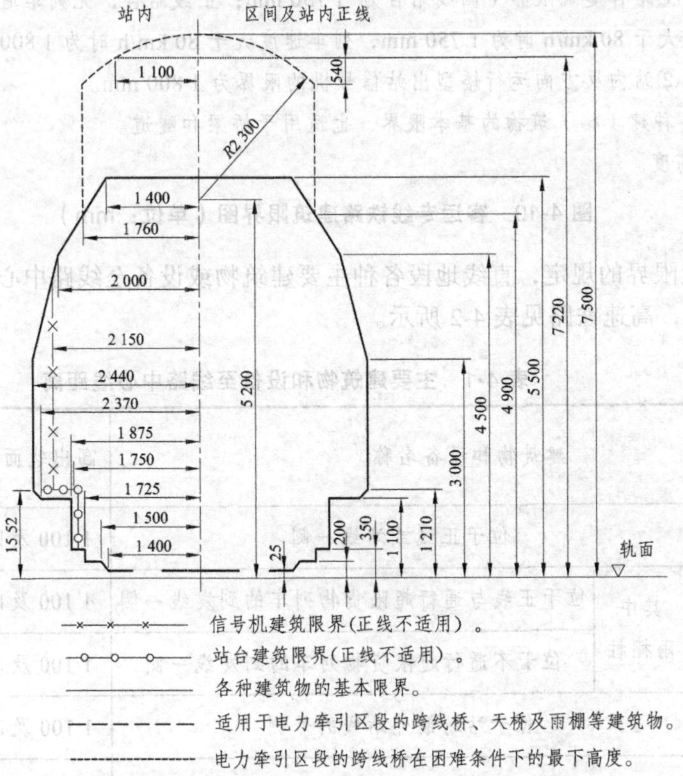

图 4-9　客货共线铁路基本建筑限界图（$v>160$ km/h）（单位：mm）

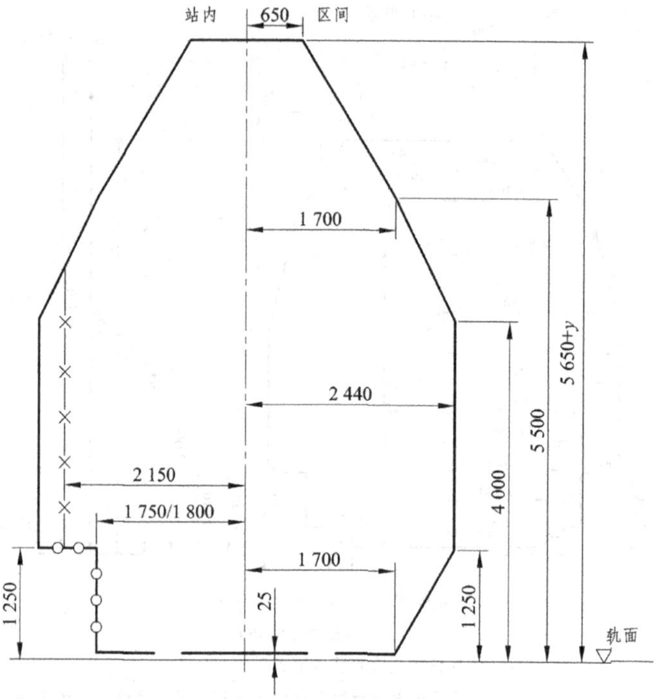

—×—×—×—×— 信号机、高架候车室结构柱和接触网、跨线桥、天桥、电力照明、雨棚等杆柱的建筑限界（正线不适用）。

—○—○—○—○— ①站台建筑限界（侧线站台为 1 750 mm；正线站台，无列车通过或列车通过速度不大于 80 km/h 时为 1 750 mm，列车速度大于 80 km/h 时为 1 800 mm）

②站内反方向运行矮型出站信号机的限界为 1 800 mm。

———————— 各种建（构）筑物的基本限界，也适用于桥梁和隧道。

Y 为接触网结构高度。

图 4-10　客运专线铁路建筑限界图（单位：mm）

按建筑接近限界的规定，直线地段各种主要建筑物或设备至线路中心线的距离，普通铁路见表 4-1 所示，高速铁路见表 4-2 所示。

表 4-1　主要建筑物和设备至线路中心线距离　　mm

<table>
<tr><th>序号</th><th colspan="3">建筑物和设备名称</th><th>高出轨面距离</th><th>至线路中心线的距离</th></tr>
<tr><td rowspan="5">1</td><td rowspan="5">跨线桥柱、天桥柱、雨棚柱和接触网、电力照明等杆柱边缘</td><td colspan="2">位于正线或站线一侧</td><td>1 100 及以上</td><td>≥2 440</td></tr>
<tr><td rowspan="2">其中雨棚柱</td><td>位于正线与通行超限货物列车的到发线一侧</td><td>1 100 及以上</td><td>≥2 440</td></tr>
<tr><td>位于不通行超限货物列车的到发线一侧</td><td>1 100 及以上</td><td>≥2 150</td></tr>
<tr><td colspan="2">位于站场最外站线的外侧</td><td>1 100 及以上</td><td>≥3 000</td></tr>
<tr><td colspan="2">位于最外梯线或牵出线一侧</td><td>1 100 及以上</td><td>≥3 500</td></tr>
</table>

续表 4-1

序号	建筑物和设备名称			高出轨面距离	至线路中心线的距离
2	高柱信号机边缘	位于正线与通行超限货物列车的到发线一侧	一般	1 100 及以上	≥2 440
			改建困难	1 100 及以上	2 100（保留）
		位于不通行超限货物列车的到发线一侧	一般	1 100 及以上	≥2 150
			改建困难	1 100 及以上	1 950（保留）
3	货物高站台边缘	普通站台		1 100	1 750
		高站台		≤4 800	1 850
4	旅客站台边缘	高站台		1 250	1 750
		普通站台		500	1 750
		低站台	位于正线与通行超限货物列车的到发线一侧	300	1 750
5	车库门、转盘、洗车驾和洗罐线、加冰线、机车走行线上的建筑物边缘			1 120 及以上	≥2 000
6	清扫或搬道房和围墙边缘	一般		1 100 及以上	≥3 500
		改建困难		1 100 及以上	3 000（保留）
7	起吊固定机械杆或走行部分附属设备边缘至货物装卸线			1 100 及以上	≥2 440

注：表列序号 1，第 1～2 栏数值，当有大型养路机械作业时，各类建筑物至线路中心线的距离不应小于 3 100 mm。

表 4-2 《高速铁路设计规范》规定的站内直线地段主要建筑物和设备至线路中心线的距离

序号	建筑物和设备名称			至线路中心线的距离/mm
1	跨线桥柱、天桥柱、电力照明和雨棚等杆柱边缘	位于正线一侧		≥2 440
		位于站线一侧		≥2 150
		位于站场最外线路的外侧		≥3 100
2	旅客站台边缘	位于站线一侧		1 750
3	连续墙体、栅栏、声屏障边缘	位于正线或站线外侧（无人员通行）		路基面外
4	接触网柱边缘	位于正线一侧	无砟	≥3 000
			有砟	≥3 100
		位于站线一侧		≥2 500
		位于站场最外线路的外侧		≥3 100

注：① 有砟轨道线路考虑大型养路机械作业时，序号 1 主要建筑物和设备至线路中心的距离采用 3 100 mm。
② 接触网柱边缘至线路中心的距离，困难条件下，位于正线一侧不应小于 2 500 mm，位于站线一侧不应小于 2 150 mm。

隧道建筑限界的高度稍高于直线建筑限界的高度，宽度与直线建筑限界的宽度相同。桥梁建筑限界的高度和宽度与隧道建筑限界基本相同，它们又都分为内燃牵引区段和电力牵引区段。隧道建筑限界图和桥梁建筑限界图详见《技规》附图。

按照建筑限界的规定，在铁路车站线路的直线地段上，主要建筑物和设备至线路中心线的距离应符合表 4-1 的规定。表 4-2 是《高速铁路设计规范》规定的站内直线地段主要建筑物和设备至线路中心线的距离。

三、曲线上建筑接近限界的加宽

列车运行在曲线上时，由于车体中心线与轨道中心线不吻合，两转向架中心销之间的车体中心线向曲线内侧偏移，车体纵向两端向轨道外侧突出，车体与建筑限界之间的安全空间减小，如图 4-11 所示。同时由于曲线地段的外轨超高使车体向曲线内侧倾斜，也使车体与建筑限界之间的安全空间减小，如图 4-12 所示。为保证列车在曲线的运行安全，曲线上建筑接近限界应在直线建筑接近限界的基础上适当加宽。

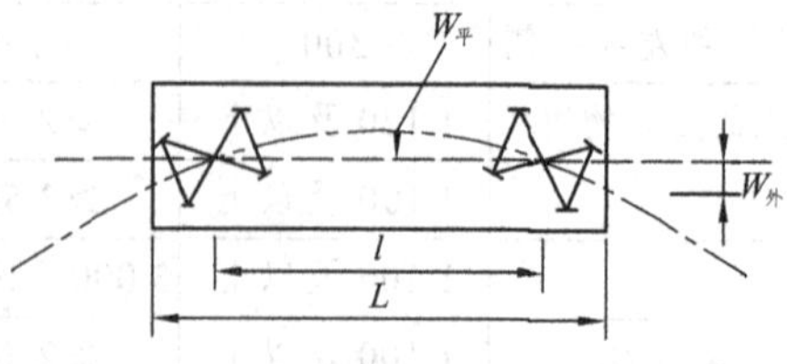

图 4-11　曲线地段车体偏移

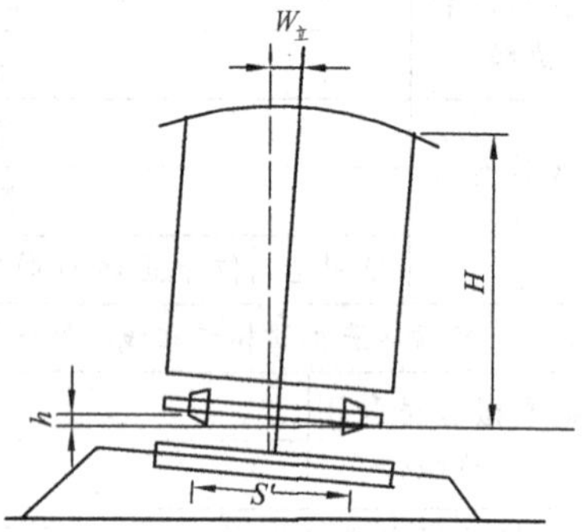

图 4-12　曲线地段车体立面偏移

1. 曲线内侧限界加宽

曲线内侧限界加宽（$W_内$）由车体中心向轨道中心内侧的平面偏移（$W_平$）和车体内侧的立面偏移（$W_立$）两部分构成。

从图 4-13 看，车体中心线向轨道中心内侧的平面偏移主要决定于车体转向架中心销之间的距离 l 和曲线半径 R 的大小，如果 l 大 R 小，车体偏入曲线内侧的距离 $W_平$ 也就越大。根据相交弦定理：

$$(2R - W_平) \times W_平 = \frac{l}{2} \cdot \frac{l}{2}$$

展开后因 $W_平{}^2$ 数值很小，略去得：

$$W_平 = \frac{l^2}{8R}$$

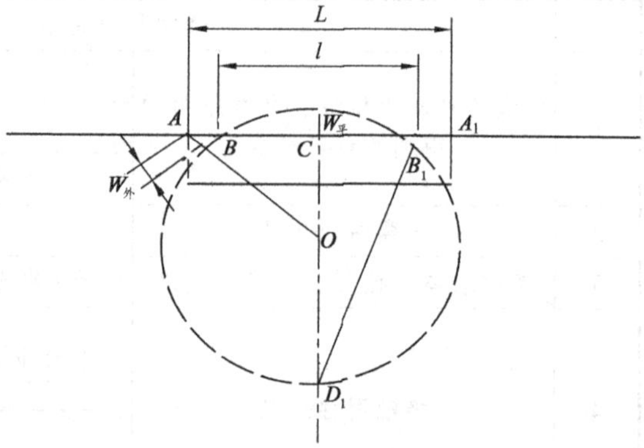

图 4-13　车体平面偏移计算图

为满足各种车辆的需要，我国采用车体长 $L = 26$ m、$l = 18$ m 的大型车体作为计算车辆，将 l 值代入上式得：

$$W_平 = \frac{40\,500}{R} \text{（mm）}$$

从图 4-12 看，因曲线外轨设置超高而引起的车体内侧的立面偏移 $W_立$ 有如下关系：

$$\frac{W_立}{H} = \frac{h}{S'}$$

式中　H——轨面至计算点的高度，当建筑物或设备的高度大于或等于车体突出点的高度 3 850 mm 时，H 值采用车体突出点的高度 3 850 mm，当建筑物或设备的高度小于车体突出点的高度时，H 值采用建筑物或设备的高度；

S'——内外侧钢轨中心间的距离，采用 1 500 mm。

于是

$$W_{立} = \frac{H}{1500} \times h\ (\text{mm})$$

综上可知曲线内侧限界加宽值为：

$$W_{内} = W_{平} + W_{立} = \frac{40\,500}{R} + \frac{H}{1\,500} \times h\ (\text{mm})$$

2. 曲线外侧限界加宽

从图 4-13 看，车体纵向两端向轨道中心线外侧突出的偏移，即曲线外轨限界加宽。根据勾股定理有：

$$(R+W_{外})^2 = \left(\frac{L}{2}\right)^2 + (R-W_{平})^2$$

展开后略去 $W_{外}^2$ 和 $W_{平}^2$，将 $L = 26$ m 代入，则得：

$$W_{外} = \frac{L^2}{8R} - W_{平} = \frac{44\,000}{R}\ (\text{mm})$$

各加宽量的计算，通常进整成 5 mm 的整数倍。

例 1　某单线车站如图 4-14 所示，Ⅱ道的曲线半径为 1 000 m，外轨超高为 60 mm。Ⅱ、3 道间的中间站台长、宽、高为 400 m、5 m、0.3 m。试确定Ⅱ道上、下行方向的出站信号机边缘和中间站台边缘至Ⅱ道线路中心线的最小距离。

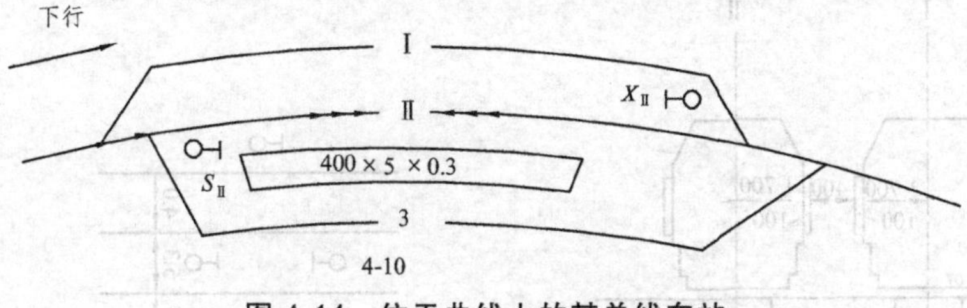

图 4-14　位于曲线上的某单线车站

解：X_{II}位于曲线的外侧，X_{II}边缘离开 II 道线路中心线的最小距离为：

$$2\,440 + W_{外} = 2\,440 + \frac{44\,000}{1\,000} = 2\,484 \approx 2\,485\ \text{mm}$$

S_{II}位于曲线的内侧，S_{II}边缘离开 II 道线路中心线的最小距离为：

$$2\,440 + W_{内} = 2\,440 + \frac{40\,500}{R} + \frac{H}{1\,500}\cdot h$$

$$= 2\,440 + \frac{40\,500}{1\,000} + \frac{3\,850}{1\,500} \times 60$$

$$= 2\,634.5 \approx 2\,635\ \text{mm}$$

中间站台位于曲线内侧，中间站台边缘离开 II 道线路中心线的最小距离为：

$$1\,750 + \frac{40\,500}{R} + \frac{H}{1\,500}\cdot h = 1\,750 + \frac{40\,500}{1\,000} + \frac{2\,300}{1\,500} \times 60 = 1\,882.5 \approx 1\,885\ \text{mm}$$

在确定客运专线铁路曲线地段建筑限界加宽值时，由于各种横向偏移量已按最不利情况组合，并增加 150 mm 的安全余量，因此，只需计算因超高引起车体倾斜对曲线内侧的限界加宽，即

$$W_{内} = \frac{H}{1\,500} \cdot h$$

曲线上建筑限界的加宽范围，包括全部圆曲线、缓和曲线和直线部分。

四、线路间距

相邻线路中心线间的距离，简称线路间距。线路间距应保证行车和站内作业的安全，满足通行超限列车和设置行车及客、货运设备的需要。因此，它通常由机车车辆限界、建筑接近限界、超限货物装载限界、线间设备计算宽度和线间办理作业性质需要的安全量等项因素确定。

1. 直线地段线路间距

《技规》规定，双线区间直线地段最小线路间距为 4 000 mm，如图 4-15 所示。它是由车车辆限界半宽、侧灯宽度、两侧灯之间保证不停车会车的安全宽度相加而得，即

$$2\times(1\,700 + 100) + 400 = 4\,000 \text{ mm}$$

三线及四线区间的第二线与第三线的线路间距为 5 300 mm，如图 4-16 所示。它是根据第二线与第三线间装有高柱信号机，且两线均通行超限货物列车确定的。

$$2\times 2\,440 + 410 = 5\,290 \text{ mm（采用 5 300 mm）}$$

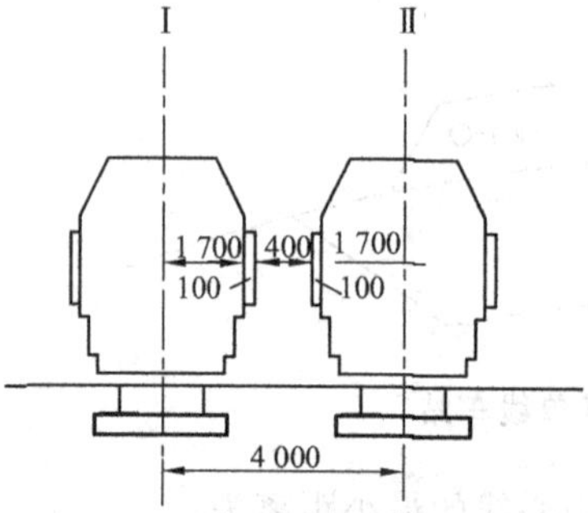

图 4-15　双线区间直线地段线路间距

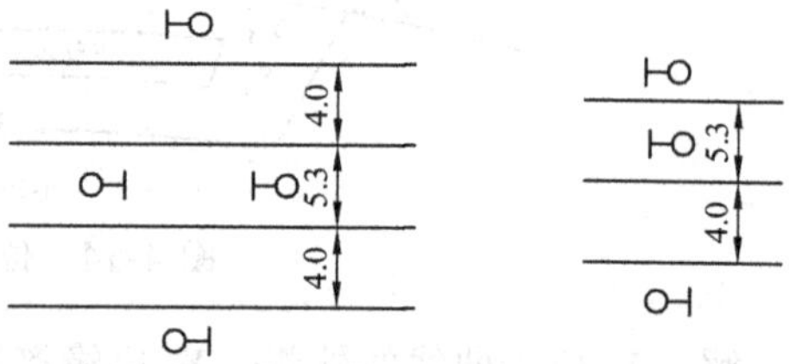

图 4-16　多线区间直线地段线路间距

《技规》和《铁路车站及枢纽设计规范》规定的客货共线铁路线间距见表 4-3。

表 4-3　客货共线铁路线路间距

序号	名　称		线路间距/mm
1	区间双线	$v \leqslant 120$ km/h	4 000
		120 km/h $< v \leqslant 160$ km/h	4 200
		160 km/h $< v \leqslant 200$ km/h	4 400
2	三线及四线区间的第二线与第三线		5 300
3	站内正线		5 000

续表 4-3

序号	名　称				线路间距/mm
4	站内正线与相邻到发线	无列检作业			5 000
		有列检作业或上水作业	$v \leqslant 120$ km/h	一般	5 500
				改建特别困难	5 000
			120 km/h<$v \leqslant 160$ km/h	一般	6 000
				改建特别困难	5 500
			160 km/h<$v \leqslant 200$ km/h	一般	6 500
				改建特别困难	5 500
5	到发线间或到发线与其他线				5 000
6	站内线间设有高柱信号机时，相邻两线均需通行超限货物列车（含正线）				5 300
7	站内线间设有高柱信号机时，相邻两线只有一线通行超限货物列车（含正线）				5 000
8	铺设列检小车轨道的两到发线				5 500
9	换装线				3 600
10	编组站、区段站的站修线与相邻一条线				8 000
11	牵出线与其相邻线间	调车作业繁忙车站			6 500
		改建困难或仅办理摘挂取送作业			5 000
12	站内中间设有接触网支柱的相邻线				6 500
13	线间设有融雪设备的相邻线				5 800
14	安全线与其他线路				5 000
15	其他站线				4 600
16	调车线间				5 000
17	客车车底停留线间、备用客车存放线间	一般			5 000
		改建困难			4 600
18	客车整备线间	线间无照明和通信等电杆			6 000
		线间有照明和通信等电杆			7 000
19	调车场各线束间				
20	调车场设有制动员室的线束间				
21	梯线与其相邻线间				

注：① 表中第 16~21 栏为《铁路车站及枢纽设计规范》规定的线间距。

② 线间有建（构）筑物或有影响限界的设施，最小线间距按建筑限界计算确定。既有线列车最高运行速度提速到 140~160 km/h 时，可保持 4 m 线间距。

表 4-3 中站内相邻两线均需通行超限货物列车，线间装有高柱信号机其线间距为：

$$2\,440 + 410 + 2\,440 \approx 5\,300 \text{ mm}$$

站内正线间，线间距为：

超级超限货物装载限界 2 350 + 余量 300 + 超级超限货物装载限界 2 350 = 5 000 mm

站内正线与相邻到发线，无列检作业时，线间距为：

超级超限货物装载限界 2 350 + 人员通行 950 + 机车车辆限界 1 700 = 5 000 mm

站内正线与相邻到发线，有列检作业时，线间距为：

超级超限货物装载限界 2 350 + 列检人员作业 1 450+机车车辆限界 1 700 ≈ 5 500 mm

《技规》规定的高速铁路线间距见表 4-4。

表 4-4　高速铁路线间距

序号	名称		线间最小距离/mm
1	区间正线	v = 160 km/h	4 200
		160 km/h<v≤200 km/h	4 400
		200 km/h<v≤250 km/h	4 600
		250 km/h<v≤300 km/h	4 800
		300 km/h<v≤350 km/h	5 000
2	三线及四线区间的第二线与第三线		5 300
3	站内正线	v≤250 km/h	4 600
		250 km/h<v≤300 km/h	4 800
		300 km/h<v≤350 km/h	5 000
4	站内正线与相邻到发线		5 000
5	到发线与相邻到发线		5 000
6	安全线与其他线路		5 000

2. 曲线地段线路间距

由于曲线地段外侧线路上的车体中部向内侧偏移，内侧线路上的车体两端外角向曲线外侧偏移，如图 4-17（a）所示，及相邻曲线的外轨超高高度不同，如图 4-17（b）所示。若相邻两曲线线间距与直线地段的线间距相同，将会使处于曲线地段两列车间的净空较直线地段小，影响列车运行安全。

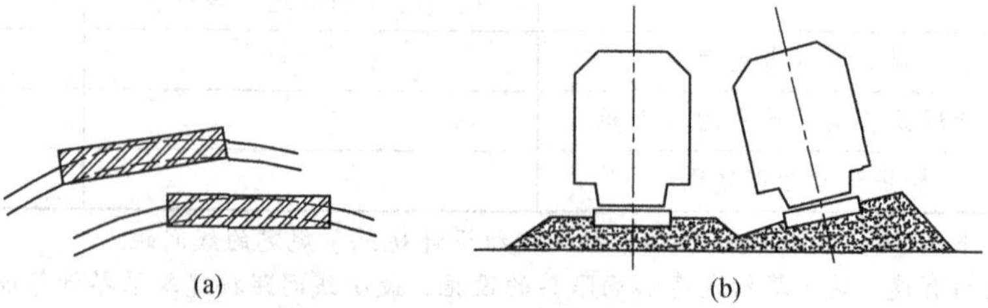

图 4-17　车体间净空减小

为了保证列车运行安全，使曲线地段两列车间的净空等于直线地段两列车间的净空，曲线地段线路间距应适当加宽。其加宽量与曲线地段建筑限界加宽量相同。

（1）当曲线地段相邻两线路间有设备或建筑物时，曲线地段线间距加宽办法。

若曲线地段，相邻两线间设有建筑物或设备时，相邻线间距应考虑曲线地段的建筑限界的内外侧加宽量，分别计算出建筑物或设备边缘距线路中心线的距离，再加上建筑物或设备的宽度。

例 2　图 4-18 中，Ⅰ、Ⅲ道间设有宽为 410 m 的高柱信号机，且两曲线半径均为 1000 mm，Ⅲ道外轨超高 60 mm，Ⅰ道外轨超高为 40 mm，试确定Ⅰ、Ⅲ道间的线间距。

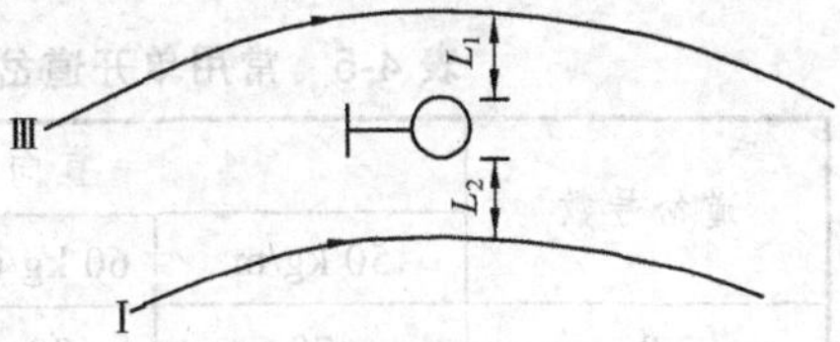

图 4-18

解：信号机边缘距Ⅰ道线路中心线的距离为：

$$2\,440+\frac{44\,000}{R}=2\,440+\frac{44\,000}{1000}=2\,484\approx 2\,485\text{ mm}$$

信号机边缘距Ⅲ道线路中心线的距离为

$$2\,440+\frac{40\,500}{R}+\frac{H}{1\,500}\cdot h=2\,440+\frac{40\,500}{1\,000}+\frac{3\,850}{1\,500}\times 60$$
$$=2\,440+40.5+154$$
$$=2\,634.5\approx 2\,635\text{ mm}$$

Ⅰ、Ⅲ道的线间距为

$$2\,485+410+2\,635=5\,530\text{ mm}$$

（2）当曲线地段相邻两线路间无设备或建筑物时，曲线地段线间距加宽办法。

若曲线地段相邻两线路间无建筑物或设备时，两曲线半径相同，最小线路间距可按下列两种情况计算确定：

① 当外侧线路外轨超高大于内侧线路的超高，此时由于外侧线路上的车体内倾，在立面上车体上部间减少了两线间的净空，而内侧线路上的车体，又增加了两线间的净空。因此，在计算曲线内侧加宽时，应减去内侧曲线超高造成的净空增加值，即

$$S_{曲}=S_{直}+\frac{84\,500}{R}+\frac{H}{1\,500}(h_{外}-h_{内})\ (\text{mm})$$

② 当内侧线路外轨超高大于或等于外侧线路的超高，此时内侧线路上的车体内倾加大，增大了车体上部两线间的净空，即

$$S_{曲}=S_{直}+\frac{84\,500}{R}\ (\text{mm})$$

第三节　线路连接

一、道岔辙叉号数的选用

道岔辙叉号数的选用应符合《铁路技术管理规程》第 46 条的规定。

道岔辙叉号数应符合下列规定：

（1）正线道岔的直向通过速度不应小于路段设计行车速度。

（2）用于侧向通过列车的单开道岔的辙叉号数，应根据列车侧向通过的最高速度合理选用。常用道岔允许通过速度见表 4-5 所示。

表 4-5　常用单开道岔货物列车直向、侧向允许通过速度（km/h）

道岔号数	直向过岔速度			侧向过岔速度
	50 kg/m	60 kg/m	75 kg/m	
9	70	90	90	30（R_0 = 180 ~ 190 m）
12	70	120	120	45（R_0 = 330 m），50（R_0 = 350 m）
18	70	120	120	75（R_0 = 800 m），80($R_0 \geqslant$ 860 m）
30	—	120	—	90（R_0=2700m）
12 号提速道岔	60 kg/m　固定辙叉 140，可动心轨 160			50
18 号提速道岔	60 kg/m　可动心轨 160			80
30 号提速道岔	60 kg/m　可动心轨 160			140

（3）用于侧向接发停车旅客列车的单开道岔，不得小于 12 号。

（4）由于侧向接发停车货物列车并位于正线上的单开道岔，在中间站不得小于 12 号，其他车站不得小于 9 号。

（5）列车轴重大于 25 t 的铁路正线单开道岔不得小于 12 号。

（6）其他线路的单开道岔，不得小于 9 号。

（7）狭窄的站场采用交分道岔，不得小于 9 号，但尽量不用于正线，必须采用时，不得小于 12 号。

（8）峰下线路采用对称道岔，不得小于 6 号；采用三开道岔，不得小于 7 号。

（9）段管线采用对称道岔，不得小于 6 号。

既有道岔的类型及辙叉号数不符合上述规定时，应按各该道岔的辙叉号数限制行车速度，且应有计划地进行改造。

《技规》规定，线路允许速度 120 km/h 及以下区段的正线道岔,采用固定型辙叉道岔；线路允许速度 120 km/h 以上至 160 km/h 及以下，或货车轴重 25 t 及以上区段正线道岔采用可动心轨道岔或固定型辙叉道岔；线路允许速度 160 km/h 以上区段的正线道岔，须采用可动心轨道岔。

《技规》高速铁路部分第 47 条规定：

（1）正线道岔的直向通过速度不应小于路段设计行车速度。

（2）正线与到发线连接应采用 18 号道岔，正线间的渡线按功能需要选用 18 号及以上的道岔。

（3）始发或终到车站以及改、扩建车站，在特别困难条件下，可采用 12 号道岔。

（4）正线与联络线连接的道岔辙叉号数应按联络线设计行车速度选用，并应选用大号码道岔。

二、两相邻道岔中心间的距离的确定

（一）道岔配列形式

两相邻道岔常见的配列形式有以下几种：

（1）异侧对向（即在基线异侧对向布置的两个单开道岔），如图 4-19（a）所示。

（2）同侧对向（即在基线同侧对向布置的两个单开道岔），如图 4-19（b）所示。

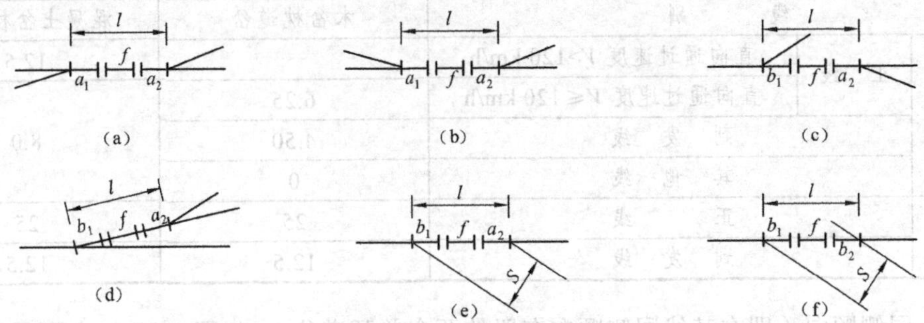

图 4-19　常见道岔配列形式

以上两种配列形式中，两相邻道岔中心间的最小距离（l）应为：

$$l = a_1 + f + a_2 + \Delta\ (\mathrm{m})$$

式中　a_1——第一个道岔始端基本轨轨缝中心至道岔中心的距离；

a_2——第二个道岔始端基本轨轨缝中心至道岔中心的距离；

f——两相邻道岔间插入钢轨的最小长度；

Δ——轨缝宽度（按 8 mm 计）。

考虑到机车固定轴距的影响，为保证行车平稳，减少道岔损害，应根据线路用途和列车运行径路来确定是否插入钢轨和插入钢轨的长度，根据《铁路车站及枢纽设计规范》和《京沪暂规》规定的 f 取值见表 4-6 确定。

表 4-6　两对向单开道岔间插入钢轨的最小长度（m）

线别			有列车由一侧线进入另一侧线时 f：一般情况	有列车由一侧线进入另一侧线时 f：困难情况	线别			无列车由一侧线进入另一侧线时 f
普通铁路	正线	直向通过速度 $V>120$ km/h	12.5	12.5	普通铁路	正线	直向通过速度 $V>120$ km/h	12.5
		直向通过速度 $V\leqslant120$ km/h	12.5	6.25			直向通过速度 $V\leqslant120$ km/h	6.25
	到发线		6.25	6.25		到发线		0
	其他线		0	0		其他线		0
高速铁路	正　线		50	33	高速铁路	正　线		25
	到发线		25	25		到发线		25

（3）异侧顺向（即在基线异侧顺向布置的两个单开道岔），如图 4-19（c）所示。

（4）分支顺向（即在前一个单开道岔的侧线上又分出一个顺向单开道岔），如图 4-19（d）所示。

以上两种配列形式中，两相邻道岔中心间的最小距离（l）应为：

$$l = b_1 + f + a_2 + \Delta\ (\mathrm{m})$$

式中　b_1——第一个道岔中心至辙叉跟端轨缝中心的距离。

根据《铁路车站及枢纽设计规范》和《京沪暂规》规定的 f 取值见表 4-7 确定。

表 4-7　两顺向单开道岔间插入钢轨的最小长度（m）

线别			木岔枕道岔	混凝土岔枕道岔
普通铁路	正线	直向通过速度 V>120 km/h	—	12.5
		直向通过速度 V≤120 km/h	6.25	8.0
	到发线		4.50	
	其他线		0	
高速铁路	正线		25	25
	到发线		12.5	12.5

（5）同侧顺向（即在基线同侧顺向布置的两个单开道岔），如图 4-19（e）所示。

这种布置的两相邻岔心间的最小距离决定于相邻线路的最小容许间距 S，其长度为：

$$l = S / \sin\alpha = b_1 + f' + a_2$$

$$f' = 1 - (b_1 + a_2)$$

式中　α——道岔的辙叉角；

f'——含轨缝的插入直线段钢轨长度。

（6）异侧背向（即在基线异侧背向布置的两个单开道岔），如图 4-19（f）所示。

这种形式的两相邻道岔中心间的最小距离 l，决定于相邻线路最小间距 S，其长度可按下式确定：

$$l = S / \sin\alpha_{\min} = b_1 + f' + b_2$$

$$f' = 1 - (b_1 + b_2)$$

（二）两相邻道岔中心线距离的确定

图 4-20 为某站一端咽喉区布置示意图，已知该站道岔直向通过速度为 V = 120 km/h，木岔枕道岔，试确定各种道岔配列形式两相邻岔心间的距离。

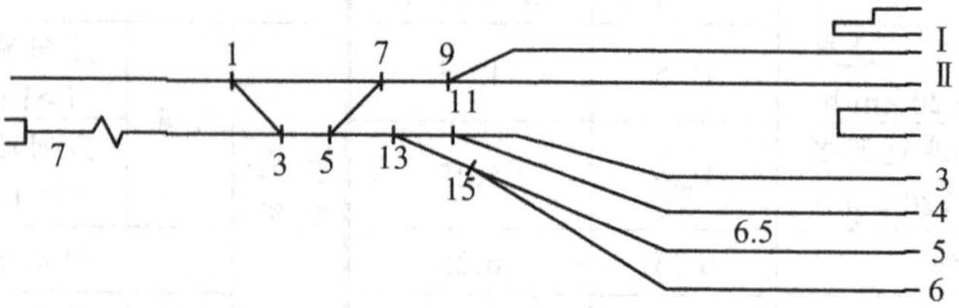

图 4-20　某站一端咽喉区布置

1. 确定各道岔的辙叉号数

根据《技规》第 46 条的规定，图中 1、3、9 道岔应为 12 号辙叉，其余为 9 号辙叉。

2. 确定各种道岔配列形式两相邻岔心间的距离

（1）3-5 号道岔为同侧对向配列形式：

$$\begin{aligned} l &= a_1 + f + a_2 + \Delta \\ &= 16.853 + 0 + 13.839 + 0 \\ &= 30.692\ (\text{m}) \end{aligned}$$

（2）7-9 号道岔为异侧对向配列形式：

$$l = a_1 + f + a_2 + \Delta$$
$$= 13.839 + 6.25 + 16.853 + 0.008$$
$$= 36.950\ (\text{m})$$

（3）5-13 号道岔为异侧顺向配列形式：

$$l = b_1 + f + a_2 + \Delta$$
$$= 15.009 + 4.5 + 13.839 + 0.008$$
$$= 33.356\ (\text{m})$$

（4）13-15 号道岔为分支顺向配列形式：

$$l = b_1 + f + a_2 + \Delta$$
$$= 15.009 + 0 + 13.839 + 0$$
$$= 28.848\ (\text{m})$$

（5）13-11 号道岔为同侧顺向配列形式：

$$l = S/\sin\alpha = 6.5/\sin 6°20'25'' = 6.5/0.110\ 433 = 58.850\ (\text{m})$$

在设计车站时，两相邻道岔中心线的最小距离（l），见书末附录中附表 5。

三、线路连接形式

车站线路连接主要有线路终端连接、渡线连接、梯线连接及线路平行错移连接。

（一）线路终端连接

在站场设计中，把相邻两条平行线路合成一条，这种连接形式叫线路终端连接。

现场常见的普通终端连接是由一副单开道岔、一条连接曲线及道岔与曲线间的直线段组成，如图 4-21 所示。

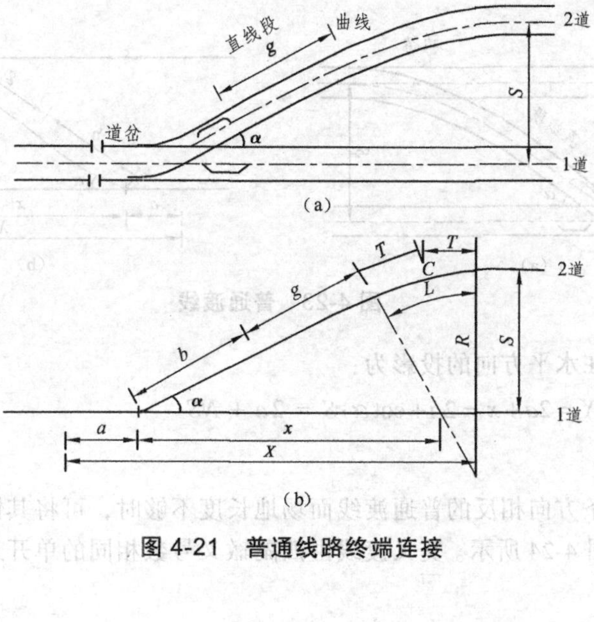

图 4-21　普通线路终端连接

图 4-21 中角顶 C 的坐标为：

$$x=(b+g+T)\cos\alpha=S\cot\alpha=SN$$

$$y=(b+g+T)\sin\alpha=S$$

道岔与连接曲线间的直线段 g，决定于线路间距 S、曲线半径 R 及道岔的有关要素，可用下式确定：

$$g=(S/\sin\alpha)-(b+T)$$

曲线切线 T 的长度为：

$$T=R\tan\frac{\alpha}{2}$$

式中，R 为连接曲线半径，其值不应小于连接道岔的导曲线半径，通常采用 200、300 和 400 m。

全部连接长度在水平方向的投影为：

$$X=a+x+T$$

当两条平行线路间的距离较大时，为了缩短全部连接长度，可将道岔侧线向外转一个 ϕ 角，形成缩短式的线路终端连接，如图 4-22 所示。

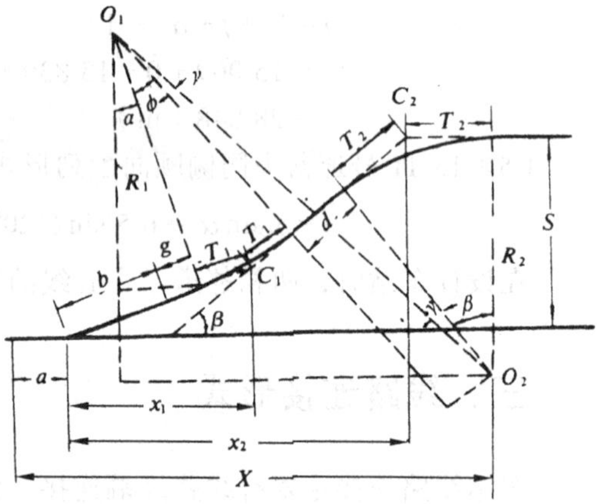

图 4-22　缩短式的线路终端连接

（二）渡线连接

为使机车车辆能从一条线路进入另一条线路，需要设置渡线。渡线又分为普通渡线、交叉渡线及缩短渡线。

1. 普通渡线

普通渡线设于两条平行线路间，它由两副辙叉号数相同的单开道岔及两道岔间的直线段组成，如图 4-23 所示。

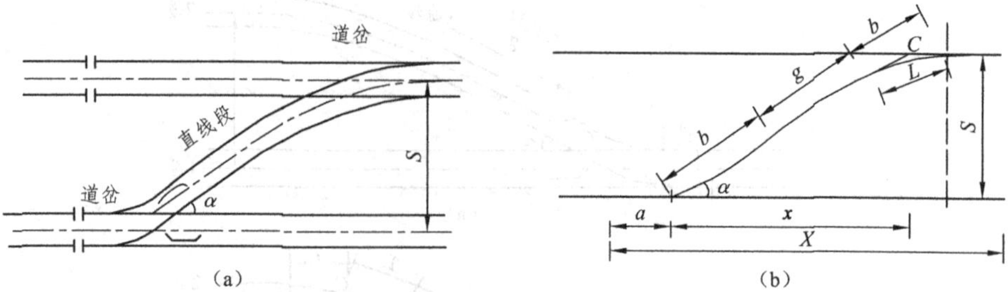

图 4-23　普通渡线

全部连接长度在水平方向的投影为：

$$X=2a+x=2a+\cot\alpha\cdot S=2a+NS$$

2. 交叉渡线

当连续铺设两条方向相反的普通渡线而场地长度不够时，可将其铺设在同一长度范围内形成交叉渡线，如图 4-24 所示。交叉渡线由四副辙叉号数相同的单开道岔和一副菱形交叉及连接轨道组成，其全部连接长度在水平方向的投影与普通渡线相同。

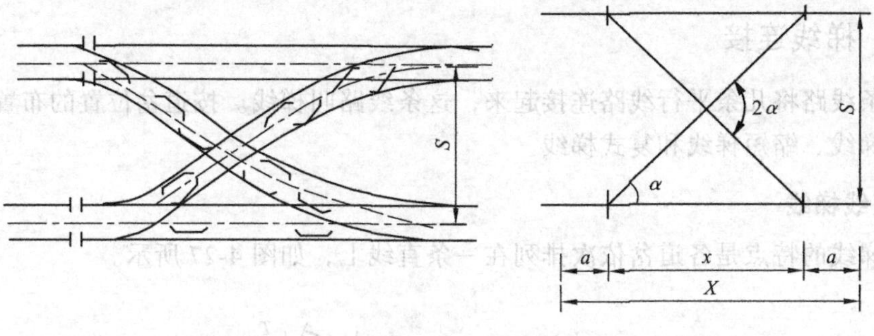

图 4-24　交叉渡线

3. 缩短渡线

当两条平行线路间间距较大时，为缩短连接长度，可采用缩短式渡线，如图 4-25 所示。缩短式渡线由两副单开道岔、反向曲线、曲线间直线段 g 及道岔终端与曲线间的直线段 d 组成。

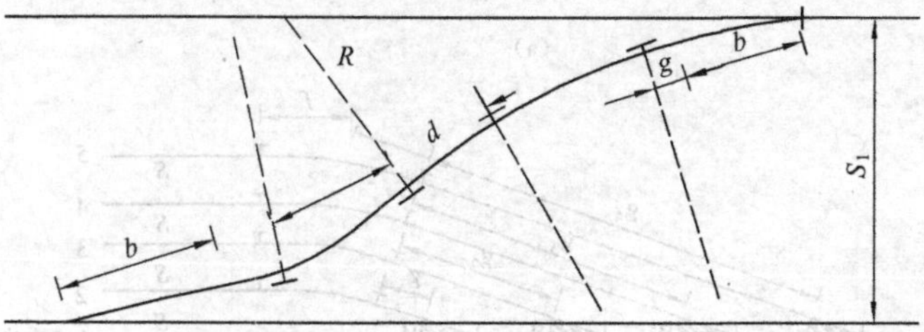

图 4-25　缩短式渡线

（三）线路连接平行错移的连接

在车站两条平行线路间因修建站台或其他建筑物以及某种作业需要变更线路间距时，往往采用线路平行错移的连接形式，如图 4-26 所示。

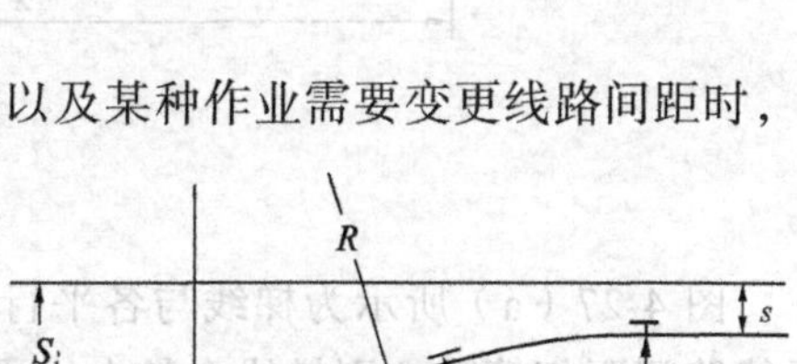

图 4-26　线路平行错移的连接

平行错移连接反向曲线半径，区间正线应根据铁路等级、结合旅客列车行车速度及地形条件比选确定。不设缓和曲线时曲线半径见表 4-8。各级铁路线路两相邻曲线间夹直线的长度应符合表 1-5 的要求。通行列车的站线，两曲线间应设置不小于 20 m 的直线段。不通行列车的站线，两曲线间应设置不小于 15 m 的直线段，困难条件下，可设置不小于 10 m 的直线段。

表 4-8　不设缓和曲线时最小曲线半径

路段旅客列车设计速度/（km/h）	160	140	120	100	80
不设缓和曲线时最小曲线半径/m	12 000	10 000	5 000	4 000	3 000

反向曲线在水平方向的投影长度见书后附录中附表 14 及相关工具书：

$$X=\sqrt{4Ru+d^2-u^2}$$

（四）梯线连接

用一条线路将几条平行线路连接起来，这条线路叫梯线。按道岔位置的布置不同，梯线可分为直梯线、缩短梯线和复式梯线。

1. 直线梯线

直线梯线的特点是各道岔依次排列在一条直线上，如图 4-27 所示。

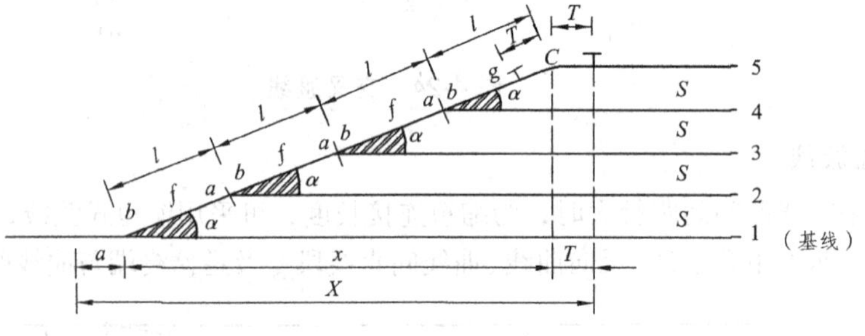

（a）

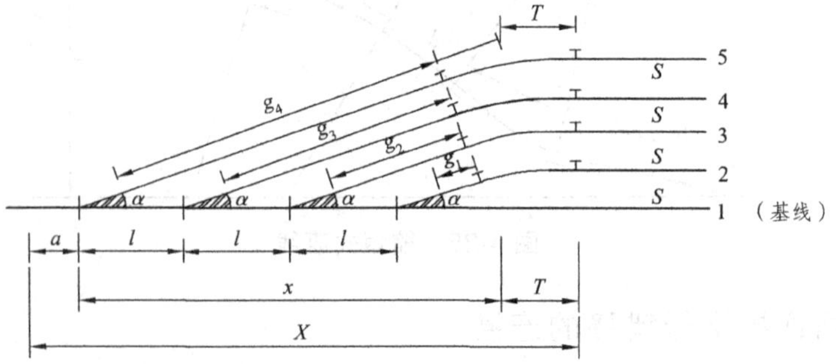

（b）

图 4-27 直梯线

图 4-27（a）所示为梯线与各平行线路成一个道岔辙叉角 α，如各道岔辙叉号数相同，且线路间距相等时，则梯线全长在水平方向的投影长度为：

$$X=a+x+T=a+(n-1)\ l\cos\alpha+T$$

式中 n——平行线路数；

l——两相邻道岔中心间距离。

图 4-27（b）所示为梯线与各平行线路平行，如各道岔辙叉号数相同，各线路间距相等，相邻线路连接曲线半径之差为 S，且线路各部分都是平行的，则梯线全长在水平方向的投影长度为：

$$X=a+(n-2)l+(b+9g_1+T)\cos\alpha+T$$

直梯线连接的优点：扳道员扳道时不需要跨越线路，较安全；瞭望条件好便于检查道岔开通方向。缺点：当线路较多时，梯线较长使内外侧线路长度相差较大，影响调车作业效率。

直梯线连接仅适用于线路少的到发场和调车场。

2. 缩短梯线

当平行线路间距较大时，为缩短梯线长度可采用缩短梯线，如图 4-28 所示。

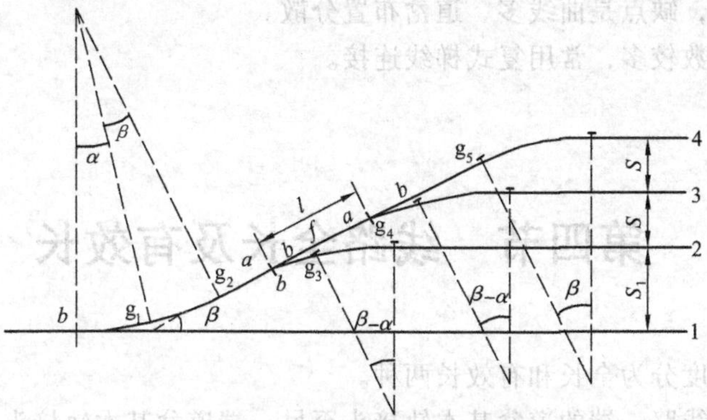

图 4-28　缩短梯线

缩短梯线的优点：在梯线上增加一条附加曲线，能够缩短梯线的连接长度，改善内外侧线路长度相差较大的缺点，还保持了直梯线的优点。但这种连接形式的曲线较多，进入各线路经过曲线时对调车作业不利。同时，由于β角受到一定限制，当连接线路较多时，梯线缩短的优点不明显。

缩短梯线连接也仅适用于线路数量较少，且线路间距较大的货场等地。

3. 复式梯线

将几条与基线成不同倾斜角的梯线组合起来，连接较多的平行线路的形式称为复式梯线，如图 4-29 所示。

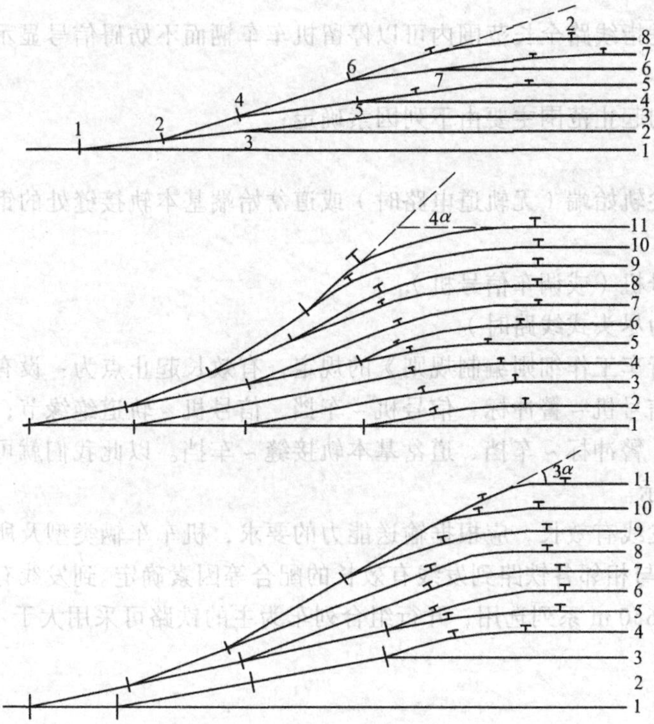

图 4-29　复式梯线

复式梯线的连接形式，可以缩短梯线长度，又可使各平行线路的长度相接近，车辆进入各线路经过的道岔数目相等或相差不多，且还可以变化梯线结构来调整线路的有效长。复式梯线与直梯线相比，缺点是曲线多、道岔布置分散。

调车场内线路数较多，常用复式梯线连接。

第四节　线路全长及有效长

车站线路的长度分为全长和有效长两种。

全长是指车站线路一端的道岔基本轨接头至另一端道岔基本轨接头的长度。如为尽头式线路，则指道岔基本轨接头至车挡的长度（图 4-30）。线路全长减去该线路上所有道岔的长度，叫做铺设长度。故确定线路全长，主要是为了设计时便于估算工程造价，比较设计方案。站内正线铺轨长已在区间正线合并计算，故不另计全长。

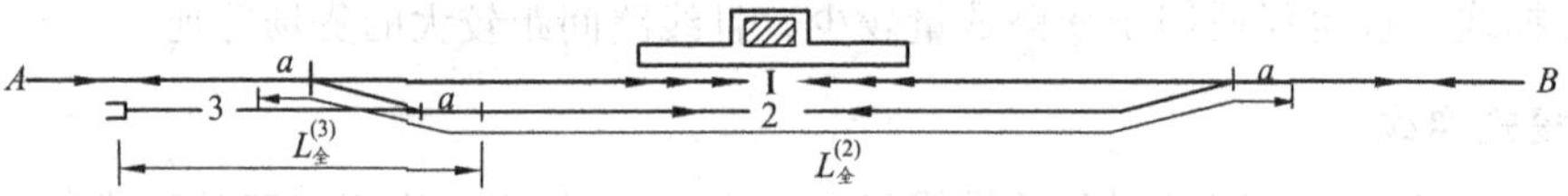

图 4-30　线路全长示意图

线路有效长是指线路全长范围内可以停留机车车辆而不妨碍信号显示、道岔转换和邻线行车的部分。

线路有效长的起止范围主要由下列因素确定：

（1）警冲标；

（2）道岔的尖轨始端（无轨道电路时）或道岔始端基本轨接缝处的钢轨绝缘（有轨道电路时）；

（3）出站信号机（或调车信号机）；

（4）车挡（为尽头式线路时）。

按照《车站行车工作细则编制规则》的规定，有效长起止点为：设有信号机的线路为信号机～信号机、信号机～警冲标、信号机～车挡、信号机～轨道绝缘节；无信号机的线路为警冲标～警冲标、警冲标～车挡、道岔基本轨接缝～车挡。以此我们就可以确定出线路有效长，如图 4-31 所示。

货物列车到发线有效长，应根据输送能力的要求，机车车辆类型及所牵引列车的长度，结合地形条件，并与相邻各铁路到发线有效长的配合等因素确定。到发线有效长应在 1 050 m、850 m、750 m 及 650 m 系列选用；开行组合列车为主的铁路可采用大于 1 050 m 的到发线有效长。

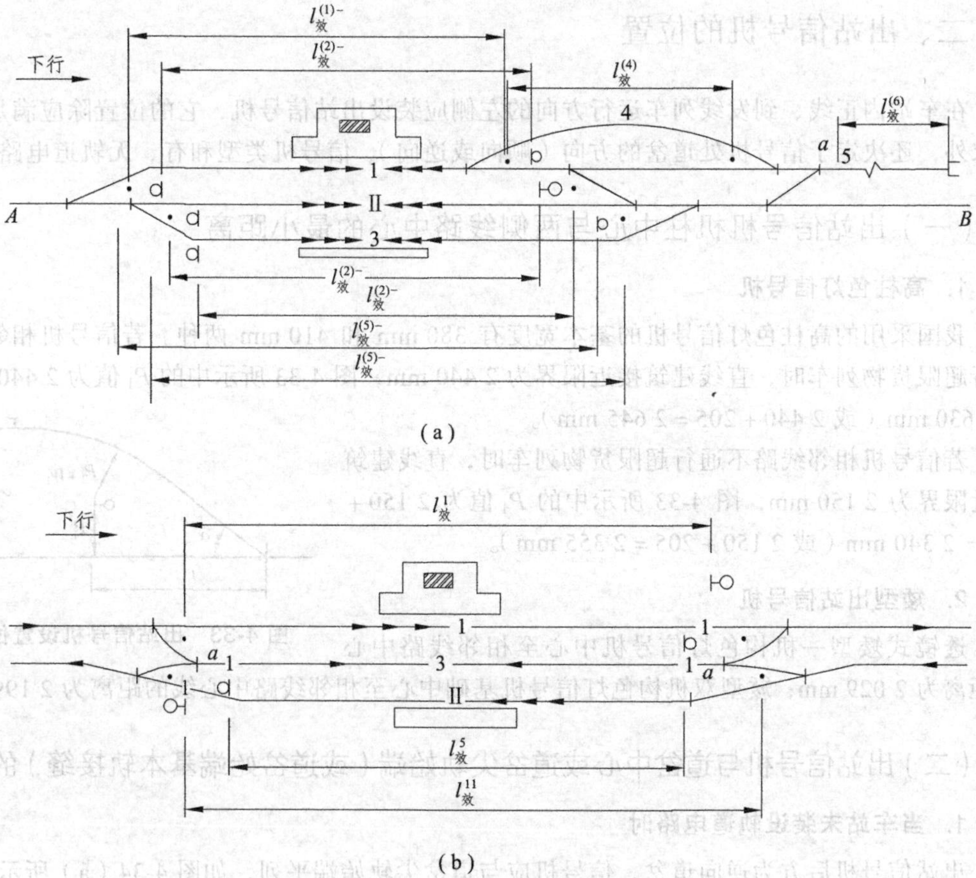

图 4-31　线路有效长的确定

一、警冲标的位置

警冲标是防止停留在一线上的机车车辆与邻线行驶的机车车辆发生侧面冲撞而设在两条汇合线路线间距离 4 m 中间的信号标志，如图 4-32 所示。

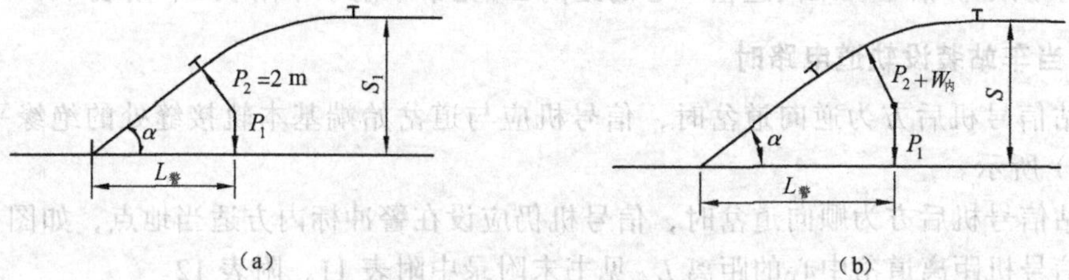

图 4-32　警冲标设置位置

当警冲标位于直线与直线之间或警冲标位于直线与曲线之间时，警冲标与直线的垂直距离为 $P_1=P_2=2$ m，与曲线的距离为 $P_2+W_内$（$W_内$为曲线内侧加宽量）。道岔中心至警冲标的水平投影距离 $L_警$见书末附录中附表 8。

二、出站信号机的位置

在车站内正线、到发线列车运行方向的左侧应装设出站信号机，它的位置除应满足限界要求外，还决定于信号机处道岔的方向（顺向或逆向）、信号机类型和有、无轨道电路等。

（一）出站信号机机柱中心与两侧线路中心的最小距离

1. 高柱色灯信号机

我国采用的高柱色灯信号机的基本宽度有 380 mm 和 410 mm 两种。若信号机相邻线路通行超限货物列车时，直线建筑接近限界为 2 440 mm，图 4-33 所示中的 P_1 值为 2 440 + 190 = 2 630 mm（或 2 440 + 205 = 2 645 mm）。

若信号机相邻线路不通行超限货物列车时，直线建筑接近限界为 2 150 mm，图 4-33 所示中的 P_1 值为 2 150 + 190 = 2 340 mm（或 2 150 + 205 = 2 355 mm）。

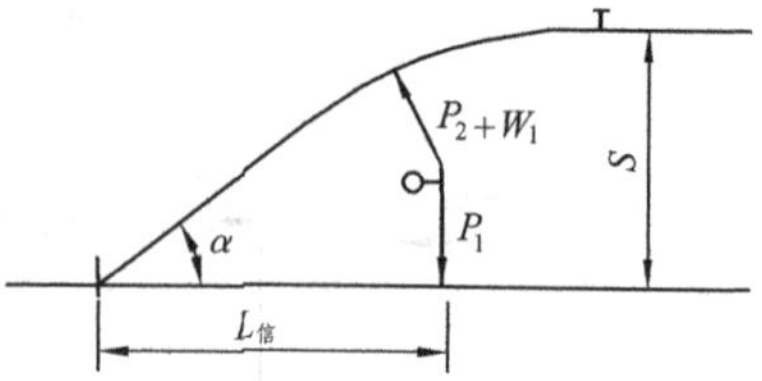

图 4-33 出站信号机设置位置

2. 矮型出站信号机

透镜式矮型一机构色灯信号机中心至相邻线路中心的距离为 2 029 mm；矮型双机构色灯信号机基础中心至相邻线路中心线的距离为 2 199 mm。

（二）出站信号机与道岔中心或道岔尖轨始端（或道岔始端基本轨接缝）的距离

1. 当车站未装设轨道电路时

出站信号机后方为逆向道岔，信号机应与道岔尖轨始端平列，如图 4-34（a）所示。

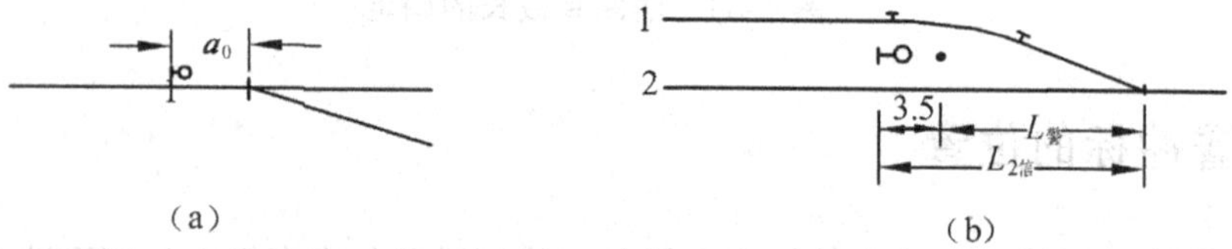

图 4-34 出站信号机位置（无轨道电路）

出站信号机后方为顺向道岔，信号机应设在警冲标内方满足信号机限界距的地方，如图 4-34（b）所示。信号机距离道岔中心的距离 $L_{信}$ 见书末附录中附表 9、附表 10。

2. 当车站装设轨道电路时

出站信号机后方为逆向道岔时，信号机应与道岔始端基本轨接缝处的绝缘平列，如图 4-34（a）所示。

出站信号机后方为顺向道岔时，信号机仍应设在警冲标内方适当地点，如图 4-35（b）所示。信号机距离道岔中心的距离 $L_{信}$ 见书末附录中附表 11、附表 12。

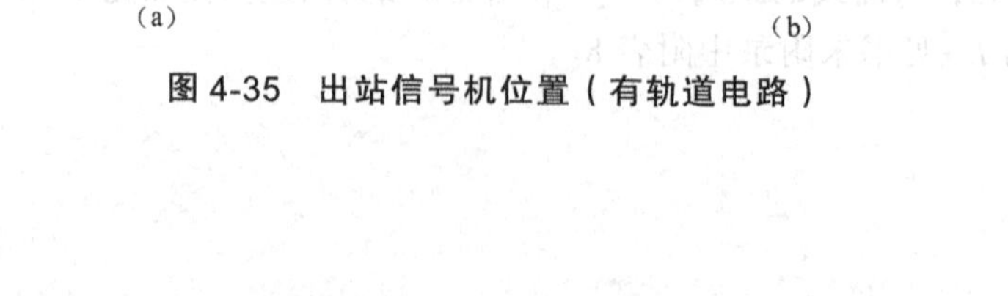

图 4-35 出站信号机位置（有轨道电路）

有轨道电路时，还需要考虑出站信号机、钢轨绝缘与警冲标安设位置的相互关系：

（1）钢轨绝缘原则上应设在出站信号机同一坐标处的钢轨接缝处，但为了避免串轨、换轨或锯轨，允许设在出站信号机前 1 m 或后方 6.5 m 的范围内。

（2）警冲标与钢轨绝缘的距离一般为 3.5 m，这样可以保证车轮停在该钢轨绝缘节内方时，车钩不致越过警冲标。

在确定出站信号机、钢轨绝缘和警冲标位置时，首先应考虑在不影响到发线有效长的条件下，按现有钢轨接缝设绝缘，同时考虑信号机的安设位置，然后再将警冲标移设至距钢轨绝缘 3.5 m 处。如现有的钢轨接缝安装绝缘不能保证到发线有效长或不宜设置信号机时，应以短轨拼凑等办法安装绝缘以满足各方面的要求。

三、车站线路实际有效长的推算

确定车站线路有效长时，首先应以车站平面图正线上的最外方道岔中心为坐标原点，计算出各线路有效长控制点的坐标，然后利用有效长推算表推算出各线路的实际有效长，现举例说明如下。

例 3　已知：中间站 *A* 共有四条线路，如图 4-36 所示。Ⅱ道正线兼到发线通行超限货物列车，安全线有效长 50 m，中间站台宽 4 m。出站信号机采用基本宽度为 380 mm 的高柱色灯信号机；轨道电路，到发线采用双进路。

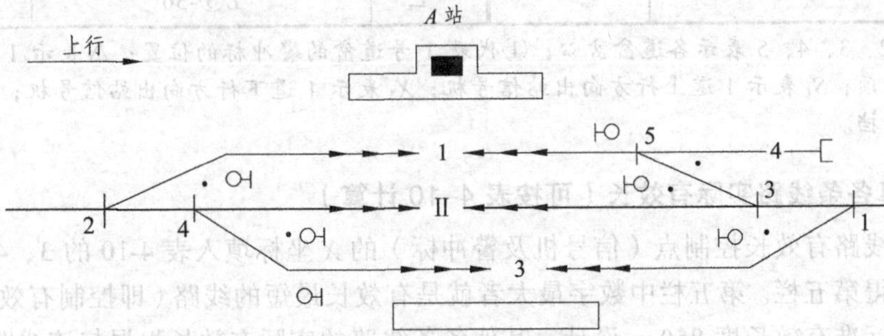

图 4-36　A 站示意图

要求：（1）标出各道岔中心、连接曲线的角顶、警冲标及信号机的坐标；

（2）确定各到发线的实际有效长，其中最短的一条线路的有效长为标准有效长 850 m。

计算过程如下：

1. 计算各有关点的坐标

① 线路及道岔编号，如图 4-36 所示。

② 确定各线路间距。各线路之间的间距都可以从表 4-3 中直接查出来，全部为 5 000 mm。

③ 确定各道岔的辙叉号及道岔的配列形式。道岔辙叉号的确定，在计算中可根据客车运行进路上所经过的侧向道岔的辙叉号不小于 12 号、货车运行进路上所经过的侧向道岔的辙叉号不小于 9 号来确定。可以看出该题的所有道岔的辙叉号都是 12 号。

④ 确定各连接曲线半径。根据连接曲线半径不应小于连接道岔的导曲线半径的要求，*A* 站各股道的连接曲线半径均采用 400 m。

⑤ 推算各点坐标。以车站两端正线上的最外方道岔中心为原点，由外向内按表 4-9 的格式逐一推算各道岔中心、连接曲线的角顶、警冲标及出站信号机的 X 坐标。Y 坐标一般不计算。计算过程中，有关数据可以从附录或设计手册中查出。线路数目不多时，可将计算结果标在布置图上；线路数目多且构造复杂时，因坐标点太多，应另列坐标计算表。

表 4-9 坐标计算表

单位：m

基点	计算说明	坐标	基点	计算说明	坐标
2	原点	0.00	1	原点	0.00
4	查附录 5	43.073	3	查附表 5	43.073
△2	$NS=12\times5$	60	5	基点 3+NS（$NS=60$）	103.073
△4	基点+NS（$NS=12\times5$）	103.073	△1	$NS=12\times60$	60
X_1	查附表 11	82.5	S_1	a5+基点 5	119.926
X_{II}	基点 4+查附表 11	125.573	S_{II}	基点 3+查附表 11	121.973
X_3	基点 4+查附表 11	125.573	S_3	查附表 11	82.5
②	查附表 11	78.5	①	查附表 11	78.5
④	基点 4 查附表 11	121.573	③	基点 3+查附表 11	115.373
			⑤	基点 5-$L_{警}$（$L_{警}=49.574$）	53.499
			—匚	L⑤-50	3.499

注：1、2、3、4、5 表示各道岔岔心；①代表 1 号道岔的警冲标的位置；△1表示 1 号道岔连接曲线角顶；S_1 表示 1 道上行方向出站信号机；X_1 表示 1 道下行方向出站信号机；—匚代表尽头线车挡。

2. 推算各条线路实际有效长（可按表 4-10 计算）

将各条线路有效长控制点（信号机及警冲标）的 X 坐标填入表 4-10 的 3、4 栏内，这两项数字相加得第五栏。第五栏中数字最大者就是有效长最短的线路（即控制有效长），其有效长按规定的标准有效长度 850 m 设计。其他各条线路的实际有效长根据与该线路有效长的差额确定，如表 4-10 所示。

表 4-10 有效长推算表

单位：m

线路编号	运行方向	线路有效长控制点 X 坐标		共计	各线路有效长之差	各线路有效长
		左端	右端			
1	2	3	4	5	6	7
1	下行方向	82.5	119.926	202.426	44.72	895
	上行方向	78.5	119.926	198.426	16.520	867
Ⅱ	下行方向	125.573	115.373	240.946	6.2	857
	上行方向	121.573	125.573	247.146	0	850
3	下行方向	125.573	78.5	204.073	43.073	894
	上行方向	121.573	82.5	204.073	43.073	894

根据推算出的各点坐标，又可以很容易地绘出车站平面比例尺图。

四、站坪长度

在铁路正线的平、纵断面上设置车站配线的地段叫做站坪。站坪长度决定于远期车站布置图形、到发线数量、到发线有效长以及道岔区长度等因素。

在新建铁路选线设计时，中间站和区段站的站坪长度可根据远期的车站布置形式和到发线有效长设计，站坪长应不小于表 4-11 中的数值。

表 4-11　站坪长度

车站种类	车站布置形式	远期到发线有效长/m						
		1050		850		750		650
		单线	双线	单线	双线	单线	双线	单线
会让站、越行站	横列式	1 450	1 700	1 250	1 500	1 150	1 400	1 050
中间站	横列式	1 600	2 000	1 400	1 800	1 300	1 700	1 200
区段站	横列式	2 000	2 500	1 800	2 300	1 700	2 200	1 600
	纵列式	3 500	4 000	3 100	3 600	2 900	3 400	2 600

注：① 站坪长度未包括站坪两端竖曲线长度；

② 如有其他铁路接轨时，站坪长度应根据需要计算确定；

③ 多机牵引时，站坪长度应根据机车数量及长度计算确定；

④ 会让站、越行站、中间站和区段站的站坪长度，除越行站、双线中间站两端按各铺一组 18 号道岔单渡线确定外，正线上其他道岔采用 12 号道岔确定，当采用其他型号道岔时应另行计算确定；

⑤ 复杂中间站、区段站的站坪长度可按实际需要计算确定。

当站坪受车站两端的纵断面坡度或平面曲线限制时，还应考虑下列规定：

（1）在平面上，站坪端部设在平面圆曲线的缓和曲线以外，在地形条件允许时应适当留有余地。当中间站利用正线调车时，为考虑作业视线条件，最好使曲线与进站信号机间要有不小于 200 m 的直线段。

（2）在纵断面上，站坪端部至站坪外变坡点的距离不应小于竖曲线的切线长度。

（3）站坪范围内的平面和纵断面设计要很好配合，以保证车站两端道岔咽喉区设在直线上，在困难条件下，也要尽量避免进入竖曲线范围内。

复习思考题

1．何谓机车车辆限界？其横向最大半宽和纵向最大高度从何算起，各为多少？

2．何谓建筑限界？分为哪几种？

3．何为安全空间？设置安全空间的目的是什么？

4．直线建筑限界的横向最大半宽和纵向最大高度从何算起，各为多少？

5．曲线地段建筑限界的内外侧加宽量如何计算？

6．铁路线路按用途分为哪几种？车站线路包括哪些？

7．到发线、调车线和牵出线、货物线的用途如何？

8．车站线路是如何编号的？车站道岔是如何编号的？

9．何谓线间距？确定线间距的主要因素有哪些？

10．曲线地段线间距为什么要加宽?如何加宽？

11．两相邻道岔常见的配列形式有哪几种？

12．车站线路连接形式主要有哪几种？

13．试绘出中心线表示的普通终端、交叉渡线的组成示意图，并列出其全部连接长度在水平方向的投影计算式。

14．何谓梯线？梯线连接形式有哪几种？

15．何谓线路有效长？确定线路有效长的因素有哪些？

16．何谓警冲标？警冲标的设置位置如何？

17．如何确定车站线路有效长？

第五章　会让站、越行站和中间站

会让站、越行站和中间站是为提高铁路区段通过能力，保证行车安全，并为沿线城乡及工农业生产服务而设的车站，它办理的主要作业有列车的通过、会让、越行和运行调整及一些客货运业务。

第一节　会让站和越行站

一、会让站

（一）会让站的作业和设备

会让站设置在单线铁路上，主要办理列车的到发、会车、让车。因此，会让站应铺设到发线并设置通信、信号、办公房屋等设备。

（二）会让站布置图

会让站布置图按其到发线的相互位置可以分为以下两类：

1. 横列式会让站

横列式会让站的特点是站坪长度短，工程费用小；车站值班员便于瞭望两端咽喉，有利管理；到发线使用灵活，站场布置紧凑等。因此，一般情况下，会让站应采用横列式布置。

为了满足三交会的需要，一般会让站应设两条到发线。当列车对数较少（一般平行运行图不超过 12 对，远期也无发展）时，仅为提高通过能力办理列车会让的车站，可仅设一条到发线，但不能连续设置。

如横列式会让站只设一条到发线，则到发线一般设在站房对侧，如图 5-1 所示。其优点是便于利用正线接发通过列车，车站值班员可以不跨越线路，也不被停留在到发线上的其他列车隔开，在基本站台上就可办理正线列车通过作业；经由正线接发的旅客列车可停靠基本站台而不经过侧向道岔，列车运行平稳，旅客比较舒适。但其缺点是不利于远期发展。因此，该图适用于行车量小，远期也无发展，仅为提高区间通过能力办理列车会让的车站。当旅客列车较多，且有交会通过列车及铺设第二条到发线为期较短时，宜将到发线设在站房同侧。

横列式会让站设两条到发线时，两条到发线应分设在正线两侧，如图 5-2 所示。其优点是正线顺直，接发通过列车方便；便于组织三交会；上、下行旅客列车都可停靠基本站台，并不影响正线的通过作业；该图较之于两条到发线设于一侧时站坪长度短，土石方工程量小，在单线发展为双线时，拆迁工程也较少。该图适用于行车量较大的会让站。

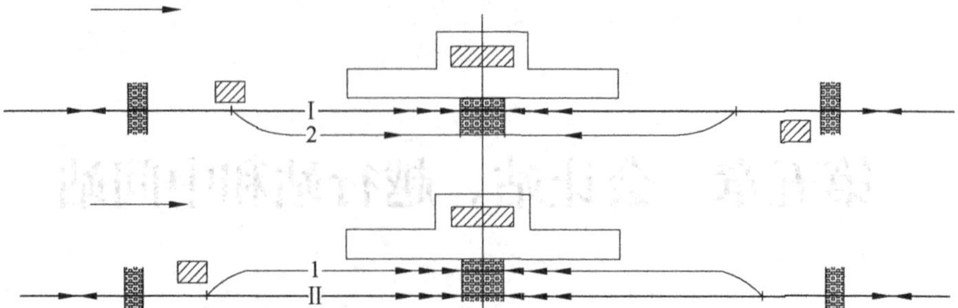

图 5-1　一条到发线的横列式会让站

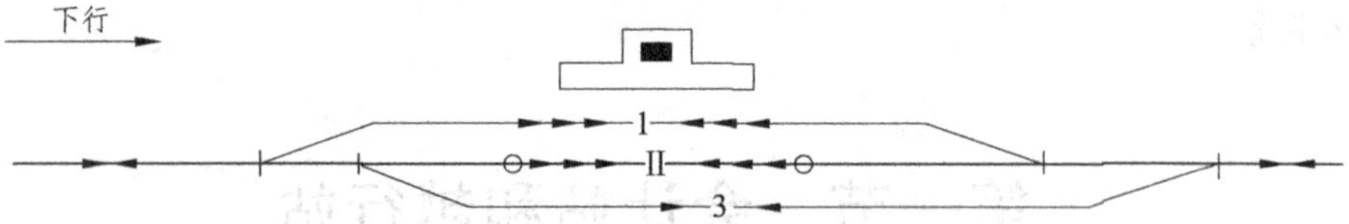

图 5-2　两条到发线的横列式会让站

会让站一般不设中间站台。若旅客乘降较多且远期有发展，可设中间站台，其位置应设在旅客站房对侧到发线外侧。

2. 纵列式会让站

纵列式会让站是将两到发线纵向排列，并向逆行方向错移一个货物列车到发线的有效长度，如图 5-3 所示。因此，纵列式会让站需要较长的站坪，工程费用大；车长与值班员联系时，走行距离长；列车在站会车不灵活，特别是在三交会的情况下，有可能造成客车不能停靠基本站台，先到的列车不能先开，应通过的列车不能通过等情况出现，增加列车的停站时间；在人工扳道非集中联锁的情况下，车站值班员瞭望信号不便，确认进路困难，道岔分设在三处，增加车站定员，运营管理不便。这种布置图的优点是在山区地形陡峻狭窄的情况下，可以减少工程量，便于车站值班员与司机交接行车凭证，适应重载列车会车的需要。因此，只有线路通过地势陡峻狭窄地段，按照横列式布置引起巨大工程，且对运营不利时采用。

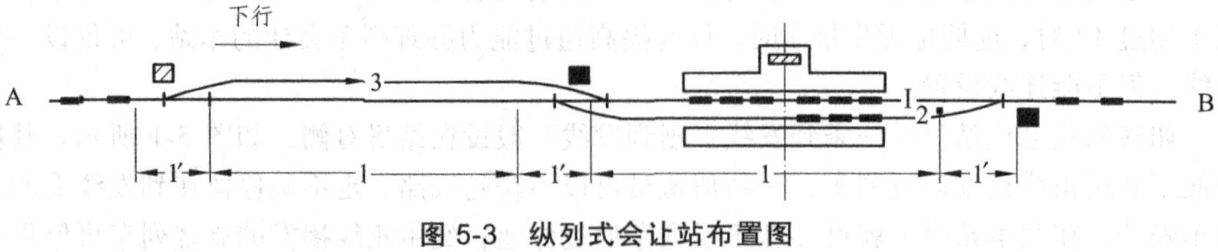

图 5-3　纵列式会让站布置图

二、越行站

1. 越行站的作业和设备

越行站设置在双线铁路上，主要办理同方向列车的越行，必要时办理反方向列车的转线。因此，越行站应铺设到发线并设置通信、信号及办公房屋等设备。

2. 越行站布置图

越行站一般应采用横列式布置，如图 5-4 所示。其主要优点是站坪长度短，工程费小；车站值班员对两端咽喉有较好的瞭望条件，便于管理；无中部咽喉，可减少扳道人员；到发线使用灵活，站场布置紧凑等。据调查，我国仅有些单线铁路上的个别车站为纵列式或半纵列式布置，而双线及绝大部分单线上的车站都是横列式布置。

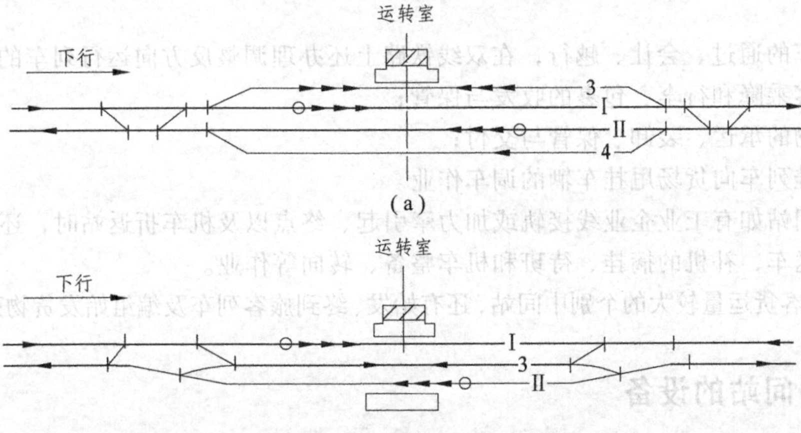

图 5-4　横列式越行站布置图

越行站一般应设两条到发线，以便双方向列车都有同时待避的机会。若上、下行无同时待避列车，或地形困难以及其他条件限制的个别越行站，也可设一条到发线。

如横列式越行站仅设一条到发线，则到发线一般应设于两正线中间，如图 5-4（a）所示。其优点是上、下行停站旅客列车一般接入正线，列车运行平稳，旅客舒适，且不需搬动道岔，有利于行车安全；车站值班员接发下行通过列车时，办理作业方便，且不会被待避列车阻挡；任何一方待避列车接入到发线时，均不与正线的列车干扰，而且接发列车进路灵活，使用效率高，并可推迟第二条到发线的铺设期限。其缺点是两正线变换线间距时，上行正线在站内需设反向曲线，瞭望不便，可能影响列车运行速度。如中间到发线采用单式对称道岔连接，则养护维修不便。该图适用于地形特别困难或受其他条件限制的越行站。

横列式越行站设两条到发线时，两条到发线一般分设于正线两侧，如图 5-4（b）所示。该图具有正线顺直，接发通过列车方便；上、下行旅客列车作业或有待避列车时，不影响正线的通过；并便于远期发展等优点。适用于上、下行均有同时待避列车的越行站。若两到发线布置在正线同一侧，则一个方向待避列车在到发线接、发时，存在着与另一个方向发、接交叉，不仅影响行车安全，而且还会降低区间通过能力。因此，新建或改建越行站时，宜采用两到发线设于正线两侧的布置图。

在越行站上，为满足转线和反方向接发列车的需要，或因区间线路施工、线路临时发生故障及其他情况下采取运行调整措施，必须是一条线路上运行的列车转入另一条线上运行，车站两端咽喉区的正线间应设置渡线。在一般的越行站上，两端咽喉正线间应各设 1 条渡线，互成大“八”字形为好，如图 5-4（b）中实线所示。其优点是可增加客车停靠基本站台的机会。有条件时每端可再预留 1 条渡线，如图 5-4 中虚线所示。

第二节　中间站

在铁路区段内，为满足区间通过能力及客货运业务需要而设有配线的分界点称为中间站。

一、中间站的作业

（1）列车的通过、会让、越行，在双线铁路上还办理调整反方向运行列车的转线作业；
（2）旅客乘降和行李、包裹的收发与保管；
（3）货物的承运、装卸、保管与交付；
（4）摘挂列车向货场甩挂车辆的调车作业。

有的中间站如有工业企业线接轨或加力牵引起、终点以及机车折返站时，还需办理工业企业线的取送车，补机的摘挂、待班和机车整备、转向等作业。

另外，在客货运量较大的个别中间站，还有始发、终到旅客列车及编组始发货物列车的作业。

二、中间站的设备

为了完成以上作业，中间站应设有以下行车、客运、货运设备：
（1）列车到发线和货物装卸线，必要时还应设有调车用的牵出线和安全线；
（2）为旅客服务的站房、站台、站台间的跨越设备（天桥、地道或平过道）和雨棚等；
（3）为货运服务的货物堆放场、货物站台、仓库、雨棚、装卸设备及货运办公房屋等；
（4）信号设备和通信设备；
（5）个别车站为机车整备、转向、给水作业而设置的有关设备等；
（6）必要时还设有存车线和调车线。

三、中间站布置图

中间站一般都采用横列式布置。横列式布置具有站坪长度短，工程投资少，在紧迫导线地段可缩短线路长度；车站值班员对两端咽喉有较好的瞭望条件，便于管理；无中部咽喉，可减少扳道人员；挂摘列车调车时车辆走行距离短，节省运营费用；到发线使用灵活，站场布置紧凑等优点。

1. 单线中间站

（1）单线无牵出线中间站。

单线中间站，当甩挂作业量小时，不设牵出线。货场可设在站房同侧或站房对侧。为便于调车作业，货场应尽可能的设在到发线顺运转方向的前端。

如货场设于站房同侧，一般应设在第一象限，如图 5-5（a）所示。将下行摘挂列车接入 1 道，车列摘钩后，本务机利用上行进站端正线将本站作业车组牵出，并顶入 4 道。由于铁路采用左侧行车，司机位于货场同侧，瞭望货位及联系调车人员都更为方便，调车作业时间短。将上行摘挂列车接入 3 道，摘钩后本务机利用下行进站端正线将本站作业车组牵出，从

1 道将摘挂车组顶入 4 道货物线。该图是《站规》推荐的布置图，适用于货运量不很大，摘挂列车在站作业时间不长，且行车密度不大、速度不高的单线中间站。

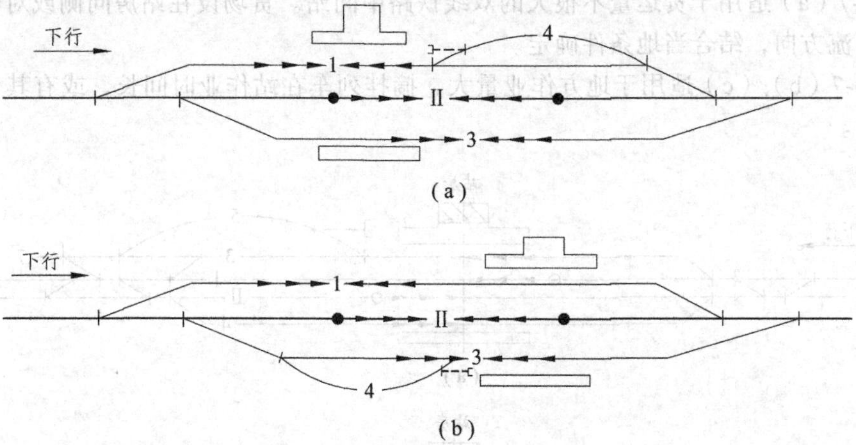

图 5-5　单线无牵出线中间站

如货场设于站房对侧，一般应设在第三象限，如图 5-5（b）所示。调车作业与货场在第一象限类似。

（2）单线有牵出线中间站。

货场不设牵出线时，上、下行摘挂列车的摘挂作业均需利用正线调车，摘挂作业多时，必然要影响正线通过能力。如果行车量和货运量均较大，则应在货场一端设牵出线。设有牵出线的货场位置，仍以第一象限和第三象限为佳，如图 5-6 所示。

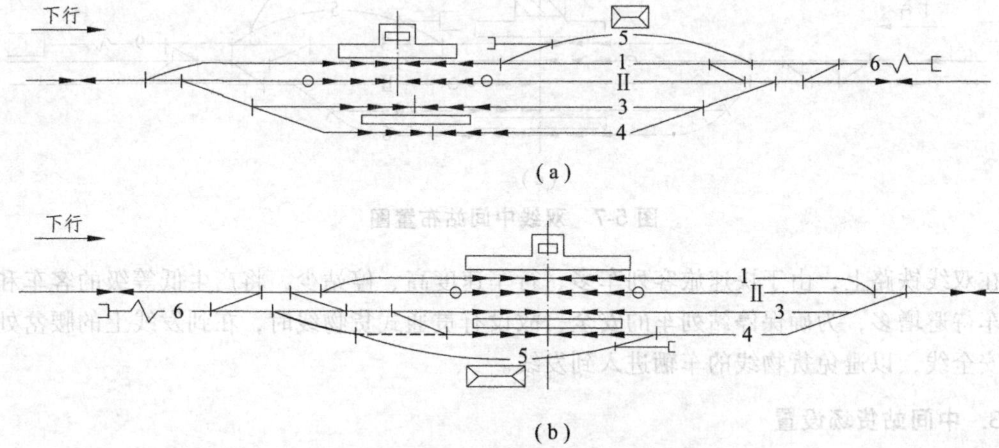

图 5-6　单线横列式中间站布置图

2. 双线中间站

双线中间站由于调车作业量大，中间站需要设牵出线。如图 5-7 所示。此时货场位于第一象限和第三象限较好。当货场位于第一象限，下行摘挂列车接入 3 道，利用牵出线调车，既不干扰正线行车又可缩短调车作业时间，调车效率高；上行摘挂列车接入 4 道，跨越下行到达端两条正线，利用 3 道调车。如图 5-7（a）所示。当货场设于第三象限时，下行摘挂列车接入 3 道，跨越上行到达端两条正线，利用 4 道调车；上行摘挂列车接入货场同侧线路 6 道，利用牵出线调车，安全性好。

图 5-7（a）适用于货运量不很大的双线铁路中间站。货场设在站房同侧或对侧，应根据货源、货流方向，结合当地条件确定。

图 5-7（b）、（c）适用于地方作业量大，摘挂列车在站作业时间长，或有其他技术作业的中间站。

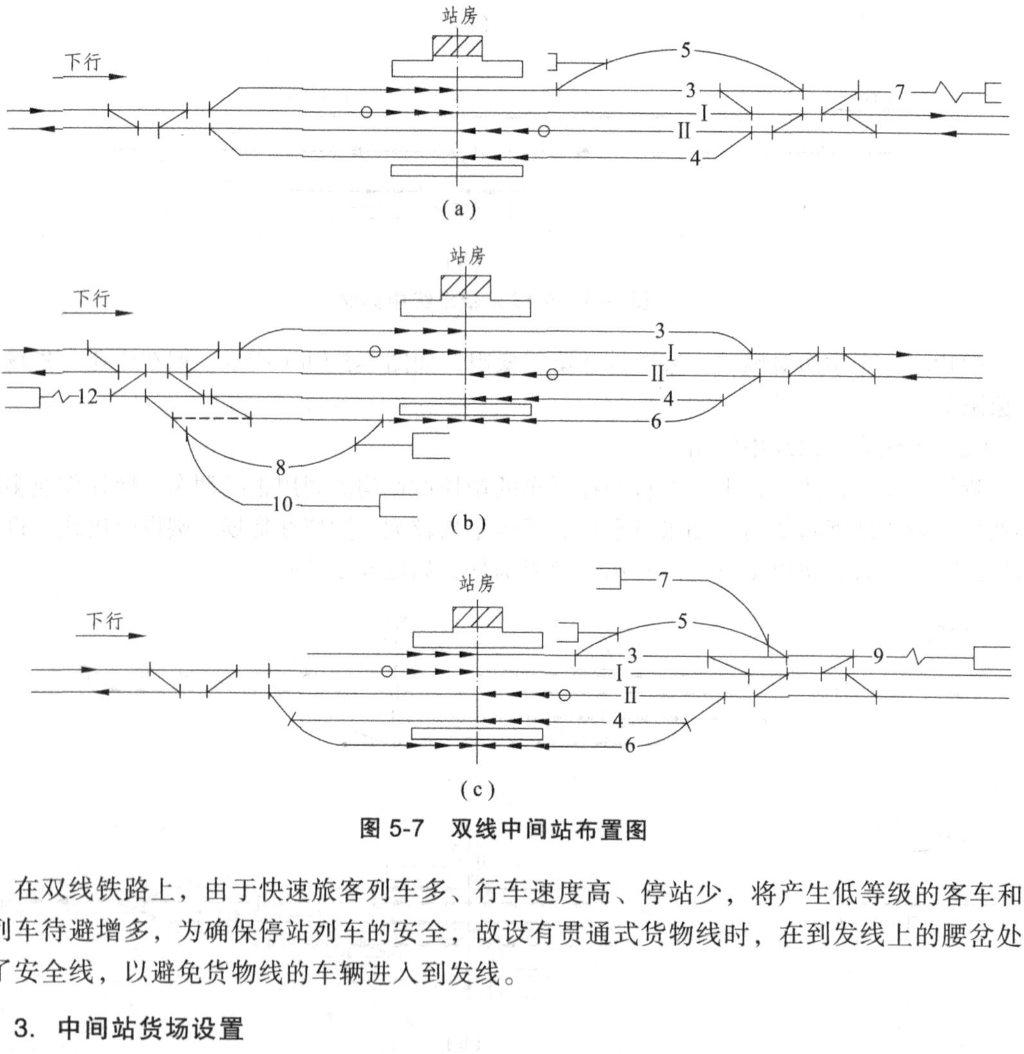

图 5-7　双线中间站布置图

在双线铁路上，由于快速旅客列车多、行车速度高、停站少，将产生低等级的客车和货物列车待避增多，为确保停站列车的安全，故设有贯通式货物线时，在到发线上的腰岔处加设了安全线，以避免货物线的车辆进入到发线。

3. 中间站货场设置

货场是联系产、运、销，促进工农业生产，为地方服务的重要设施。影响货场位置的因素很多，如：货源货流的方向、货运量和调车作业的大小、地质地形条件、有无工业企业线或支线引入等。货场位置与主要货源、货流方向一致，应选择地方搬运距离短且无需跨越铁路，有利于消除货场堵塞和加速货物周转、缩短装卸车辆在站停留时间。

为便于摘挂列车的调车作业，货场应尽量设在到发线顺运行方向的前端。货场位置一般有Ⅰ、Ⅱ、Ⅲ、Ⅳ象限四个位置。

（1）当货流、货源在站房同侧时。

① 主要车流为下行方向且货运量小时，宜设第Ⅰ象限，其优点是：货主搬运货物不需跨越正线，安全方便；中间站定员少，货场设在站房同侧，客货运兼办，便于管理和联系；车站向站房对侧发展也不受限制；同时有利于主要车流的调车作业。但货运量大时，货场占地受限制，此时也可将货场设于第Ⅳ象限，主要到发车流方向的调车作业可利用牵出线进行，作业方便。但却不利于货主搬运货和货场管理，次要方向调车作业困难，同时影响车站的发展。

② 主要车流为上行方向且货运量小时，可设第Ⅰ象限，有利于货场集散和货场管理，对次要方向调车方便，主要方向调车因货运量小切割正线不严重。也可设在Ⅲ象限，减少正线切割，但不方便货主和货场管理。货运量大应设第Ⅲ象限，使主要方向调车方便，且货场扩展空间大。

（2）当货流、货源在站房对侧时。

① 主要车流为下行方向且货运量小，宜设第Ⅲ象限，便于货运集散，次要方向调车作业方便，主要方向调车不便但不严重；货运量大，宜设Ⅳ象限，此时站房对侧一般设2条到发线，并设牵出线，下行摘挂可反向接入站房对侧到发线，主要方向调车用牵出线，次要方向不需占正线，但作业时间长。

② 主要车流为上行方向不论货运量大小均设Ⅲ象限，这样既有利于地方搬运，又方便调车作业。

由以上分析可知，货场宜设在主要货物集散方向的一侧，并设在第Ⅰ、Ⅲ象限，必要时可设在第Ⅱ、Ⅳ象限。

当货场设于第Ⅲ、Ⅳ象限时，为了不影响车站横向发展，可增加货物线与到发线之间的距离，预留将来加铺线路的空地。

（3）有整列、成组到发的大量散堆装货物时，可在站对侧设长货物线。

长货物线两端连通咽喉，既方便整列到发，又可兼作存车线使用。对于季节性货物到发量大的车站，可以在站房对侧设置与到发线共有的长货物线，平时作为到发线使用，有季节性货物到发时，可兼做货物线使用。

（4）若货场位置与货源集散方向不一致时，应有安全方便的通向货场的道路。

4. 正线间渡线

双线铁路中间站两端咽喉的两条正线间宜各设2条渡线，其中除应设一组大八字渡线外，其余渡线可根据情况设置或预留，改建车站在特别困难条件下，路段设计行车速度小于140 km/h可用交叉渡线。

5. 中间站台的设置

为了在列车会让、作业时便于旅客安全的上、下车，需设置中间站台。

在单线铁路上，当旅客和摘挂列车对数合计在7对以上时，列车的交会机会多，在客流量大的中间站要设置中间站台。在双线铁路上，列车分上、下行运行，且列车行车速度高，密度大，在客流量大的中间站要设置中间站台。

中间站台应设在站房对侧邻靠正线的到发线外则，便于设置高站台，利于乘客乘降和乘降旅客的人身安全。

第三节　中间站设备

根据中间站性质、作业以及在路网中的位置和作用不同，中间站设备的数量、要求也各不相同。

一、车站线路

1. 到发线

（1）到发线数量。

单线铁路中间站应设两条到发线，主要是使车站有三交会的条件，对提高车站作业效率和加速车辆周转都是必要的。

双线铁路中间站也应设两条到发线使双方向列车有同时待避的机会。

中间站在作业量较大时，应设3条到发线。此外，下列中间站的到发线数量还应根据车站性质及作业需要适当增加：

① 枢纽前方站、铁路局局界站、双机牵引的始终点站和长大下坡的列车技术检查站、机车乘务员换乘站，到发线数量可根据需要增加；

② 有两个方向以上的线路引入或工业企业线接轨的中间站，到发线数量可根据需要确定；

③ 有摘挂列车需进行整编作业的中间站，其到发线数量可根据实际需要确定；

④ 办理机车折返作业的中间站，到发线数量可根据需要确定。

（2）站内正线及到发线技术条件。新建中间站为了有良好的作业条件，站坪宜设在平直道上。由于地形限制必须设在曲线或坡道上时，应按表5-1、表5-2的规定设计。

表5-1　车站平面最小圆曲线半径　m

路段设计行车速度/（km/h）	最小曲线半径		
	区段站	中间站、会让站、越行站	
		一般	困难
80	800	600	600
120		1 200	800
160	1 600	2 000	1 600
200	2 000	3 500	2 800

表5-2　车站线路坡度

车站类型	线路条件		
	一　般	困难	特殊困难
会让站、越行站	平　道	1.5‰	6‰
中间站	平　道	1.5‰	同左

正线咽喉区的坡道应与站坪坡道相同，在困难情况下，为避免引起大量工程，可设在限制坡度减 2‰的坡道上。为防止道岔爬行，中间站咽喉区的坡度不大于 10‰，有大量调车作业的中间站，咽喉区坡度不宜大于 2.5‰。

（3）到发线进路。到发线可以设计为单进路或双进路。单进路是指到发线只固定一个运行方向（上行或下行）使用；双进路是指到发线可供上、下行方向使用。

单线铁路车站的到发线应按双进路设计，可增加线路使用的灵活性。

双线铁路车站的到发线原则上应按上、下行分别设计为单进路，以保证行车安全。但有时为增加车站在调整列车运行上的灵活性以及方便摘挂列车作业，个别到发线也可按双进路设计。如设有三条到发线的中间站，在有两条到发线的一侧应有一条到发线设计为双进路。

（4）超限货物列车通行线。站内正线须保证能通行超限货物列车。此外，在区段内的三至五个会让站、越行站或中间站，应满足超限货物列车会让与越行的要求。可选定有低站台的会让站、越行站、中间站（客运量较小的中间站可设低站台）或到发线数量较多并设有高站台的中间站。上述车站除正线外，单线铁路应有一条线路，双线铁路上、下行应各有一条线路通行超限货物列车。采用长交路时可适当增加站数。

在中间站上选定能通行超限货物列车的到发线，一般应是邻靠中间站台或货物线的线路，如图 5-8 所示。

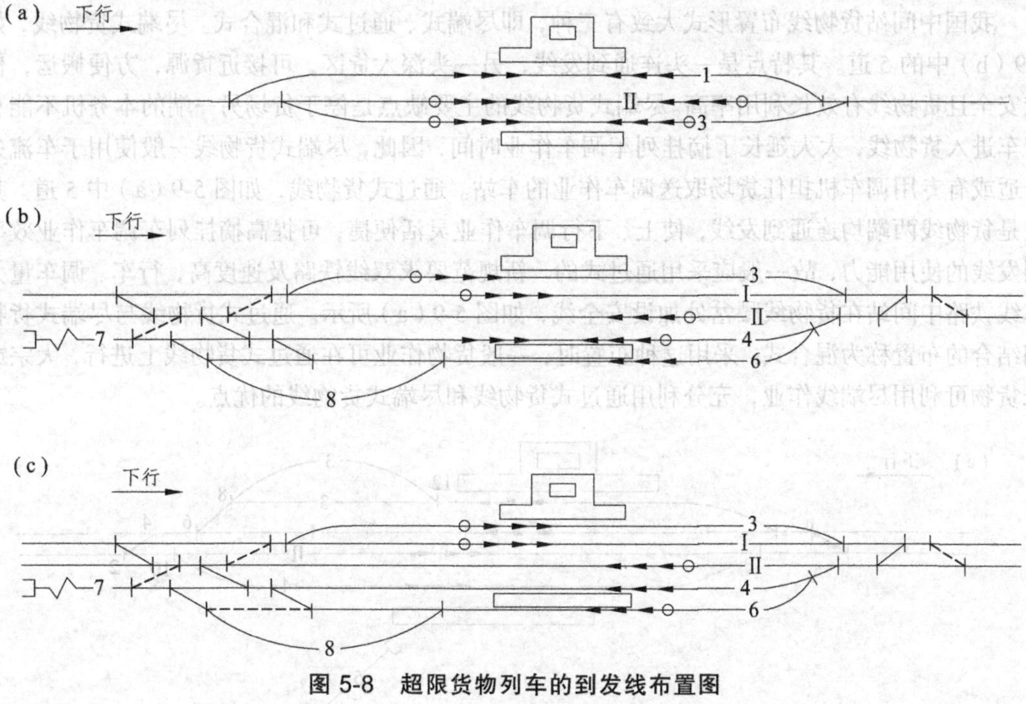

图 5-8　超限货物列车的到发线布置图

2. 牵出线

为方便摘挂列车的调车作业，必要时可根据具体情况铺设牵出线。中间站是否设置牵出线，应根据衔接区间正线数、行车密度大小、车站调车作业量、货场设置位置等来确定。

双线铁路中间站，行车速度高、行车密度大，为保证行车安全，均应设牵出线。单线铁路中间站，路段设计速度大于 120 km/h 或平行运行图列车对数在 24 对以上，以及调车作业量大时，均应设置牵出线。

设置牵出线的中间站，应保证牵出线上的调车作业与接发列车互不干扰；当调车作业繁忙且在货场一侧有多条到发线时，尚可根据需要将邻靠货场的一条到发线直接接通牵出线而不影响其他到发线的接车。

当中间站上有岔线接轨时，且符合调车作业条件，应利用岔线进行调车作业。不设牵出线的单线中间站，可利用正线调车。当利用正线、岔线调车时，为避免调车作业越出站界，进站信号机可适当外移，但不应超过 400 m。

牵出线一般设在直线上。困难条件下，允许将牵出线设在半径不小于 1 000 m 的同向曲线上，特别困难时，半径不应小于 600 m。近办理摘挂、取送作业的货场或其他厂、段的牵出线，在特别困难下，半径不应小于 300 m。但不得将牵出线设在反向曲线上。

牵出线宜设于不大于 1‰的坡道上，在困难条件下，可设在不陡于 6‰的坡道上。

牵出线的有效长，应满足调车作业量的需要，一般不短于该区段运行的货物列车长度的一半。在困难条件下或本站作业量不大时，不应短于 200 m（满足每次能牵出 10 辆车）。

3. 货物线

为了办理货物装卸作业，中间站应铺设货物线，一般铺设 1 ~ 2 条，其长度除满足平均一次来车的长度外，还应保证货物线两侧有足够的货位。

我国中间站货物线布置形式大致有三种，即尽端式、通过式和混合式。尽端式货物线，如图 5-9（b）中的 5 道。其特点是一头连通到发线，另一头深入货区，可接近货源，方便搬运，作业较安全且货物线有效长利用率高。尽端式货物线的主要缺点是停于货场另一端的本务机不能直接带车进入货物线，大大延长了摘挂列车调车作业时间，因此，尽端式货物线一般使用于车流条件合适或有专用调车机担任货场取送调车作业的车站。通过式货物线，如图 5-9（a）中 5 道。其特点是货物线两端均连通到发线，使上、下行调车作业灵活便捷，可提高摘挂列车调车作业效率和到发线的使用能力，故一般应采用通过式的。新规范要求双线铁路及速度高，行车、调车量大的单线铁路中间站在货物线腰岔处加设安全线，如图 5-9（a）所示。通过式货物线与尽端式货物线相结合的布置称为混合式。采用这种布置时，一般货物作业可在通过式货物线上进行，大宗或特殊货物可利用尽端线作业，充分利用通过式货物线和尽端式货物线的优点。

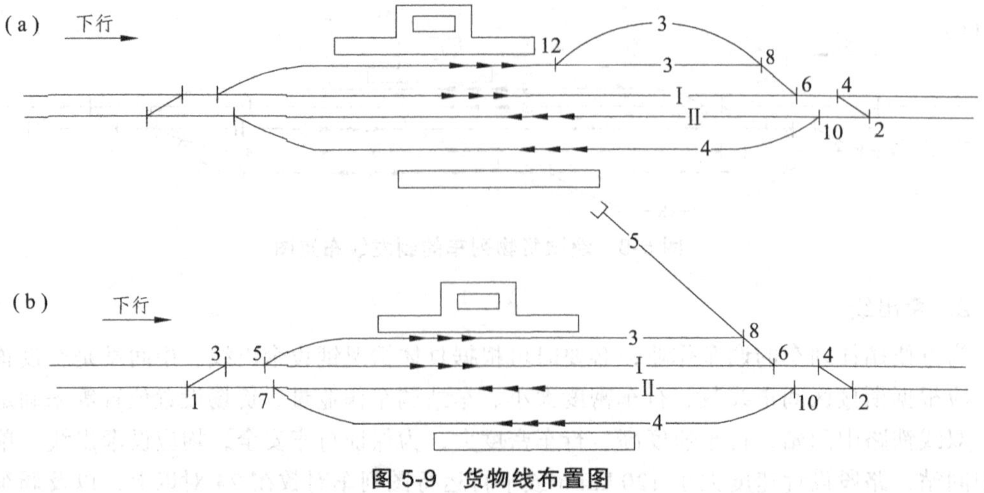

图 5-9　货物线布置图

货物线与到发线间的距离，线间无装卸作业时不小于 6.5 m，线间有装卸作业时不小于 15 m。集装箱、长大笨重货物、散堆装货物装卸线的间距，应根据装卸机械类型、货位的布置、通道的宽度以及相邻线路的作业性质等因素来确定。

4. 安全线

安全线为进路隔开设备之一。设置安全线是为了防止列车或机车车辆进入其他列车或机车车辆进入的线路，以免造成冲突事故。安全线向车挡方向不应采用下坡道，其有效长一般应不短于 50 m。

安全线的设置条件及设置位置如下：

（1）在区间内铁路线路产生平面交叉时。

（2）各级铁路线、工业企业线、岔线在区间或站内与正线、到发线接轨时，如图 5-10 所示。

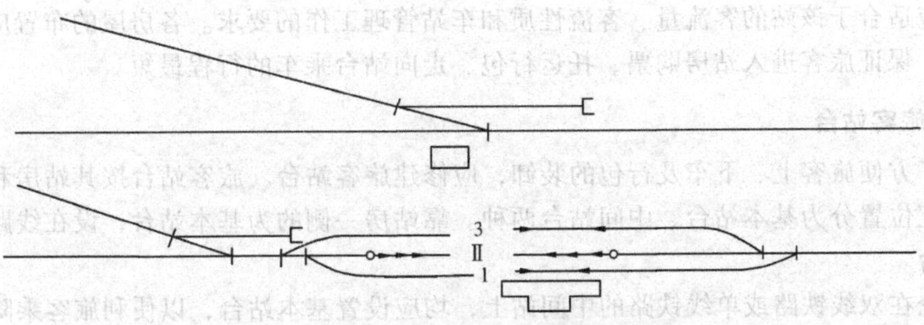

图 5-10 安全线布置图

但当工业企业线、岔线与站内正线或到发线接轨时，如在接轨处受地形条件限制或向车站方向为平道或上坡道时，也可设置脱轨器代替安全线。如工业企业线、岔线与车站到发线接轨，当站内有平行进路及隔开道岔并有联锁装置时可不设安全线。

（3）在进站信号机外制动距离内为超过 6‰下坡道时，为满足相对方向同时接车和同方向同时发、接列车的需要，应在车站接车方向的末端设置安全线，如图 5-11 所示。

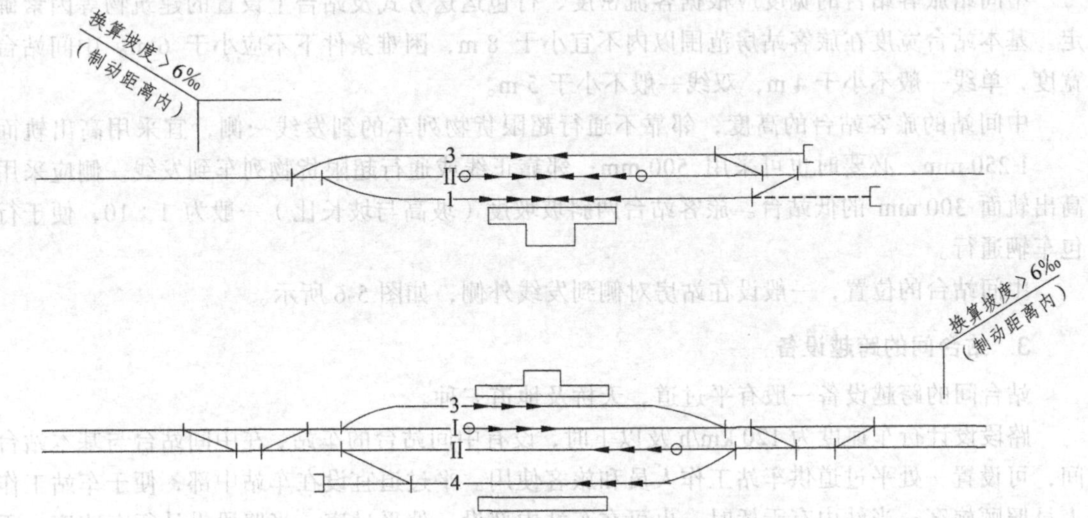

图 5-11 单、双线铁路车站安全线位置

在办理客运列车与客运列车，客运列车与其他列车同时接车或同时发接列车的车站，接车方向末端应设隔开设备。

二、客运设备

中间站客运设备包括旅客站房、旅客站台、站台间跨越设备及雨棚等。

1. 旅客站房

旅客站房是办理售票、候车和行包邮件承运、交付及保管的地方。中间站的旅客站房可根据车站等级、客流量大小确定其规模。客流量不大的车站，旅客站房一般采用定型设计，客流量大的车站，旅客站房应专门设计。站房位置应结合城镇规划、地形地质情况及站内作业等因素综合考虑，一般设于城镇一侧，使居民能方便来站乘车。站房内部各房屋的建筑及其位置应适合于该站的客流量、客流性质和车站管理工作的要求。各房屋的布置应从方便旅客出发，保证旅客进入站房购票、托运行包、走向站台乘车的行程最短。

2. 旅客站台

为了方便旅客上、下车及行包的装卸，应修建旅客站台。旅客站台按其站房和车站到发线的相互位置分为基本站台、中间站台两种。靠站房一侧的为基本站台，设在线路中间的为中间站台。

不论在双线铁路或单线铁路的中间站上，均应设置基本站台，以便利旅客乘降和值班员办理接发列车作业。单线铁路中间站在客货运量较大，地县所在地或有客车技术作业的车站上应设置中间站台，以便旅客列车会让，使旅客列车和摘挂列车均可停靠站台。双线铁路中间站因行车是按上、下行分开运行，旅客乘降多，为保证上、下行旅客列车分别停靠站台和值班员接发列车方便，均应设置中间站台。

中间站旅客站台的长度应根据旅客列车的长度确定，一般不短于 300 m，约有 11 辆车厢停靠站台。

中间站旅客站台的宽度应根据客流密度、行包运送方式及站台上设置的建筑物等因素确定。基本站台宽度在旅客站房范围以内不宜小于 8 m，困难条件下不应小于 6 m。中间站台宽度，单线一般不小于 4 m，双线一般不小于 5 m。

中间站的旅客站台的高度，邻靠不通行超限货物列车的到发线一侧，宜采用高出轨面 1 250 mm，必要时也可采用 500 mm；邻靠正线或通行超限货物列车到发线一侧应采用高出轨面 300 mm 的低站台。旅客站台两斜坡坡度（坡高与坡长比）一般为 1∶10，便于行包车辆通行。

中间站台的位置，一般设在站房对侧到发线外侧，如图 5-6 所示。

3. 站台间的跨越设备

站台间的跨越设备一般有平过道、天桥及地道三种。

路段设计行车速度为 120 km/h 及以下时，设有中间站台的车站，在中间站台与基本站台间，可设置一处平过道供车站工作人员和旅客使用。平过道宜设在车站中部，便于车站工作人员照顾旅客；当站内有天桥时，也可在车站中部设一处平过道。当路段设计行车速度大于

120 km/h 时，速度高、密度大，为保证行车安全，车站内不应设置平过道。平过道的宽度应根据其使用情况而定。专供车站工作人员走行时，可采用 1.5 m；通行非机动车辆时，可采用 2.5 m；通行机动车辆时，可采用 3.5 m。

客运量大的中间站，旅客上下车人数较多，为保证旅客安全和提高线路利用率，应修建天桥或地道，一般优先选用地道。天桥或地道的宽度一般不小于 3 m，天桥或地道出口的最外边缘到站台边缘的距离不应小于 2.5 m。

4. 雨 棚

在多雨、多雪、酷热地区和旅客较多的中间站上，必要时可修建雨棚。雨棚的长度一般可采用 200 ~ 300 m，宽度可与站台宽度相同。

三、货运设备

为办理货物的承运、交付、装卸及保管等作业，中间站上应设有相应的货运设备，如货物线、货物站台、仓库、货物堆放场和货运办公房屋等。

1. 货物站台

中间站的货物站台高度一般与车底板高度相同，高出轨面 1.1 m，亦称为普通货物站台。

货物站台的宽度，有仓库时按仓库的宽度再加两边过道宽；无仓库时，货物露天堆放站台宽度一般不小于 18 m。站台两端应有 1 : 10 的斜坡，以利车辆上、下站台。

货物站台长度按需要计算确定。

2. 货物仓库

中间站上如有怕湿货物的运输，应设置仓库。仓库宽度一般采用 9 ~ 12 m，运量较大时可采用 15 m。仓库长度应根据所需堆货面积计算决定。

为方便装卸作业，仓库应设于货物站台上，仓库墙壁外侧至站台边缘的宽度，在铁路一侧一般不小于 3.5 m，在场地一侧不小于 2.5 m。为防止货物在装卸时受雨雪湿损，仓库两边屋檐应伸出至站台边缘或线路中心，如图 5-12 所示。

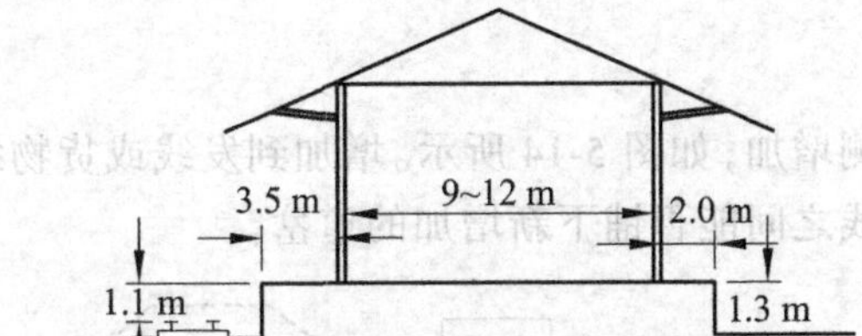

图 5-12 仓库或雨棚布置剖面示意图

3. 堆货场

有散堆装、长大笨重货物到发线的货场要设堆货场，其面积可根据运量分品种计算确定。

中间站因货运量不大，当采用伸臂式起重机或小跨度的门式起重机时，可采用 1 ~ 2 排货位，人力装卸时采用 1 排货位。每排货位宽度可采用 5 m。货堆之间的通道宽度一般为 0.5 ~ 0.7 m，货堆边缘距公路边缘应有 0.5 m 的安全距离。货堆距装卸线钢轨外侧距离：装车时为

2 m，卸车时为 1.5 m，有装有卸时为 2 m。堆放场地面一般与路基面平，为了便于排水，地面应做成 2‰～4‰的单面排水坡，必要时还可设置纵向盖板明沟。货场地面应铺砌。

第四节　中间站改建

铁路行车量的增长，工业企业线、支线的接轨，车站地方运量的增加，以及新型技术设备的引进，都会引起中间站的改建。

中间站改建时，应该按照系统的观点，从全局出发，兼顾城镇、工农业、居民区和铁路本身的要求，尽量节约用地，少占农田，充分利用原有设备，减少废弃工程。施工时，应尽可能减少对车站作业的干扰和妨碍，保证车站上的行车、调车作业及施工安全。

一、中间站改建的几种情况

（一）增加线路

当区段行车量增加，车站装卸作业量增多时都可能要求增加到发线或货物线。

1. 增加到发线

加铺到发线时，尽可能向站房对侧发展，如图 5-13 所示。避免在站房同侧加铺到发线，引起基本站台的拆迁，更不宜绕过站房加铺到发线。

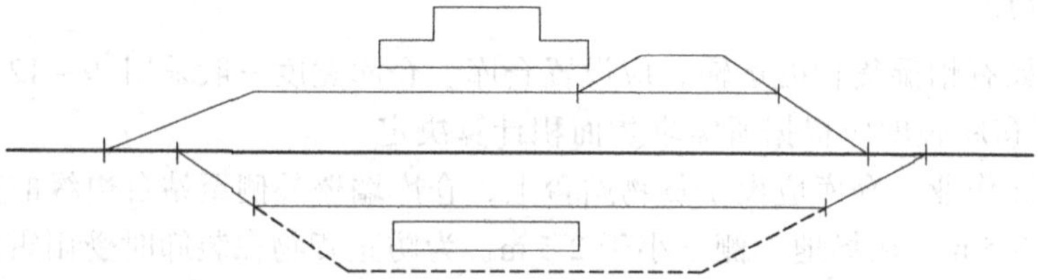

图 5-13　中间站改（扩）建增铺到发线示意图

2. 增加货物线

货物线应在货场同侧增加，如图 5-14 所示。增加到发线或货物线时应注意原来线路间距，即原有道岔和其连接曲线之间能否铺下新增加的道岔。

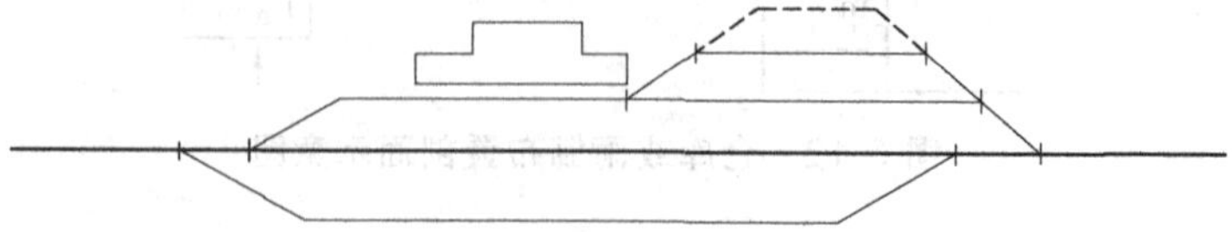

图 5-14　中间站改（扩）建增铺货物线示意图

3. 增加牵出线

当行车量增加，或地方运量增长，利用正线调车对正线行车干扰严重时，需要增加牵出线，如图 5-15 所示。

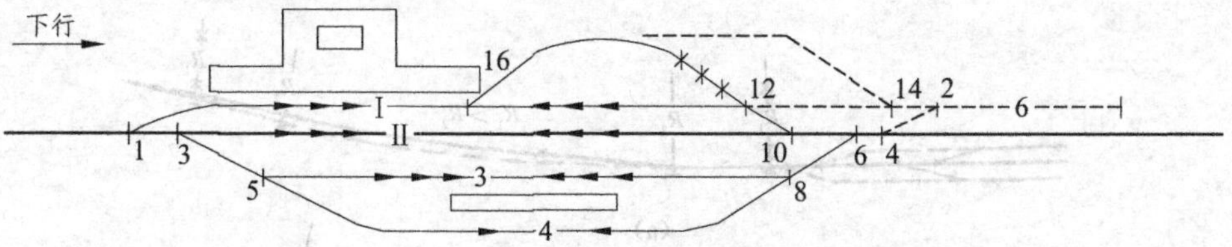

图 5-15　中间站改（扩）建增铺牵出线示意图

4. 增加第二正线

单线铁路随着行车量增长，当通过能力不能满足要求时，应改为双线。此时车站往往也需要增加到发线，进行相应改建。站内第二正线的位置在与区间引入位置不相矛盾的情况下，一般应在站房对侧引入，如图 5-16 所示，不宜设在站房和原有正线之间。因为此时接发下行方向待避列车时将与上行正线交叉干扰。

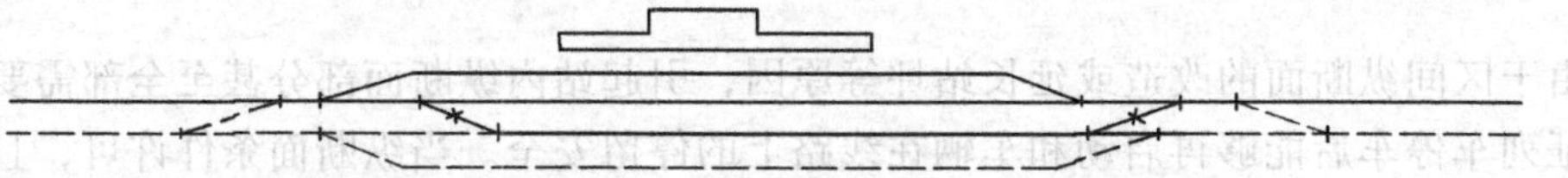

图 5-16　中间站改（扩）建增铺第二正线示意图

（二）延长车站到发线

随着货运列车重载化的推广，列车重量及长度均有增加，车站到发线也应相应延长。延长到发线时，应注意以下几点：

（1）应考虑车站两端相邻区间的长度和运转时分的均衡，最好是向运转时分较长的区间一端延长，如图 5-17 所示。

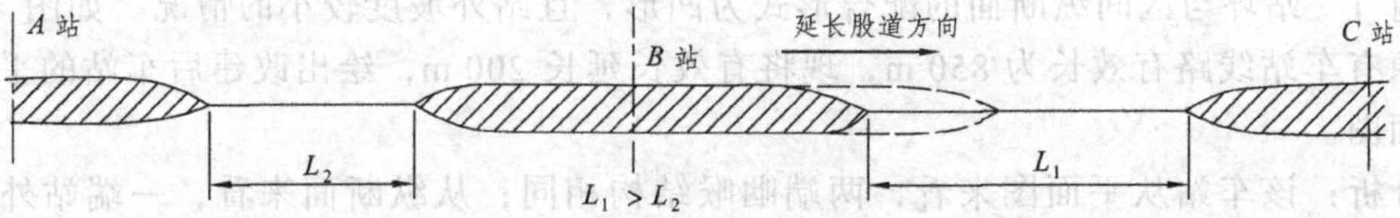

图 5-17　中间站延长线路示意图 1

（2）尽量向车站某一端（最好是咽喉构造简单的一端）延长，避免拆动两端咽喉。应减少拆动道岔组数，以减少工程量和对行车的干扰，如图 5-18 所示。

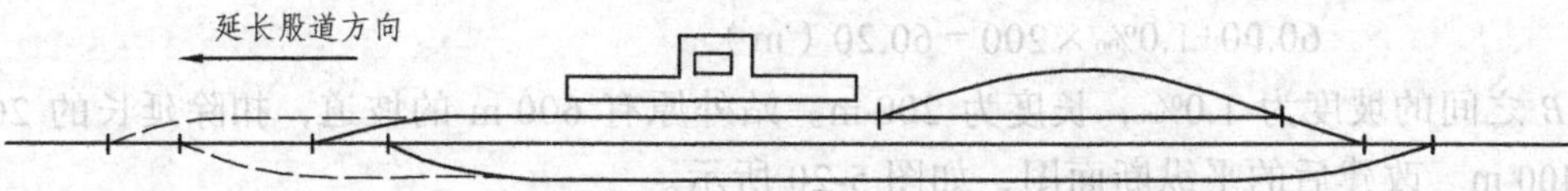

图 5-18　中间站延长线路示意图 2

（3）应注意车站两端进站线路平面、纵断面的技术条件以及有无大型桥隧等建筑物。尽可能向进出站线路比较平直，没有大型桥隧等大型建筑物的一端延长线路，以减少改建工程量。如需向站外有大半径曲线的进站线路一端延长线路时，可将原有曲线半径适当改小（允许范围内），如图 5-19（a）所示，或改成两个较小的曲线，如图 5-19（b）所示，以便使车站咽喉区设在直线上，避免在曲线上铺设道岔。

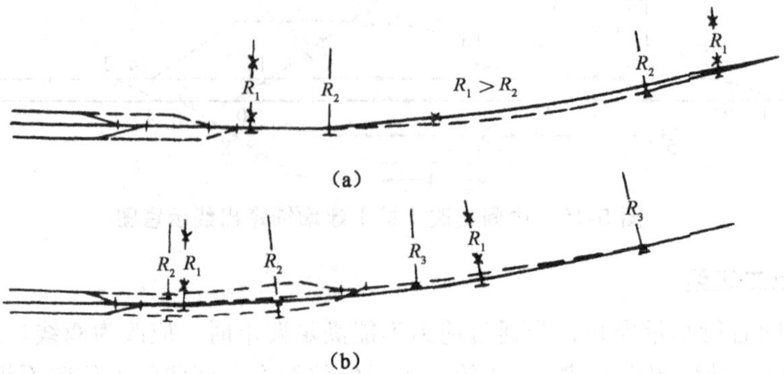

图 5-19　中间站改建示意图（延长线路）

（三）改变纵断面

由于区间纵断面的改造或延长站坪等原因，引起站内纵断面部分甚至全部需要改变时，应保证列车停车后能够再启动和车辆在线路上的停留安全。当纵断面条件许可，且标高变更不大时，应尽可能采用填方的方法。一般采用填道砟的办法解决，但道砟厚度不应超过 1 m。如采用挖方的方法改变线路纵断面或填方较大时，必须拆除原有线路的上部建筑，进行填方或挖方后，重新铺设，工程量较大。施工时，要妥善组织，采用借用线路或修建临时便线等措施，以保证正常运营。

二、中间站改建举例

例 1　站坪与区间纵断面的配合形式为凹形，且站外坡度较小的情况。如图 5-20 所示，原有车站线路有效长为 850 m，现将有效长延长 200 m，绘出改建后车站的平面图及纵断面图。

分析：该车站从平面图来看，两端咽喉结构相同；从纵断面来看，一端站外坡度为 2.0‰，如果向该端延长，需改变进站线路的纵断面。另一端站外坡度为 1.0‰，符合到发线设计技术条件的要求，向该端延长，不需改变进站线路的纵断面。因此，应向站外坡度为 1.0‰的一端延长。

如图 5-20 所示，将原有车站端部 A 点延长到 B 点，则 $AB = 200$ m。B 点的标高为：

$$60.00+1.0‰\times 200 = 60.20\ (\text{m})$$

AB 之间的坡度为 1.0‰，长度为 200 m。站外原有 600 m 的坡道，扣除延长的 200 m，剩余 400 m。改建后的平纵断面图，如图 5-20 所示。

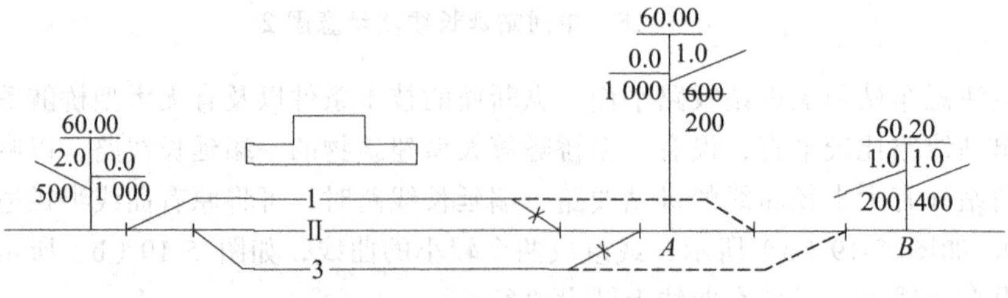

图 5-20　中间站改建示意图 1

例 2 站坪与区间纵断面的配合形式为凸形，且站外坡度较小的情况，如图 5-22 所示，原有车站线路有效长为 850 m，现将有效长延长 200 m，绘出改建后车站的平面图及纵断面图。

分析：该车站从平面图来看，两端咽喉结构相同，从纵断面来看，*A* 端站外坡度为 2.5‰，如果向该端延长，需改变进站线路的纵断面。*B* 端站外坡度为 0.5‰，符合到发线设计技术条件的要求，向该端延长，不需改变进站线路的纵断面，因此，应向 *B* 端延长。

如图 5-22 所示，将原有车站端部 *B* 点延长到 *C* 点，则 $BC = 200$ m。*C* 点的标高为：

$$61.00 - 0.5‰ \times 200 = 60.70\ (\text{m})$$

BC 之间的坡度为 0.5‰，长度为 200 m。站外原有 700 m 的坡道，扣除延长的 200 m，剩余 500 m。改建后的平纵断面图如图 5-21 所示。

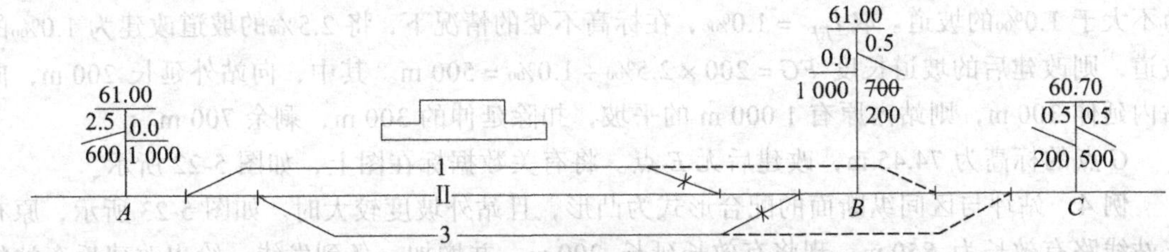

图 5-21 中间站改建示意图 2

例 3 站坪与区间纵断面的配合形式为凹形，且站外坡度较大的情况，图 5-23 所示为某车站示意图，原线路有效长 650 m，现需要把到发线有效长延长到 850 m。

分析：考虑车站站坪坡度不宜大于 0.5‰，延长到发线有效长可以有以下几个方案：

方案Ⅰ：向车站右端延长，站外坡度为 1.5‰，接近到发线设计技术条件的要求，施工工程量小。但需拆迁的道岔组数较多，还会使车站中心偏移车站一端不便管理，且现有货场的建筑物也要改变。

方案Ⅱ：向车站左端延长，需改变现有纵断面，将站内一部分平道和进站线路上 2.5‰ 的一段坡一并拉成 1.0‰的坡道（见图 5-22）使之符合设计技术条件，只需拆动道岔 3 组。

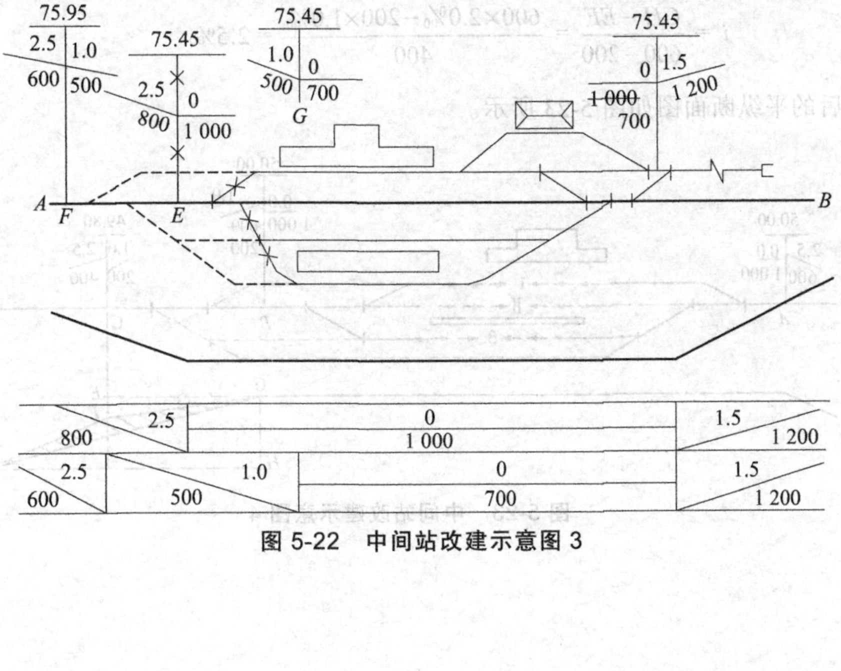

图 5-22 中间站改建示意图 3

方案Ⅲ：同时向车站两端延长。这一方案拆迁工程量和施工时对行车的干扰，比方案 Ⅰ 和方案Ⅱ都大，一般不采用。

若采用方案Ⅱ时，改建的施工应注意不中断或少中断车站正常工作。先填足到发线延长部分的土方，再利用列车运行空隙逐步将正线、咽喉道岔及站线标高抬高，使之符合改建后纵断面的要求。然后，铺设三条到发线的延长部分，铺设新道岔，连接延长线与原有的线路，最后将原有的道岔拆除。

采用方案Ⅱ时，纵断面图的确定如下：将车站由 E 点延长到 F 点，则 F 点的标高为：

$$75.45+200\times2.5‰=75.95\ (\text{m})$$

因为 $EF=200$ m，其坡道数为 3.75‰，不符合到发线设计技术条件的要求，应将其改建为不大于 1.0‰的坡道。取 $i_{EF}=1.0‰$，在标高不变的情况下，将 2.5‰的坡道改建为 1.0‰的坡道，则改建后的坡道长度 $FG=200\times2.5‰\div1.0‰=500$ m。其中，向站外延长 200 m，向站内延伸 300 m，则站内原有 1 000 m 的平坡，扣除延伸的 300 m，剩余 700 m。

G 点的标高为 74.45 m，改建后无 E 点。将有关数据标在图上，如图 5-22 所示。

例 4　站坪与区间纵断面的配合形式为凸形，且站外坡度较大时。如图 5-23 所示，原有车站线路有效长为 850 m，现将有效长延长 200 m，并增加一条到发线，绘出改建后车站的平面图及纵断面图。

分析：该车站从平面图来看，两端咽喉结构相同，从纵断面来看，一端站外坡度为 2.5‰，另一端站外坡度为 2.0‰，都不符合到发线设计技术条件的要求，无论向那一端延长，都需改变进站线路的纵断面。但向 B 端延长，在改建后坡道数相同的条件下，填方较低。因此，应向 B 端延长，而且要尽量采用填方。

如图 5-24 所示，将原有车站端部 B 点延长到 C 点，则 $BC=200$ m。BC 之间现在的坡度为 2.0‰，改建后 BC 之间的坡度应不大于 1.5‰，且要采用填方，因此，取 $i_{BC}=1.0‰$。则 C 点的标高为：50.00　1.0‰ × 200 = 49.80 m，BC 之间的长度为 200 m。站外原有 600 m 的坡道，扣除延长的 200 m，剩余 400 m，其坡道数为：

$$i=\frac{GH-EF}{600-200}=\frac{600\times2.0‰-200\times1.0‰}{400}=2.5‰$$

改建后的平纵断面图如图 5-23 所示。

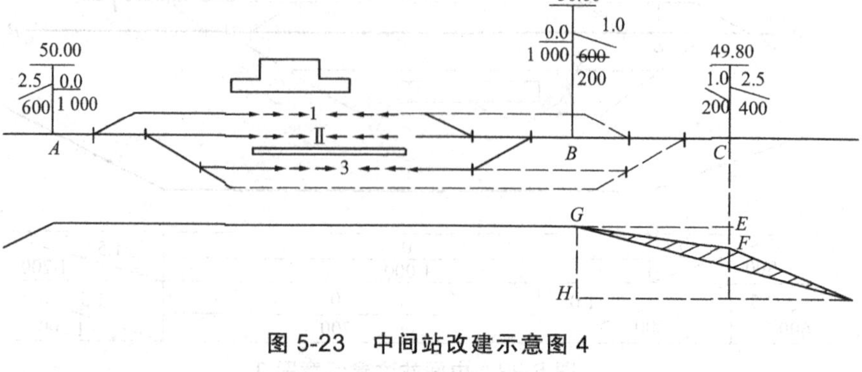

图 5-23　中间站改建示意图 4

复习思考题

1．会让站、越行站分别办理哪些作业？

2．画出设两条到发线的横列式会让站、越行站的图形，并分析其优缺点。

3．越行站的渡线设置要注意什么？

4．中间站的到发线进路设置的要求是什么？

5．中间站的货物线布置的形式有几种？

6．什么是安全线？哪些地方应设置安全线？

7．就到发线的位置而言，中间站一般采用哪种布置图？为什么？

8．分析说明横列式中间站布置图，当货场位于第一象限或第三象限时的优缺点，并依此说明货场位置的选择条件。

9．试分析说明有牵出线的双线中间站摘挂列车的合理调车作业径路。

10．如图 1 所示，由于采用大型机车牵引及行车量和地方作业量的增加，需要将车站线路有效长延长 200 m，并增加一条到发线，一条货物线和牵出线，请设计出改建后的车站平面及纵断面图。

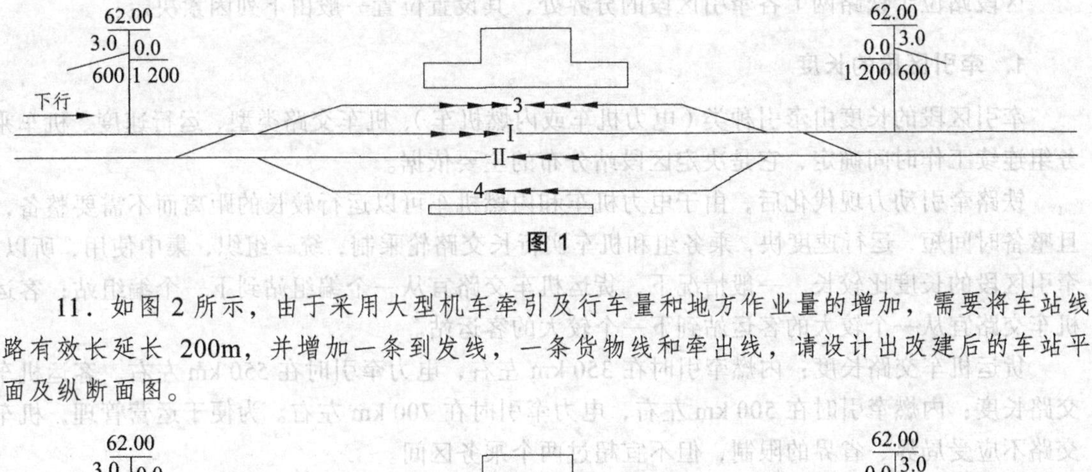

图 1

11．如图 2 所示，由于采用大型机车牵引及行车量和地方作业量的增加，需要将车站线路有效长延长 200m，并增加一条到发线，一条货物线和牵出线，请设计出改建后的车站平面及纵断面图。

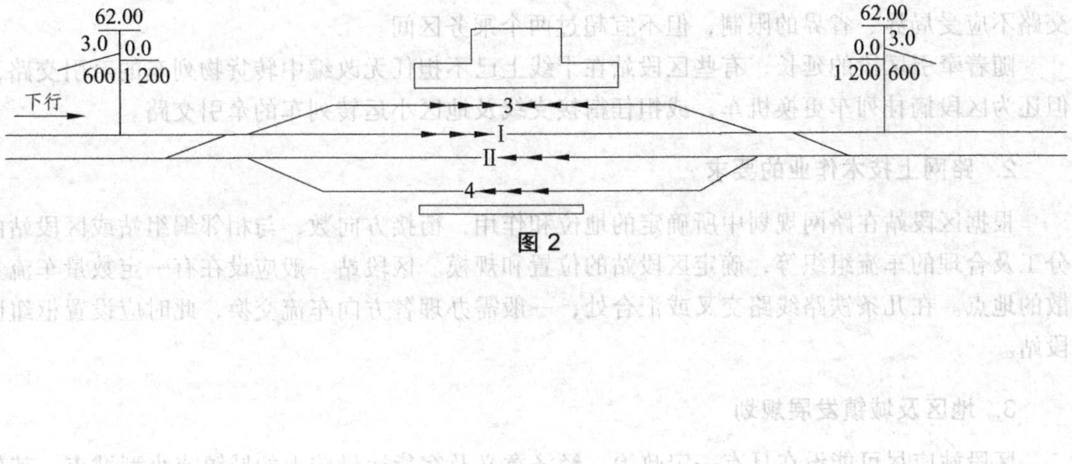

图 2

第六章　区段站

第一节　区段站概述

区段站的主要任务是为邻接的铁路区段供应及整备机车或更换机车乘务组，并办理无改编中转货物列车规定的技术作业及一定数量的列车解编作业和客、货运业务。在设备条件具备时，还进行机车、车辆的检修业务。

一、区段站的分布

区段站位于铁路网上各牵引区段的分界处，其设置位置一般由下列因素决定：

1. 牵引区段的长度

牵引区段的长度由牵引种类（电力机车或内燃机车）、机车交路类型、运行速度、机车乘务组连续工作时间确定，它是决定区段站分布的主要依据。

铁路牵引动力现代化后，由于电力机车和内燃机车可以运行较长的距离而不需要整备，且整备时间短，运行速度快，乘务组和机车实行长交路轮乘制，统一组织，集中使用，所以，牵引区段的长度比较长。一般情况下，货运机车交路宜从一个编组站到下一个编组站；客运机车交路宜从一个较大的客运站到下一个较大的客运站。

货运机车交路长度：内燃牵引时在 350 km 左右，电力牵引时在 550 km 左右。客运机车交路长度：内燃牵引时在 500 km 左右，电力牵引时在 700 km 左右。为便于运营管理，机车交路不应受局界、省界的限制，但不宜超过两个乘务区间。

随着牵引区段的延长，有些区段站在干线上已不担任无改编中转货物列车的牵引交路，但还为区段摘挂列车更换机车，或担任衔接支线及地区小运转列车的牵引交路。

2. 路网上技术作业的要求

根据区段站在路网规划中所确定的地位和作用，衔接方向数，与相邻编组站或区段站的分工及合理的车流组织等，确定区段站的位置和规模。区段站一般应设在有一定数量车流集散的地点。在几条铁路线路交叉或汇合处，一般需办理各方向车流交换，此时应设置枢纽区段站。

3. 地区及城镇发展规划

区段站应尽可能设在具有一定政治、经济意义及客货运量较大的城镇或小型城市。其位置应与城镇发展规划相配合，并应尽量靠近城镇。这样既可满足地区及城镇工农业生产的需要，又便于居民及铁路职工的生活、医疗、教育及文化的需要等。

二、区段站的分类

（一）区段站按作业性质和作业量分类

1. 无改编作业区段站

无改编作业区段站主要办理无改编中转货物列车的有关作业，没有列车的改编任务，或只担任摘挂列车的整编作业。

2. 有改编作业的区段站

有改编作业的区段站除办理无改编中转货物列车的有关作业外，还担任区段、摘挂列车和少量直通、直达列车的解编作业。

（二）区段站按到发场的相互位置分类

1. 横列式区段站

横列式区段站是上、下行到发场平行布置在正线的一侧，调车场并列位于到发场外侧，且上、下行到发场及调车场均位于站房对侧，如图 6-1 所示。

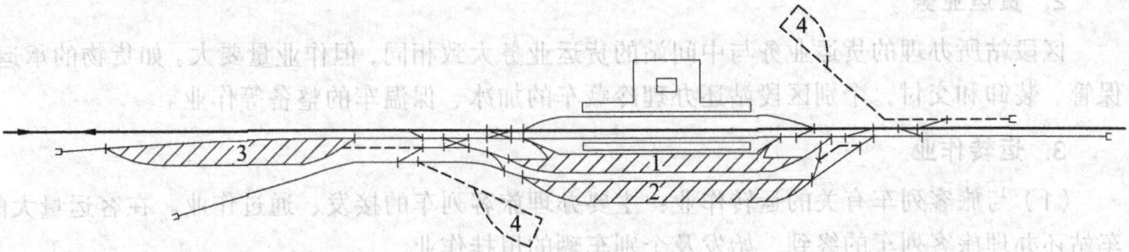

图 6-1　横列式区段站

2. 纵列式区段站

纵列式区段站是上、下行到发场分设在正线的两侧，并逆运转方向错移，呈纵列布置，上、下行共用的调车场位于一个到发场的外侧，如图 6-2 所示。

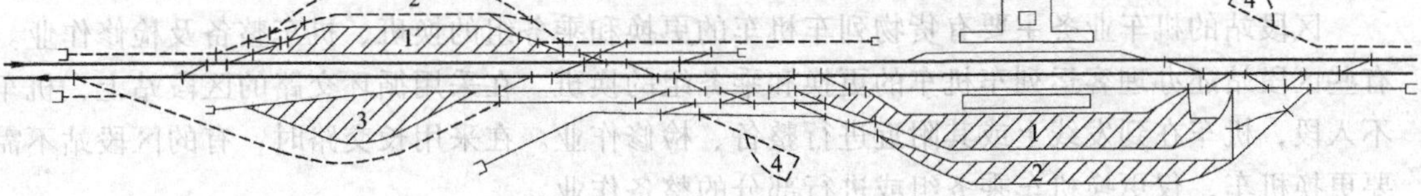

图 6-2　纵列式区段站

3. 客、货纵列式区段站

客、货纵列式区段站是货运运转设备（主要指货物列车到发线）与客运运转设备（主要指旅客列车到发线）纵列布置，且客运运转设备与站房横列设置，如图 6-3 所示。

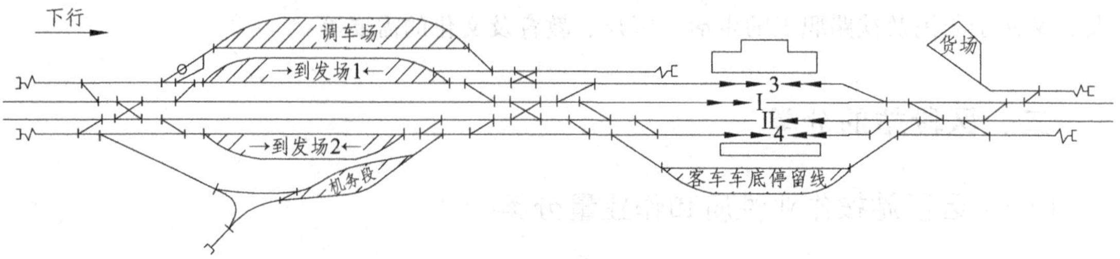

图 6-3　客货纵列式区段站

三、区段站的作业及设备

区段站的作业数量和设备规模虽然不大，但从作业性质和设备的种类来看，各专业车站的主要作业和基本设备在区段站都有不同程度的体现。

（一）区段站的作业

1. 客运业务

区段站所办理的客运业务与中间站的客运业务基本相同，只不过数量较大。如旅客乘降，行李、包裹、邮件的承运、保管、装卸和交付，以及为满足旅客物质、文化、生活的需要而进行的各种服务等。

2. 货运业务

区段站所办理的货运业务与中间站的货运业务大致相同，但作业量要大。如货物的承运、保管、装卸和交付，个别区段站还办理冷藏车的加冰、保温车的整备等作业。

3. 运转作业

（1）与旅客列车有关的运转作业：主要办理旅客列车的接发、通过作业。在客运量大的车站还办理旅客列车的终到、始发及个别车辆的甩挂作业。

（2）与货物列车有关的运转作业：主要办理无改编中转列车的接发、通过作业；区段列车、摘挂列车的到发、解编作业；货场及专用线的取送作业等。有的区段站还办理部分改编中转列车的车组甩挂、变更运行方向及变更列车重量等作业。部分区段站还办理少量始发、直达列车的解编作业。

4. 机车业务

区段站的机车业务主要有货物列车机车的更换和乘务组的换班、机车整备及检修作业。有些区段站还办理客运列车机车的更换和乘务组的换班。在采用循环交路的区段站上，机车不入段，机车在到发线上或其附近进行整备、检修作业。在采用长交路时，有的区段站不需要更换机车，仅更换机车乘务组或进行部分的整备作业。

5. 车辆业务

区段站在车辆业务方面主要办理列车的技术检查、车辆的检修（摘车修和不摘车修）业务。在设有站修所或车辆段的车站上，还办理车辆的辅修和段修业务。

区段站所办理的作业，在数量和规模上都远比中间站复杂，在办理的各种列车中，以无改编中转货物列车为主，它成为区段站行车组织的重要环节，也成为研究区段站通过能力的核心。

（二）区段站的设备

作业与设备是对应的，有什么样的作业，就会有办理这些作业相对应的设备。根据区段站所办理的作业，它应具有以下各项设备：

1. 客运业务设备

区段站的客运业务设备主要指旅客站房、站前广场、旅客站台、雨棚、旅客跨线设备等。

2. 货运业务设备

区段站的货运业务设备主要指货场及其有关设备，如货物站台、仓库、货物堆放场、装卸线、存车线及装卸机械等。

3. 运转设备

（1）与旅客列车有关的运转设备，主要指旅客列车到发线，当有始发和终到的旅客列车时，还应有客车车底停留线。

（2）与货物列车有关的运转设备，主要指供货物列车到发使用的到发线；供解编作业使用的调车线和牵出线。当解编作业量大时，可能还设有简易驼峰；同时还应有供机车出入段走行使用的机走线、机待线和机车出入段线等。

4. 机务设备

区段站的机务设备主要指机务段或机务折返段，以及在机务段或机务折返段内的机车整备、检修、转向等设备。在采用循环交路时，在到发场及其附近，还设有机车整备设备。在采用长交路轮乘制时，可设机车运用段或机务换乘点。

5. 车辆设备

区段站车辆设备主要指列检所、站修所及车辆段。

区段站除上述设备之外，还应有信号、通讯、给水、排水、照明等设备。

第二节　区段站主要设备的设置位置

区段站的各项设备，对某项设备而言，是为完成某项作业而设置的，但就整个区段站而言，它是一个整体，各项作业之间是相互联系又相互制约的。为完成某项作业可能占用几项设备，为使该项作业顺利进行，这些设备之间就存在着相互联系。因此，在研究区段站各项设备的设置位置时，要根据各项设备所办理的作业性质及各项设备之间的相互联系，结合所在城镇（城市）的发展规划、地形、地质等条件进行综合考虑。既应保证车站作业安全和必要的通过能力，又要保证车站具有良好的技术作业条件，如使作业尽可能平行进行，以避免交叉，保证安全；站内作业要形成流水式，以减少机车车辆在站内的作业流程，进而提高车站的作业效率和车站的通过能力。同时，还应节省工程费用和运营费用，考虑今后进一步发展的可能性和实现为城镇（城市）工农业生产服务的功能等原则。现以图 6-1 所示为例，说明区段站各项设备的合理设置位置。

一、客运设备的设置位置

区段站客运设备包括客运业务设备和客运运转设备。

1. 客运业务设备的设置位置

旅客站房是旅客办理购票、托取行包以及候车的场所，是站前广场与站场连接的中枢。其位置应于城镇（城市）设在同一侧，并应与城镇（城市）规划、城镇（城市）交通和车站布置相配合，以方便旅客换乘、购票和候车需要。

站前广场是车站与城镇（城市）交通的结合部，是客流、车流和行包流集散的地点，它的布置应根据客流的大小、站房的规模、城镇（城市）交通的布置、公交车辆流线和停车场及远期发展等因素综合设计，避免各种流线之间的相互交叉，确保旅客的迅速疏散。

2. 客运运转设备的设置位置

区段站旅客列车到发线应靠近站房，便于旅客上、下车和进出站；并应直接连通正线，使客运列车的接发进路顺直，确保旅客的舒适与安全。客运列车到发线一端应接通机务段，以利于更换机车；另一端与牵出线要有直接通路，便于进行客车车辆换挂的调车作业。到发线要与站房之间留有适当的距离，为今后的发展创造条件。

区段站若有始发或终到的旅客列车车底停留时，应考虑设旅客列车车底停留线，以免占用到发线或调车线，影响接发列车和调车作业。其设置位置应使客车车底取送作业走行距离少，并尽量避免与其他作业的交叉干扰。对个别终到并立即折返的旅客列车，因停留时间短，到发线有余力时，也可不设客车车底停留线。

二、货运运转设备的设置位置

货物列车到发场应设在与客车到发线相对应的正线另一侧，即站房对侧，并与正线直接接通，使货物列车有便捷和顺直的接发进路，以确保车站的通过能力。

在货物列车到发场内，不同种类的货物列车在站内的作业流程不同，其在到发场内的位置也各异。无改编中转货物列车，它在站内的作业流程是：列车接入到发场后，机车入段，车列进行技术检查作业，换挂机车，然后列车出发。这些作业都是在到发线上进行的，作业简单且作业的各个环节安排得比较紧凑，同时该类列车又是区段站所办理的主要列车种类，所以，其到发线应设在到发场内侧，靠近正线，以保证这类列车在站内作业的方便与快捷。区段列车和摘挂列车要在区段站进行改编作业，它们在站内的作业流程是：列车接入到发场后，机车入段，车列进行技术检查作业，由调车机车从到发场牵至牵出线进行解体作业。车列解体后，在调车场集结。当车辆集结成列时，由调车机车利用牵出线进行编组作业，编组结束后送往到发场，车列进行技术检查，挂机车，再出发。由此可见，这类列车在站内的作业复杂，又在不同地点、利用不同的设备办理，还涉及到—解及编—发的转线作业。为缩短改编货物列车转线作业的走行公里，并避免和无改编中转货物列车到发作业产生交叉干扰，改编列车到发线应设在到发场外侧，靠近调车场，参见图 6-1 所示。

调车场应尽量靠近到发场，与到发场平行配列，两端各设一条牵出线。牵出线应和到发场接通，便于改编列车的转线作业。调车场与两端的牵出线（有时设有小能力驼峰）构成整套调车设备，保证车站有足够的改编能力，参见图 6-1 所示。

当需要对区段站的货运运转设备进行改扩建时，一般将靠近到发场的调车线改为到发线，而在调车场外侧加铺调车线。

图 6-1 所示为单线横列式区段站，其货运运转设备的配置位置是：上、下货物列车共用一个到发场，设于站房对侧，调车场设于到发场外侧。

当铁路区间为双线时，其货运运转设备的设置位置由图 6-1 所示变为上、下行货物列车各有一个到发场，且并列布置在站房对侧。

当双线铁路行车量大，旅客列车对数又较多时，可将上、下行货物列车到发场分设于正线两侧，并逆运转方向全部错移，这就形成双线纵列式区段站，参见图 6-2 所示。

在对既有的横列式区段站进行改、扩建时，因客、货行车量均较大，又受条件限制不能横向发展，可将原有的站场改作客运列车到发场，而在其纵向位置另建货物列车到发场和调车场，这就成为客运运转设备与货运运转设备纵列布置的客、货纵列式布置图，参见图 6-3 所示。

三、机务设备的设置位置

机务段是管理、运用、整备机车的基地，是区段站的主要设备之一。机务段的设置位置与机车在区段站进行的作业密切相关。到达列车的本务机要从到发场入段，出发列车的本务机要出段，进入到发场连挂车列，因此，机务段应尽量靠近到发场，并与到发场有便捷的通路，以使机车迅速出入段，保证列车的正点出发。同时，还应避免机车出入段与其他作业的交叉干扰，如与列车到、发作业，调车作业的干扰等。

机务段在区段站的位置可以有以下五种方案，如图 6-4 所示。

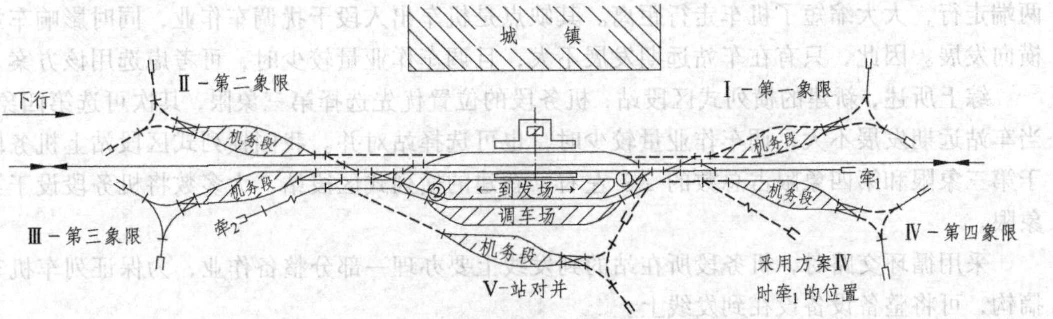

图 6-4 货运运转设备与机务设备的配置方案

1. 机务段设于第一象限和第二象限

由于机务段和到发场分设于正线的两侧，所有货物列车机车出入段均需横切正线，这在区段站上是比较严重的问题。同时靠机务段一端车站咽喉结构复杂，另一端机车出入段走行距离长。又机务段和城镇（城市）位于同一侧，污染城镇（城市）的环境，影响城镇（城市）

发展，机务段的发展也要受城镇（城市）规划的限制，所以，新建区段站一般不采用这两种方案。

2. 机务段设于第三象限和第四象限

机务段位于这两个象限时，其优点是：克服了机务段位于第一象限和第二象限时出现的种种缺点，同时机车出入段与其他作业，如接、发列车作业，调车作业等的交叉干扰比其他任何方案都少，是这两个方案最明显的优点。其缺点是：占地大，靠机务段一端车站咽喉结构复杂，另一端机车出入段走行距离长。

在双线横列式区段站上，由于上、下行货物列车到发场是分设的，当机务段设于第三象限时，则一个方向机车出入段进路与另一个方向列车出发进路将会产生进路交叉；而当机务段设于第四象限时，则一个方向机车出入段进路与另一个方向列车到达进路将会产生进路交叉，如图 6-5 所示。由于列车出发速度低，比较安全；列车出发占用咽喉时间短，对作业的影响也少，因此到达交叉比出发交叉性质严重。所以，机务段应优先设在第三象限，特别是当车站发展成纵列式时，机务段设在第三象限，可以使两个方向的机车出入段走行距离大幅度减少。

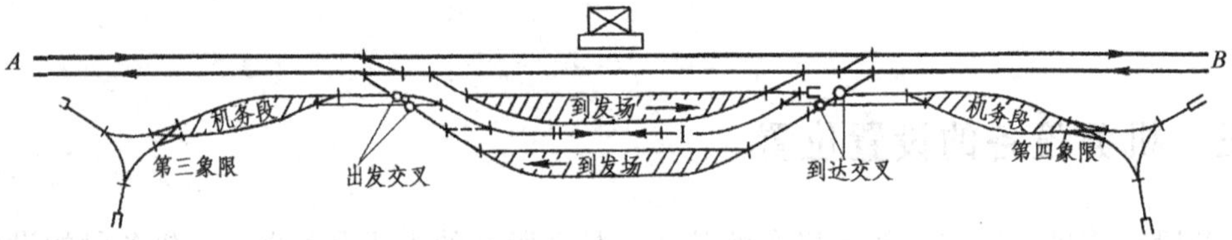

图 6-5　机务段在第三、四象限比选图

3. 机务段位于站对并

机务段位于站对并时，其优点是：机务段与车站两端咽喉连接，使得机车出入段与列车到发作业的进路交叉平均分配到两端咽喉区，有利于平衡两端咽喉的作业；两端咽喉结构简单；到发场不用设专用的机车走行线，可节省这一部分的工程费用；机车出入段时，从车场两端走行，大大缩短了机车走行距离。其缺点是机车出入段干扰调车作业，同时影响车站的横向发展。因此，只有在车站远期发展不大，且调车作业量较少时，可考虑选用该方案。

综上所述，新建的横列式区段站，机务段的位置优先选择第三象限，其次可选第四象限，当车站远期发展不大，调车作业量较少时，也可选择站对并。我国横列式区段站上机务段设于第三象限和第四象限占总数的 2/3 左右，新建的横列式区段站，大多数将机务段设于第三象限。

采用循环交路时，机务段所在站的到发线上要办理一部分整备作业，为保证列车机车不摘钩，可将整备设备设在到发线上。

机务折返段在横列式区段站上，可设在到发场近旁，在纵列式区段站上，应设在中部咽喉附近。

据调查统计，横列式区段站上机务段的位置，在第三象限占 41%，第四象限的占 21%，站对并的占 15%，其他占 23%。经分析，新建的横列式区段站机务段大部分在第三象限，其次是第四象限和站对并的位置，其他位置大多为旧有车站。

四、货运业务设备的设置位置

货运业务设备即货场，是直接为城镇（城市）工农业生产和城镇（城市）居民服务的，其设置位置合理与否，直接关系到城镇（城市）运输及铁路作业的顺利进行。货场的位置一方面希望它靠近城镇（城市），以利于货主的进出货；另一方面希望它靠近调车场，以利于铁路的取送作业，还要考虑节省造价。因此，区段站货场的设置位置应根据城镇（城市）规划、货源及货流的方向、地形条件、地方交通、铁路行车量及装卸量等因素综合确定。归纳起来有两类：一类在站房同侧，即第一象限和第二象限；一类在站房对侧，即第三象限和第四象限，如图 6-6 所示。

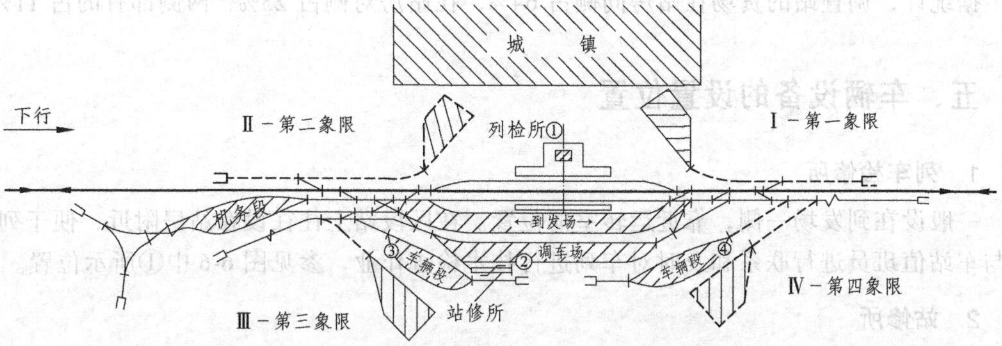

图 6-6　货运业务设备及车辆设备配置方案

1. 货场位于站房同侧

货场的位置和城镇（城市）在同一侧，其主要优点是：货场靠近主要货源、货流基地和居民区，便于货物集散，货主搬运距离短，并无需跨越铁路正线。其缺点是：货场作业车的取送作业必须跨越铁路正线，干扰正线行车。如货运量不大或行车量较少时，该交叉对车站通过能力的影响还不显著，当货运量或行车量较大时，就会严重影响车站的通过能力，也会影响车站的作业效率和作业安全。同时当货场规模大或者改建时，其占地会有一定的困难。特别是货场以矿建材料、农药等货物为主时，易污染城镇（城市）的环境卫生。当货场设于第二象限时，对作业的影响将更大，因该端咽喉既有客、货列车的到发作业，又有机车的出入段作业，还有改编列车的转线作业，再加上货场的取送作业，则作业相当繁忙，作业之间的干扰会更加严重，必然影响咽喉的通过能力。因此在第一象限和第二象限两个方案中，当机务段位于第三象限时，货场以位于第一象限为宜。

单线铁路区段站，货场一般设于站房同侧，咽喉结构简单的一端；双线铁路区段站，当地方运量较少时，货场也设于站房同侧。

当正线列车对数多，货场装卸量较大时，设于站房同侧的货场应设货场牵出线，以避免货场调车干扰正线。

2. 货场位于站房对侧

货场位于站房对侧与货场位于站房同侧的优缺点正好相反。这种方案的实质是将铁路内部取送作业与正线的干扰，转化为铁路与公路之间的交叉干扰。所以，只有当行车量与装卸量都较大，而铁路与公路之间有良好的立体疏解设备时，才宜将货场设于站房对侧。此时，应与机务段位于同一端，便于车站的纵向发展。但若货源、货流在站房对侧，则货场在站房对侧最为有利，既有利于货主进出货，又有利于货场作业车的取送，但这种情况往往很少。

双线铁路区段站，当近、远期运量均较大，且在站房同侧布置货场有困难时，宜将货场设于站房对侧的次要牵出线附近。此时，如牵出线的作业量大，可预留或设置货场牵出线。

双线铁路区段站，当近期运量小，远期运量较大，可有计划的分设两个货场。近期在站房同侧设一个货场，远期在站房对侧增设一个货场，可将站房同侧的货场，作为零担货场，便于货主进出货；而将站房对侧的货场，作为整车货场，便于货场作业车的取送。

对于存放危险品、有毒物品或有碍卫生的粉末状物品的专业性货场，应远离城镇（城市）居民区，设在城镇（城市）的下风方向。

据统计，调查站的货场在站房同侧占 64%，在站房对侧占 25%，两侧都有的占 11%。

五、车辆设备的设置位置

1. 列车检修所

一般设在到发场一侧，靠近运转室的位置。在区段站上往往设在站房附近，便于列检人员与车站值班员进行联系和及时对车列进行技术检查作业，参见图 6-6 中①所示位置。

2. 站修所

一般设在调车场最外侧远期发展范围以外。既不影响车站的远期发展，又有利于扣修车的取送，参见图 6-6 中②所示位置。

3. 车辆段

车辆段是完成车辆的定期检修，待修车要从调车场送往车辆段，修好车辆要从车辆段取回调车场。因此，车辆段的设置位置既要有利于扣修车辆取送作业，又不影响车辆段和调车场的发展。一般从调车场牵出线上出岔，参见图 6-6 中③、④所示位置。当机务段位于第三象限时，则车辆段设于③位置较好，既不影响调车场的发展，又可利用次要牵出线调机，及时取送检修车。

第三节　区段站布置图

区段站的布置图，主要是根据与车站通过能力直接有关的设备的相互位置来确定的，也就是根据正线、旅客列车到发线（场）及上、下行货物列车到发线（场）相互位置的不同而确定的。

分析区段站布置图的主要目的是：对于新建区段站，根据区段站在路网上地位和作用、车站衔接的方向数、车流量及其性质、作业特点、客货运量以及地形、地质、远期发展等因素，选择具有一定通过能力的比较合适的布置图；对于要进行改扩建的车站，通过分析，提出正确、合理的改扩建方案；而对于运营中的车站，通过分析，找出各项设备的薄弱环节，制定出合理运用各项设备和改进工作组织方法的方案，以提高区段站的通过能力。

在分析区段站布置图时，一般可按照下列步骤进行：

1. 综合分析区段站的布置特征

主要分析区段站各项设备的相互位置及相互联系；分析各项设备的运用及作业情况；分析到发场内线路固定使用的原则及作业特点。通过分析，使我们对该车站布置图有一个比较全面的了解。

2. 作业进路分析

作业进路分析包括作业进路交叉分析和平行作业数的分析。根据区段站各项设备的设置位置及设备的运用，分析一定条件下车站咽喉区所产生的主要进路交叉的内容及疏解措施。根据车站咽喉结构分析一定条件下车站咽喉区能够保证的最大平行作业数。通过分析，使我们更加全面、深入地掌握该车站的布置及作业特点。

3. 优缺点及适用条件分析

根据区段站布置特征及作业进路的分析，进一步确定该布置图的优缺点及适用条件，为决策提供依据。

常见的区段站布置图有横列式、纵列式和客货纵列式。

一、单线横列式区段站布置图

（一）布置特征

图 6-7 所示为单线横列式区段站布置详图，其基本布置特征是上、下行共用一个到发场，且到发场和调车场平行布置在正线一侧。

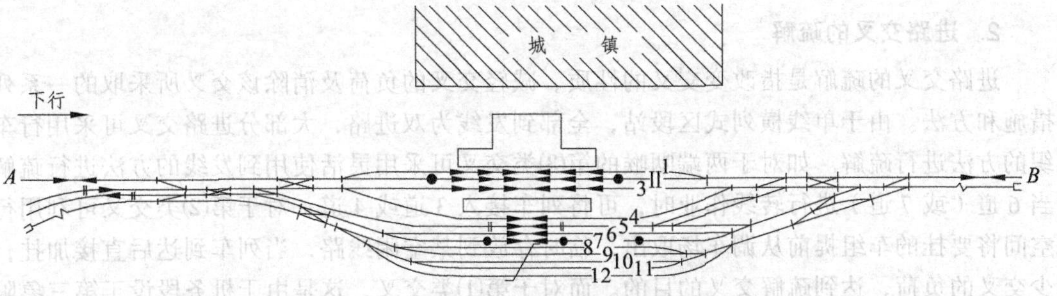

图 6-7 单线横列式区段站布置详图

由图 6-7 所示中可以看出，该车站两端各衔接一个方向。各项设备布置比较合理，站房位于城镇（城市）一侧，便于旅客出行；到发场和调车场位于站房对侧，形成横列布置；机务段位于第三象限，使与机车出入段有关的进路交叉减少；货场位于第一象限，便于货物搬运；车辆段位于第三象限，方便扣修车的取送。

该车站是单线车站，Ⅱ道为正线，主要办理通过列车的作业，并兼顾办理上、下行旅客列车和货物列车的接发作业。上、下行共用一个到发场（3 ~ 7 道，其中 5 道是机走线）。到发线共 5 条，且全部为双进路设计，以增加作业的灵活性和机动性。1 道和 3 道主要接发上、下行旅客列车，有余力时也可接发上、下行货物列车。4、6、7 道为上、下行货物列车到发线，且正线及 4、6 道还可接发超限货物列车。

到发场线路在使用时，按作业要求适当分工。靠近正线的线路，应尽可能接发无改编货物列车（如 3、4 道）；靠近调车场的线路，则主要作为改编货物列车到发线（如 6、7 道）。这样，可保证无改编货物列车的到发作业与改编货物列车的转场作业平行进行，增加两端咽喉的机动性。

调车场位于到发场外侧，有 5 条调车线（8 ~ 12 道）。调车场两端各有一条牵出线，负责改编列车的解体和编组作业。*B* 端牵出线为主要牵出线，主要负责解体作业，并设有小能力驼峰和驼峰迂回线。*A* 端牵出线为次要牵出线，主要负责编组作业。

与机车出入段有关的线路有：5 道为机车走行线，设在到发场内，供下行货物列车机车出入段穿经到发场走行使用。在 *B* 端咽喉设有贯通式机待线，供机车临时等待停留使用，以疏解机车进入到发场连挂车列与列车到（发）作业的进路交叉。位于 *A* 端咽喉区正线与牵出线之间的线路分别是机车入段线和机车出段线，是车站与机务段之间的联络线。

（二）作业进路分析

1. 作业进路交叉分析

A 端咽喉区所产生的进路交叉有：

（1）6、7 道接发列车作业进路与机车出入段进路产生交叉；

（2）1 ~ 4 道部分改编列车甩挂车组的调车作业进路与机车出入段进路产生交叉；

（3）自编列车转入 6 道的调车作业进路与 7 道接发列车作业进路产生交叉。

B 端咽喉区所产生的进路交叉有：

（1）货场取送车作业进路与接发列车作业进路产生交叉；

（2）1 ~ 4 道部分改编列车甩挂车组的调车作业进路与 6、7 道接发作业进路产生交叉；

（3）7 道解体车列转线作业进路与 6 道接发列车作业产生交叉。

2. 进路交叉的疏解

进路交叉的疏解是指改变交叉的性质、减轻交叉的负荷及消除该交叉所采取的一系列的措施和方法。由于单线横列式区段站，全部到发线为双进路，大部分进路交叉可采用行车组织的方法进行疏解。如对于两端咽喉的第⑶类交叉可采用灵活使用到发线的方法进行疏解，当 6 道（或 7 道）进行转线作业时，可将列车接入 3 道或 4 道；对于第⑵类交叉可利用行车空间将要挂的车组提前从调车场取出，临时存放到某空闲线路，当列车到达后直接加挂，减少交叉的负荷，达到疏解交叉的目的。而对于第⑴类交叉，这是由于机务段设于第三象限和货场设于第一象限所产生的矛盾，是不可避免的，除非改变机务段和货场的设置位置。

3. 咽喉平行作业分析

从图 6-7 所示可以看出，车站咽喉可以保证客、货列车的到发，本务机车的出入段，改编列车的解体和编组，本站作业车和扣修车辆的取送，必要时调车场可直接向区间发车等。因此该图可保证以下平行作业：

A 端咽喉最大可保证四项平行作业：下行（上行）接（发）列车、机车出段、机车入段、牵出线调车。

B 端咽喉最大可保证三项平行作业：下行（上行）发（接）列车、机车出段（机车入段）和牵出线调车。

（三）优缺点和适用条件

1. 单线横列式区段站的优点

（1）由于该车站是横列式区段站，所以设备布置紧凑，站坪长度短，占地少，设备布置集中，管理方便，定员少，投资少。

（2）由于到发线是双进路设计，所以线路使用灵活，作业方便。

（3）对各种不同地形适应性强，便于今后的发展。

2. 单线横列式区段站的缺点

一个方向的机车出入段走行距离长，站房同侧有专用线接轨时，取送车干扰正线。

3. 适用条件

单线铁路区段站多选用横列式布置图。

二、双线横列式区段站布置图

（一）布置特征

如图 6-8 和图 6-9 所示分别为双线横列式区段站布置简图和详图，其基本布置特征是上、下行到发场和调车场并列布置在正线一侧。

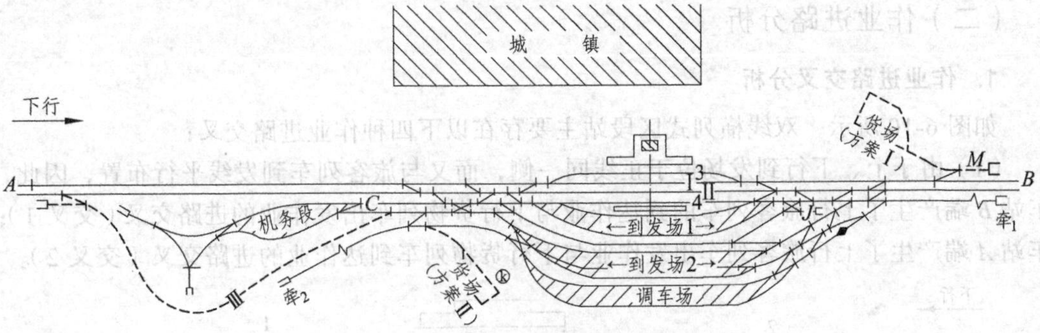

图 6-8 双线横列式区段站布置简图

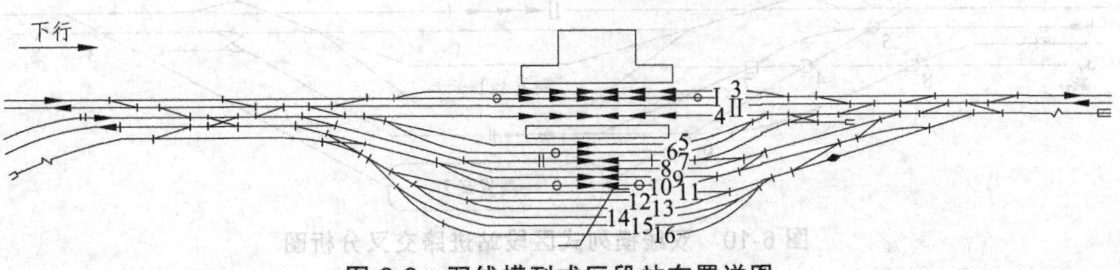

图 6-9 双线横列式区段站布置详图

由图 6-8 和 6-9 所示可以看出，双线横列式区段站各项设备均布置在合理的位置。站房等客运业务设备和城镇（城市）位于同一侧，并设有基本站台和中间站台各一座。客运列车到发线靠近正线和站台，便于旅客列车的接发和旅客的上、下车。Ⅰ道为下行正线，主要办理下行通过列车的作业，及下行旅客列车和货物列车（包括超限货物列车）的接发作业。Ⅱ

道为上行正线，主要办理上行通过列车的作业，并兼顾办理上行旅客列车和货物列车（包括超限货物列车）的接发作业。3 道为上、下行旅客列车到发线，紧靠基本站台，方便旅客进出站。当车站有两交会时，下行旅客列车接入 3 道，停靠基本站台；上行旅客列车接入Ⅱ道，停靠中间站台。当有三交会时，则第三列旅客列车可接入 4 道，停靠中间站台。旅客列车到发线与机务段和两端的牵出线接通，以便旅客列车机车的更换和个别车辆的摘挂。

货物列车到发场按上、下行分为两个，并列布置在站房对侧，且位于上、下行正线一侧。到发场 1、2 与旅客列车到发线平行布置，到发场 1（4 ~ 6 道）主要办理下行货物列车的到发作业，到发场 2（8 ~ 10）主要办理上行货物列车的到发作业。在同一到发场中，为避免无改编中转列车的到发作业与改编列车的转线作业产生进路交叉，将无改编中转列车的到发线固定在靠近正线的位置，而改编列车到发线固定在靠近调车场的位置。也可将到发场 2 靠近调车场的部分线路设计为双进路，用来接发上、下行改编列车，既增加线路使用的灵活性，又减少一部分进路交叉。如 9、10 道设计为双进路，办理上行改编列车并兼顾下行改编货物列车的到发作业。

调车场设于到发场 2 外侧，两端各设一条牵出线，在主要牵出线（牵 1）上设有小能力驼峰。货场根据具体情况可设在第Ⅰ或第Ⅲ象限。

机务段位于第三象限，有两条机车出入段线与到发场相连，机车走行线（7 道）位于上、下行到发场之间，供下行列车机车走行，在 *B* 端设有机待线，与机走线直接接通。车辆段可设于第三象限，靠近调车场 *K* 处。

（二）作业进路分析

1. 作业进路交叉分析

如图 6-10 所示，双线横列式区段站主要存在以下四种作业进路交叉：

（1）由于上、下行到发场位于正线同一侧，而又与旅客列车到发线平行布置，因此，在车站 *B* 端产生了上行旅客列车的到达作业与下行货物列车出发作业的进路交叉（交叉 1）；在车站 *A* 端产生了上行旅客列车出发作业与下行货物列车到达作业的进路交叉（交叉 2）。

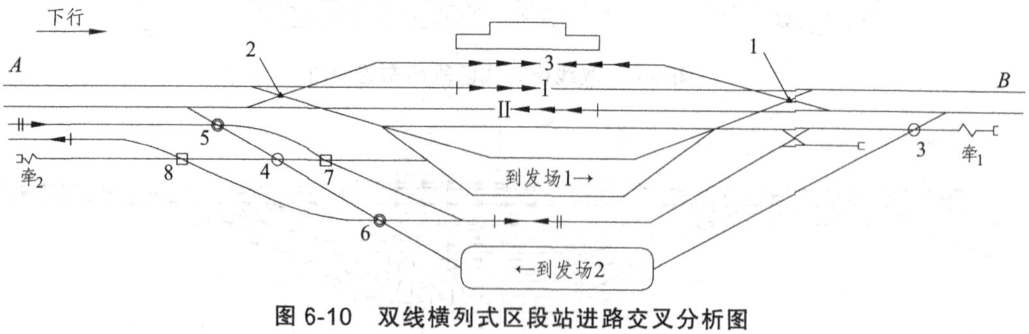

图 6-10 双线横列式区段站进路交叉分析图

（2）由于上、下行货物列车到发场平行布置在调车场同一侧，使上行货物列车接入到发场 2 的作业进路与到发场 1 解体车列经由牵出线 1 的转场作业进路在 *B* 端咽喉产生交叉（交叉 3）；上行货物列车由到发场 2 的出发作业进路与到发场 1 自编车列经由牵出线 2 的转场作业进路在 *A* 端咽喉产生交叉（交叉 4）。

（3）由于上、下行到发场平行布置于正线同一侧，在 *A* 端咽喉产生了到发场 2 货物列车出发作业与下行货物列车机车经由机走线出入段作业的进路交叉（交叉5、6）。

（4）由于上、下行到发场平行布置于调车场同一侧，而机务段又位于第三象限，所以，在 *A* 端咽喉产生了上、下行货物列车机车出入段作业与到发场1自编车列经由牵出线2的转场作业的进路交叉（交叉7、8）。

2. 作业进路交叉的疏解

作业进路交叉的存在直接影响到车站的作业安全、作业效率和通过能力。在分析进路交叉的同时，还要针对不同的交叉内容及交叉产生的原因，分析疏解进路交叉的措施。对于双线横列式区段站所产生的8个交叉，根据具体情况，可采用以下疏解措施：

交叉点3、4、7、8都与转线作业有关，它们的产生是由于调车场布置在上、下行到发场的一侧，因此，要疏解这些交叉，可采用将上行到发场（到发场 2）靠近调车场的线路设计为双进路（如图6-9中9、10道所示），下行改编货物列车接入上行到发场，就可避免这些交叉的产生。但下行改编货物列车不能固定地接入上行到发场，因为这样又会产生新的交叉。实践证明，将下行改编货物列车灵活地接入上行到发场和下行到发场，利用有利的时间间隔来疏解转线交叉是行之有效的措施。另外，交叉点3、4、7、8也可用变更到发场与调车场的相互位置的方法来疏解，即将调车场设置在上、下行到发场之间，但在区段站上，改编列车数量不多，这些矛盾并不严重，一般不采用这种方法进行疏解。

交叉点5、6、7、8都与机车出入段有关，要疏解这些交叉，只要采用机车循环运转制交路、列车机车在到发线上整备而不入段，这些交叉就可避免。特别是在电力机车和内燃机车牵引的条件下，机车在到发线上整备的可能性就更大。

另外，在运量较大的区段站上，还可以在 *A* 端修建环绕机务段的外包正线Ⅲ，如图6-8所示中机务段外侧虚线，这样，上行货物列车可经由正线Ⅲ出发，则交叉点4、5、6就可以完全疏解了。

交叉点1、2为客、货列车的到、发交叉，性质比较严重，是双线横列式区段站的主要矛盾。在客车对数不多时，这种交叉对行车的干扰尚不太严重，但随着旅客列车对数的增加，这种交叉就会严重地影响行车安全和通过能力。要从根本上疏解该交叉，就要改变到发场和正线的相互位置，即采用纵列式区段站。

表6-1所示是双线横列式区段站进路交叉内容、产生原因及疏解措施汇总表。

表6-1　双线横列式区段站进路交叉内容、产生原因及疏解措施汇总表

交叉点	交叉内容	产生原因	交叉性质	疏解方法
1	上行旅客列车到达与下行货物列车出发交叉	上、下行到发场位于正线一侧	行车交叉	改变布置图
2	上行旅客列车出发与下行货物列车到达交叉	上、下行到发场位于正线一侧	行车交叉	改变布置图
3	下行改编货物列车利用牵1转线与上行货物列车到达交叉	调车场平行布置于上、下行到发场一侧	行调交叉	1．下行改编货物列车接入上行到发场； 2．调车场设于两到发场之间

续表 6-1

交叉点	交叉内容	产生原因	交叉性质	疏解方法
4	下行改编货物列车利用牵2转线与上行货物列车出发交叉	调车场平行布置于上、下行到发场一侧	行调交叉	1. 下行改编货物列车接入上行到发场； 2. 调车场设于两到发场之间
5	上行货物列车出发与下行货物列车机车出段交叉	上、下行到发场平行布置于正线同一侧，机走线又设于两到发场之间	行调交叉	1. 采用循环运转制； 2. 修建外包机务段的第三正线
6	上行货物列车出发与下行货物列车机车入段交叉	上、下行到发场平行布置于正线同一侧，机走线又设于两到发场之间	行调交叉	1. 采用循环运转制； 2. 修建外包机务段的第三正线
7	下行改编货物列车利用牵2转线与上、下行货物列车机车出段交叉	调车场平行布置于上、下行到发场一侧，机务段又位于第三象限	调车交叉	1. 采用循环运转制； 2. 下行改编货物列车接入上行到发场
8	下行改编货物列车利用牵2转线与上、下行货物列车机车入段交叉	调车场平行布置于上、下行到发场一侧，机务段又位于第三象限	调车交叉	1. 采用循环运转制； 2. 下行改编货物列车接入上行到发场

3. 咽喉平行作业分析

参见图 6-9 所示，两端咽喉可满足上、下行货物（旅客）列车的同时接发；同一车场无改编中转列车的到发作业与改编列车的转线作业平行进行；列车到发与牵出线作业平行；必要时调车场可直接发车；各到发场具有反方向接发列车的条件，保证车站的机动灵活性。

A 端咽喉可保证五项平行作业进路：下行列车到达，上行旅客列车出发，上行货物列车机车入段，下行货物列车机车出段，牵出线调车。

B 端咽喉可保证四项平行进路：下行列车出发，上行列车到达，下行货物列车机车出段或入段，牵出线调车。

（三）优缺点及适用条件

1. 双线横列式区段站的优点

（1）各项设备设置位置合理，设备布置集中，定员少，管理方便；

（2）站坪短，占地少，投资少；

（3）对不同的地形适应性较强，并便于发展。

2. 双线横列式区段站的缺点

（1）作业进路交叉较多，特别是产生了性质比较严重的上、下行客、货列车到发进路交叉，这是双线横列式区段站本质上的缺点；（2）下行货物列车机车出入段走行距离较长。

3. 适用条件

新建的双线铁路区段站，行车量较大，旅客列车车对数不多的区段站。

三、双线纵列式区段站

（一）布置特征

图 6-11 所示是双线纵列式区段站布置简图，图 6-12 所示是双线纵列式区段站布置详图，其基本布置特征是上、下行到发场分设于正线两侧，并逆运转方向全部错移，形成上、下到发场呈纵列布置的形式。

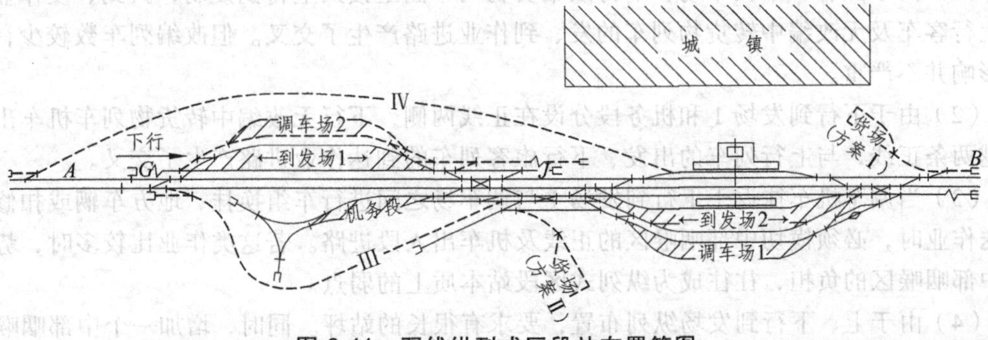

图 6-11 双线纵列式区段站布置简图

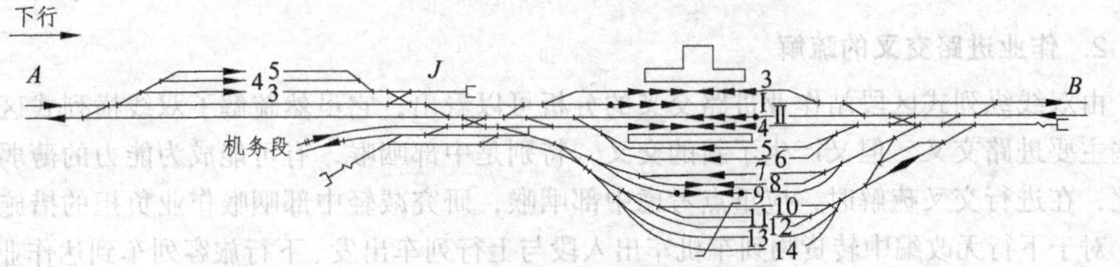

图 6-12 双线纵列式区段站布置详图

到发场 1 是下行无改编中转货物列车到发场，其出口咽喉端设有机待线 *J*，机车可经由机待线从中部咽喉出入段，也可疏解下行无改编中转货物列车机车出入段与上、下行正线的干扰。到发场 2 是上行货物列车和下行改编货物列车到发场。在到发场 2 内，靠近正线的到发线（见图 6-12 所示中 4 ~ 7 道）主要用于接发上行无改编中转货物列车，靠近调车场的到发线（见图 6-12 所示中 8、9 道）设计为双进路，主要用于接发上、下行改编货物列车。上行货物列车机车出入段从中部咽喉进行，走行距离近，交叉干扰少，比较方便；下行改编货物列车机车出入段利用空闲的到发线，穿过到发场 2，经中部咽喉走行，走行距离长。

调车场设于解编作业量较大方向的到发场一侧，但由于靠城镇（城市）一侧，用地容易受限制，因此，调车场一般设于站房对侧到发场外侧，它与到发场 1 要有直接通路。其他设备设置位置与横列式区段站相同。

（二）作业进路分析

1. 作业进路交叉分析

双线纵列式区段站与双线横列式区段站相比较，疏解了以下进路交叉：

（1）下行无改编中转货物列车的到、发作业与上行旅客列车发、到作业的进路交叉，这是双线纵列式区段站最突出的优点，也是它能够被采用的根本原因；

（2）下行改编货物列车经由牵出线的转场作业与上行货物列车到、发作业的进路交叉；

（3）上、下行无改编中转货物列车机车出入段作业与下行改编货物列车经由牵出线转场作业的进路交叉；

（4）下行无改编中转货物列车机车出入段走行距离缩短了。

在纵列式区段站布置图中，正线布置在上、下行到发场之间，而调车场又布置在上行到发场的外侧，因此它又产生了新的进路交叉，它们是：

（1）由于只有一个调车场，下行改编货物列车固定接入上行到发场，其到、发作业进路与上行客车及无改编中转货物列车的发、到作业进路产生了交叉。但改编列车数较少，此交叉影响并不严重。

（2）由于下行到发场 1 和机务段分设在正线两侧，下行无改编中转货物列车机车出入段跨越两条正线，与上行列车的出发、下行旅客列车的到达作业进路产生了交叉。

（3）当调车机车往返于下行到发场 1 与调车场之间进行车组换挂、地方车辆或扣修车的取送作业时，必须横切中部咽喉区的正线及机车出入段进路。若这类作业比较多时，势必加重中部咽喉区的负担，往往成为纵列式区段站本质上的弱点。

（4）由于上、下行到发场纵列布置，要求有很长的站坪。同时，增加一个中部咽喉，工程造价和运营支出等都比采用横列式图形有所增加。

2. 作业进路交叉的疏解

由双线纵列式区段站作业进路交叉的分析可以看出，它虽然疏解了双线横列式区段站的一些主要进路交叉，但又产生了新的交叉，特别是中部咽喉，有可能成为能力的薄弱环节。因此，在进行交叉疏解时，应重点考虑中部咽喉，研究减轻中部咽喉作业负担的措施。

对于下行无改编中转货物列车机车出入段与上行列车出发、下行旅客列车到达作业进路产生的交叉，在机务段所在站上，可采用循环交路或者修建外包机务段的第Ⅲ正线或迂回线Ⅳ来解决，参见图 6-11 所示。而对于调车机车在下行到发场 1 与调车场之间进行作业，与中部咽喉所产生的干扰，当此类作业不多时，对车站作业影响不大，当下行改编作业量增加，影响车站中部咽喉的通过能力时，可在到发场 1 外侧再设一个调车场（参见图 6-11 中虚线画的调车场）进行疏解，以缓解中部咽喉的负担。这种方案由于有两个调车场，两个调车场之间的交换车辆取送将横切中部咽喉。因此，该方案适合于上、下行改编作业量大，而交换车流不多时。

3. 咽喉平行作业分析

该车站（参见图 6-12）各咽喉区可以保证以下平行作业：

A 端咽喉可以保证两项平行作业：下行列车到达、上行列车出发。

中部咽喉可以保证五项平行作业：下行货物列车出发（或上行旅客列车到达）、上行列车出发、机车出段、机车入段、调车。

B 端可以保证三项平行作业：下行列车出发、上行列车到达、调车。

（三）优缺点及适用条件

1. 双线纵列式区段站的优点

（1）进路交叉少，特别是疏解了下行无调中转货物列车与上行旅客列车在横列式车站两端咽喉的到、发作业进路交叉，这是该布置图的最大优势；

（2）下行无调中转货物列车机车出入段走行距离短；

（3）站房同侧的工业企业线接轨比较方便。

2. 双线纵列式区段站的缺点

（1）占地面积大，站坪长；

（2）设备分散，投资大，定员多，管理不便；

（3）一个方向的货物列车机车出入段横切正线；

（4）调机往返于下行到发场与调车场之间时，影响了中部咽喉的能力。

3. 适用条件

当有运量较大的线路引入，旅客列车较多，地形适宜时或站房同侧有货运量较大的支线、工业企业线接轨时，可考虑采用纵列式。

四、客、货纵列式区段站布置图

（一）布置特征

当运量增长或新线引入，既有横列式区段站横向发展受限制时，或客、货运量大，站内作业交叉干扰严重时，可将原有的站场改为旅客列车运转场，沿正线的适当距离另建与其纵列的货物列车运转场，形成客、货纵列式区段站布置图，如图 6-13 所示。

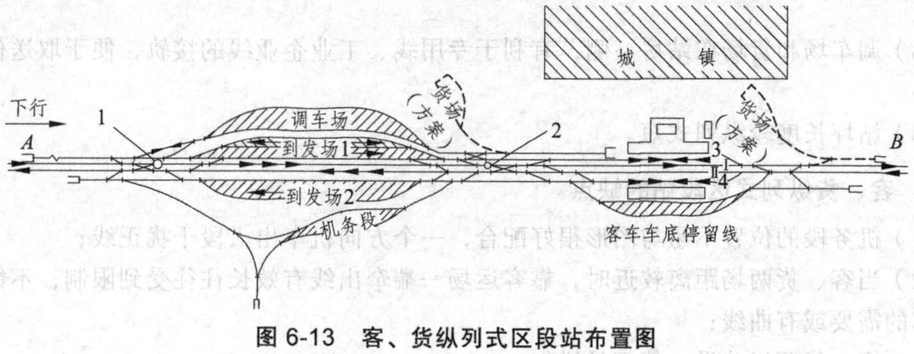

图 6-13 客、货纵列式区段站布置图

客、货纵列式布置图最明显的特征是旅客列车运转设备与货物列车运转设备纵列布置，上、下行货物列车到发场位于正线的两侧，呈横列布置。客运运转设备除正线外，到发线布置为双进路。Ⅰ道为下行货物列车通过线，Ⅱ道为上行货物列车通过兼上行旅客列车到发；3、4 道为旅客列车到发线，客车车底停留线供本站终到始发的旅客列车车底停留及个别客车车辆停留、整备用。

货物列车运转设备的布置，上、下行货物列车到发场布置在正线的两侧，到发场 2 是上行无改编中转货物列车到发场，到发场 1 是下行货物列车及上行改编货物列车到发场。调车场布置在站房一侧，有利于货场货物的取送及工业企业线的接轨。

机务段设于中部咽喉附近到发场 2 的外侧，有两个出入口，便于客、货列车机车的换挂。

货场宜设在城镇一侧，有利于城镇的搬运作业。

（二）作业进路分析

1. 作业进路交叉分析

该图疏解了双线横列式区段站中上、下行客、货列车到、发进路交叉；消除了下行改编列车转场作业与上行货物列车到发及机车出入段的交叉；增加了上行改编列车到、发与下行货物列车发、到（或下行旅客列车到达）进路交叉（参见图 6-13 中交叉点 1、2 所示）；下行货物列车及上行改编列车机车出入段和上、下行正线交叉干扰，这也是双线客、货纵列式区段站比较突出的缺点。

2. 咽喉平行作业

A 端咽喉和中部咽喉可以保证四项平行作业：列车到、列车发、机车出（入）段、调车。

B 端咽喉可以保证三项平行作业：下行列车发、上行列车到、客车车底转场。

中部咽喉可保证四项平行作业：列车到、列车发、机车出（入）段、调车。

（三）优缺点及适用条件

1. 客、货纵列式区段站的优点

（1）解决了横列式区段站上、下行客、货列车到、发交叉的基本矛盾；

（2）客、货运转设备分别布置，客、货作业相互干扰少，货运运转设备集中布置，管理方便；

（3）调车场和货场在站房一侧，有利于专用线、工业企业线的接轨，便于取送作业货物搬运；

（4）站坪长度较纵列式短。

2. 客、货纵列式区段站的缺点

（1）机务段的位置不易与图形很好配合，一个方向机车出入段干扰正线；

（2）当客、货两场距离较近时，靠客运场一端牵出线有效长往往受到限制，不能满足整列调车的需要或有曲线；

（3）客、货两场分设，使定员增加。

3. 适用条件

区段站改建而地方受限制时可采用客货纵列式。

目前，我国单线铁路区段站大部分采用横列式，双线铁路区段站有五分之三采用横列式，纵列式和客、货纵列式各占五分之一。

第四节　区段站运转设备

区段站的运转设备主要包括客货列车到发线、机车走行线、机待线及机车出入段线、编组线、牵出线等。

一、客货列车到发线

（一）客货列车到发线的数量及有效长

影响到发线数量的主要因素有：列车对数及性质、衔接线路的方向数及相邻区段的闭塞方式、技术作业过程及作业方式和机车交路等。在我国横列式及纵列式区段站上，客货列车的到发线是兼用的，一般使用靠旅客站台的到发线接发旅客列车。旅客列车的停站时间短，对到发线的能力影响不大，因此，在确定客货列车到发线的时候，可经过对旅客列车对数的换算与货物列车的换算对数一起查表 6-2 确定。

表 6-2　区段站到发线数量

换算列车对数（对）	双方向到发线数量（条）（正线及机车走行线除外）	换算列车对数（对）	双方向到发线数量(条）（正线及机走线除外）
≤12	3	37 ~ 48	6 ~ 8
13 ~ 18	4	49 ~ 72	8 ~ 10
19 ~ 24	5	73 ~ 96	10 ~ 12
25 ~ 36	6	>96	12 ~ 14

注：① 对表中到发线数量的范围，可按换算对数的大小对应取值。
② 两个方向以上线路引入（包括接行车办理的铁路专用线）的区段站，为了考虑列车的同时到发，到发线数量可适当增加。
③ 换算对数少于 6 对时，到发线数量可减为 2 条。
④ 采用追踪运行图时，到发线数量增加 1 条。
⑤ 区段站上尽头式正线按到发线计算。
⑥ 客货纵列式区段站的货物列车到发线数量应扣除旅客列车的换算对数后按本表采用，客车到发线数量和有效长可按照客运站到发线数量的有关规定确定。一级三场区段站的到发线数量按照上、下行分场的换算列车对数分别按本表采用。
⑦ 区段站某一方向的客、货列车的换算对数，等于该方向各类客、货列车对数（可按该方向接发的各类列车列数除以 2 求得）分别乘以相应换算系数后相加的总数。查表确定到发线数量时，尽端式区段站按接发车一端的各个方向加总后的换算对数确定到发线的数量，但可适当减少；贯通式区段站按各个方向加总后的换算对数的 1/2 确定到发线的数量。列车对数的换算系数，直通、直达、小运转列车为 1，区段、有解、编作业的直通、直达、零摘和快零列车为 2；始发、终到旅客列车为 1，立即折返的小编组旅客列车为 0.7，停站的通过列车为 0.5；机车乘务组换班不列检的货物列车为 0.3；不停站的客、货列车不计。

例　某车站（*K* 站）线路衔接方向如图 6-14 所示，车流表见表 6-3 所列，确定该车站的到发线数量。

根据车流表有：

A 方向客、货列车的换算对数为：$4\times0.5+20\times1+4\times2+2\times2=34$（对）

B 方向客、货列车的换算对数为：$4\times0.5+20\times1+4\times2+2\times2=34$（对）

又因 *K* 站是贯通式车站，所以 *K* 站客、货列车的换算对数为 *A*、*B* 方向客、货列车的换算对数之和，再除以 2，即为 34 对。通过查表 6-2 得，*K* 站所需要的到发线数量为 6 条。

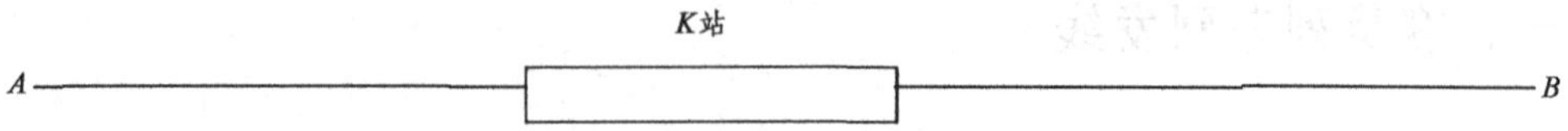

图 6-14　K 站线路衔接方向图

表 6-3　K 站车流表

自＼往	A	B	计
A		2+4+20+4+2	2+4+20+4+2
B	2+4+20+4+2		2+4+20+4+2
计	2+4+20+4+2	2+4+20+4+2	4+8+40+8+4

注：① 表中数据为快客+普客+直通+区段+摘挂；
② 普客为在 K 站停车的旅客列车。

到发线的有效长应根据线路等级和相邻区段统一规定。

在客货纵列式布置的区段站，因设有专用的客运到发场，旅客列车到发线的数量和有效长可参照客运站列车到发线的规定加以确定。

（二）列车到发线的布置

区段站主要办理无改编中转货物列车的技术作业，其到发线应尽量布置在直线上。若设在曲线上时，影响瞭望，增加曲线阻力，不便于列检人员进行技术检查等。

1. 到发线进路设计

根据我国运营工作的实践，新建单线横列式区段站的到发线应采用双进路设计，以增加到发线使用的灵活性和提高使用效率。双线横列式区段站的到发线，一般按上、下行方向设计为单进路，以保证列车到发的平行作业。但为了增加线路使用的灵活性，靠旅客站台及调车场的到发线应设计为双进路。根据调查和对列车运行时刻表相应的图解分析可知，正常情况下每昼夜一般出现两次列车密集到达，为增加正常情况下分方向使用线路的灵活性，充分发挥其潜力，不间断地接发列车，到发线根据需要，可全部设计为双进路。

到发线按双进路设计，能够增加线路使用的灵活性。在实际运营中，各站仍需按线路左侧行车方向固定使用的原则，结合运行图排定的列车到发顺序及其他作业上的要求，确定到发线使用方案。

2. 超限货物列车进路设计

所有的车站，正线必须保证通行超限货物列车，除此之外，在单线区段站，应另有一条到发线能够接发超限货物列车；在双线区段站，上、下行应各有一条到发线能够接发超限货物列车。

3. 到发线与旅客站台的布置

选择到发线与旅客站台的合理布置形式主要考虑正线布置要顺直，客、货列车到发要便捷，站内交叉要少，旅客跨越线路要少，跨线设备的建筑费用要少，便于设置货场、支线引入及工业企业线接轨，便于线路维修养护及进一步发展等。

在图 6-15 中，中间站台设于站房对侧与正线相邻的到发线的外侧，其理由是：

（1）随着列车运行速度的提高，区段站的正线一般都有较高级别的快速旅客列车通过，加上区段站的客流量都较大，就是修建了跨线设备，站台靠近正线仍然对旅客的人身安全不利，站台相邻到发线，可使旅客更安全。

（2）如果站台一侧邻靠正线，由于正线行车密度大，使该侧的主站台面得不到充分利用，有时会使旅客列车的三交会受到限制，站台邻靠到发线就不会出现该问题。

（3）站台临靠到发线可以修建高站台，方便旅客乘降。

（a）　　　　　　　　　　（b）

图 6-15　到发线与旅客站台布置方案图

图 6-15（a）为单线铁路区段站到发线与旅客站台布置方案，其特点是旅客基本站台与中间站台夹三条线路。该方案的优点是旅客列车无交会时，各方向旅客列车均可接入 1 道；有两交会时，可分别接入 1、3 道，正线及站台以下的线路均为货物列车使用，便于作业。同时无论在站房同侧或对侧设置货场及引入支线、工业企业线都比较方便。当修建双线时，与区间正线综合考虑，将 3 道改为第二正线，在站房对侧再增加一条到发线。因此，这种方案应优先考虑。

图 6-15（b）为双线铁路区段站到发线与旅客站台布置方案，其特点是旅客基本站台与中间站台夹四条线路。该方案的优点是正线顺直没有反向曲线，便于线路维修养护，适合于发展为纵列式或客、货纵列式站型，且当纵列式图形采用此方案在办理旅客列车三交会时，正线仍可用来通过货物列车。其缺点是两台夹四线，天桥或地道的维修费用高。当未设天桥或地道时，4 道上、下车的旅客进出站横越线路较多，且与Ⅰ、Ⅱ道接发货物列车发生干扰。在双线铁路横列式区段站，宜优先采用此方案。

二、机车走行线、机待线及机车出入段线

（一）机走线

机走线是机车出入段穿经到发场时使用的线路，其数量和设置位置与区段站布置图的类型、列车对数、机务段的位置、机车运转交路制度等因素有关。

1. 机走线的数量

在采用肩回运转交路的横列式区段站上，每昼夜通过机车走行线的机车在 36 次及以上时，可设一条机车走行线；当每昼夜通过机车走行线的机车在 36 次以下时，因为列车对数少，到发线较空闲，可不设机车走行线，利用到发线出、入段。纵列式区段站或采用循环交路制度的区段站，可不设机走线，机车出入段利用空闲的到发线进行。

2. 机车走行线的位置

机车走行线位置的设置原则是减少机车出入段与接发列车作业的进路交叉和减轻交叉的性质。

（1）单线横列式区段站机走线的设置位置。单线横列式区段站，因为只有一个到发场，当机务段在第三象限时，机走线设于上、下行到发线之间，如图 6-16 方案Ⅰ所示；当机务段在第四象限时，机走线设于到发场与调车场之间，如图 6-16 方案Ⅱ所示。这样可将机车出入段与列车到达进路交叉转化为与列车出发进路交叉。

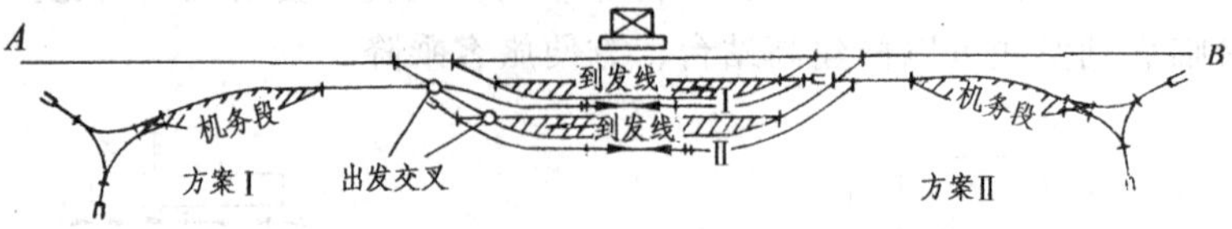

图 6-16　单线横列式区段站机走线设置位置图

（2）双线横列式区段站机走线的设置位置：

① 当机务段在第三象限时，机走线均应设于上、下行到发场之间，如图 6-17 中方案Ⅰ所示。此时，将机车出入段与列车到达进路交叉转化为与列车出发进路交叉；若正线外包机务段，机走线也应设于上、下行到发场之间，则避免了机车出入段与列车到、发进路交叉。

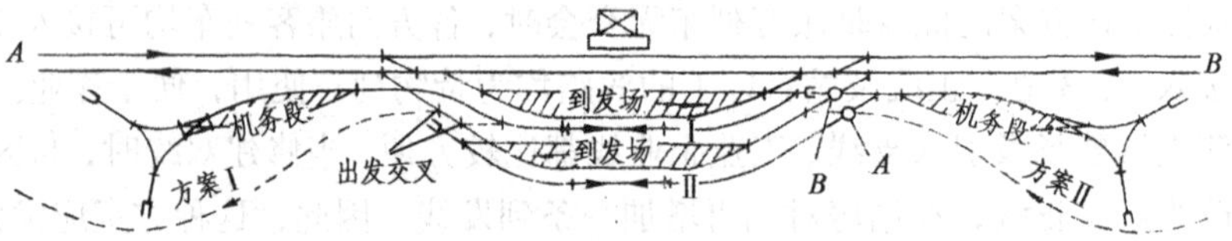

图 6-17　双线横列式区段站机走线设置位置图

② 当机务段在第四象限时，如图 6-17 中方案Ⅱ所示，机走线设于上下行到发场与调车场之间，此时，避免了上行机车出入段与上行货物列车到达进路交叉，参见图 6-17 中交叉点 *B* 所示；若正线外包机务段，则机车走行线应设在上、下行到发场之间，以避免机车出入段与列车到达进路交叉，参见图 6-17 中交叉点 *A* 所示。

（二）机待线

机待线是供机车停留、临时等待的线路，可以保证出发列车及时连挂机车，按时出发，减少机车出入段与其他作业的交叉，增加咽喉的平行作业。

1. 机待线的设置条件

在设有机走线的横列式区段站应设机待线，一般设于非机务段一端咽喉区，可以疏解机车进入到发场连挂车列与列车出发的进路交叉，增加该端咽喉的平行作业。参见图 6-8 所示的 *J* 线。在纵列式区段站，机待线应设在机务段对侧到发场出口处，以疏解机车出入段与上、下行正线列车到、发作业的进路交叉，增加中部咽喉的平行作业，参见图 6-11 所示的 *J* 线。在换挂机车少的单线横列式区段站可以不设或缓设。

2. 机待线的布置形式

机待线的布置形式有尽头式和贯通式两种。

尽头式的优点是隔开进路、安全、作业方便，缺点是增加车站咽喉长。如图 6-18（a）所示中的 *J* 线所示，即使发生事故冲击车挡，也比冲撞列车或转线车列损失要小。

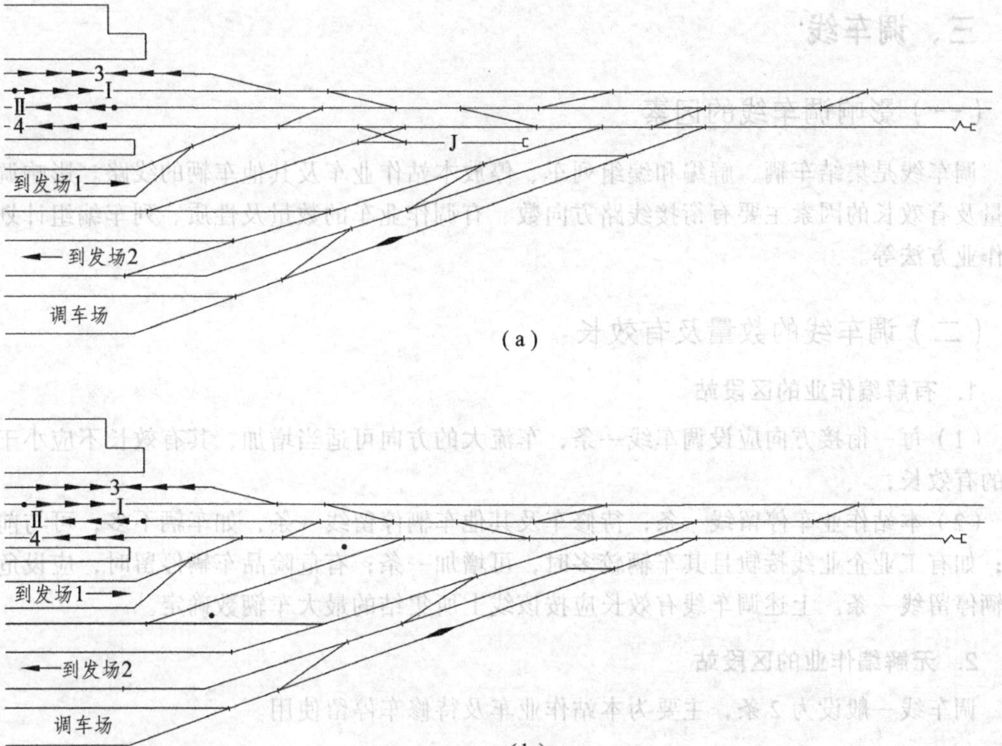

图 6-18 机待线布置图

贯通式机待线的优点是车站咽喉长较短，当到发线数量相同时，咽喉长度可节省 20～60 m，工程费用少，进路使用灵活。缺点是安全性差，连挂车列时，时间较长，如图 6-18（b）所示中的 *J* 线所示。

除因受地形影响外，一般采用尽头式机待线。

3. 机待线的有效长

机待线应布置在直线上，以保证良好的视线，其有效长应根据牵引机车的长度和相应的安全距离来确定。

尽头式机待线有效长：单机 45 m，困难条件不应小于机车长度加 10 m，双机 75 m。

贯通式机待线有效长：单机 55 m，困难条件不应小于机车长度加 20 m，双机 85 m。

（三）机车出、入段线

机车出、入段线是机车出、入段使用的线路，设于机务段与到发场之间，以保证站、段之间的畅通。

机车出、入段线的数量取决于列车对数、列车到发的不均衡性及机车运转方式，一般设机车出、入段线各一条，当出、入段机车每昼夜不足 60 次时，可缓设一条。

机车出入段时，均需在机务段出入段处停车，在值班室签字，因此，在机务段最外方道岔与站管道岔之间的站、段分界处，应设有机车停留的位置，参见图 6-8 所示的 *C* 处。其有效长不应小于两台机车的长度加 10 m 的安全距离，一般不少于 70 m。

三、调车线

（一）影响调车线的因素

调车线是集结车辆、解编和编组列车、停放本站作业车及其他车辆的线路。影响调车线数量及有效长的因素主要有衔接线路方向数、有调作业车的数量及性质、列车编组计划和调车作业方法等。

（二）调车线的数量及有效长

1. 有解编作业的区段站

（1）每一衔接方向应设调车线一条，车流大的方向可适当增加，其有效长不应小于到发线的有效长；

（2）本站作业车停留线一条；待修车及其他车辆停留线一条，如车辆不多，可与前者共用；如有工业企业线接轨且其车辆较多时，可增加一条；有危险品车辆停留时，应设危险品车辆停留线一条。上述调车线有效长应按该线上所集结的最大车辆数确定。

2. 无解编作业的区段站

调车线一般设为2条，主要为本站作业车及待修车停留使用。

四、牵出线

1. 设计条件

牵出线是用于车列解体、编组、牵出转线等使用的线路，是区段站的主要调车设备。调车作业量不大时，可采用平面牵出线；当调车线数量在5条及以上、每昼夜解体车数不小于200辆时，可在主要牵出线上设简易驼峰。

区段站的调车场两端一般各设一条牵出线。一条为主要牵出线，主要负责解体作业；一条为次要牵出线，主要负责编组作业。如每昼夜实际解编作业量不超过7列时，次要牵出线可缓设。当有运量较小的线路或岔线在该站接轨时，其平、纵断面又适合调车，可利用其作为次要牵出线。

在纵列式区段站上，如有部分改编货物列车成组甩挂作业时，受线路条件或通过能力限制不能利用正线调车时，可在站房同侧到发场一端设专用的牵出线，参见图6-11所示中的*G*处。

货场取送作业，一般可利用调车场牵出线进行。如货场位于站房同侧，装卸作业量较大，且区间列车对数较多时，应设货场专用的牵出线，以避免货场调车对正线的干扰，参见图6-11所示中的*M*处。

2. 牵出线的有效长

牵出线的有效长不应小于到发线的有效长，应满足调车作业具有良好的视线的要求，保证整列一次牵出的需要，以提高作业效率。但困难条件下，仅进行加减轴作业时，可适当减少。次要牵出线的有效长不宜小于到发线的有效长，当调车作业量不大时，不应小于到发线有效长的一半。

第五节 区段站咽喉设计

车站咽喉区是指从车站最外方道岔的基本轨接头（或警冲标）处，分别至到发场最内方出站信号机（或警冲标）的范围。车站咽喉区是道岔和作业集中的地区，往往是车站通过能力的薄弱环节，因此，深入细致分析地咽喉区的作业，合理布置咽喉区的线路和道岔，就成为区段站设计中的一个重要环节。

一、车站咽喉的设计要求

（1）咽喉区必须设置一定数量的平行进路，以保证必要的平行作业。《铁路车站及枢纽设计规范》规定，采用肩回交路的区段站，其进路应不少于表 6-4 所列的主要平行作业数量。有干、支线接轨时，需相应地增加平行作业数量。

表 6-4 区段站咽喉区平行作业数量

图形	条件		咽喉区位置	平行作业数量（个）	平行作业内容
横列式	单线铁路	平行运行图列车对数在 18 对及以下	非机务段端	2	列车到（发）、调车
			机务段端	2	列车到（发）、机车出（入）段
		平行运行图列车对数在 18 对及以下	非机务段端和机务段端	3	列车到（发）、机车出（入）段、调车
	双线铁路		非机务段端	3	列车到、列车发、调车或列车到（发）、机车出（入）段、调车
			机务段端	4	列车到、列车发、机车出（入）段、调车或列车到（发）、机车入段、机车出段、调车
纵列式	双线铁路		中部	4	下行列车发（通过）、上行列车发、机车出（入）段、调车

（2）保证作业有一定的机动性和灵活性。作业量大的车站，应保证同一到发场列车的到发与调车场的转场作业平行进行；各到发场应具有反向接发列车的条件；调车场的部分线路连通正线，以便必要时调车场直接发车。调车场宜有不少于 1/3 的线路连通正线，线路较少或有条件时，也可全部接通正线，既要满足各车场基本作业顺利进行的需要，又要保证作业的机动性和灵活性。

（3）尽量减少进路交叉，特别应避免到达交叉。

（4）尽量缩短咽喉区的长度。咽喉区道岔布置要紧凑，尽量减少铺设的道岔数，特别是正线上的道岔数，使接发列车和调车作业行程最短。

（5）尽量使各条线路的有效长相差不大。

二、车站咽喉区设计步骤

咽喉设计是一项重要、复杂、细致的工作，现举例说明咽喉设计的方法和步骤。

已知某双线横列式区段站有8条到发线、1条机走线、机车出入段线各一条、2条牵出线、5条调车线；机务段在第三象限，机待线为尽头式；中间站台宽9米，试设计该车站的咽喉区。

1. 选择区段站参考详图

根据已选定的区段站布置图的类型、各项设备的设置位置及各项设备的数量，选择近似的区段站布置详图作为参考，如选用图6-9作为参考。

2. 画平行线

根据选定的区段站布置图的类型、各项设备的设置位置及各项设备的数量及所选择的区段站参考图，在相应的位置画平行线，如图6-19所示。

由于该车站是双线横列式区段站，旅客站台与到发线的布置形式为两台夹三线；到发线共8条，站房同侧一条，站房对侧有7条到发线。机务段在第三象限，机车出、入段线应设在*A*端咽喉区；机待线在*B*端咽喉区，为尽头式布置；机走线应设于上、下行到发场之间，所以，站房对侧除调车线外，应画7条到发线和一条机走线，共8条线路。调车场位于到发场外侧，两条牵出线（牵1和牵2）分别位于两端咽喉区。由以上分析可知，包括正线在内，*A*端咽喉应画5条平行线，站房同侧和对侧（不包括调车线）应画11条平行线，*B*端咽喉（包括机待线）应画4条平行线，如图6-19所示。

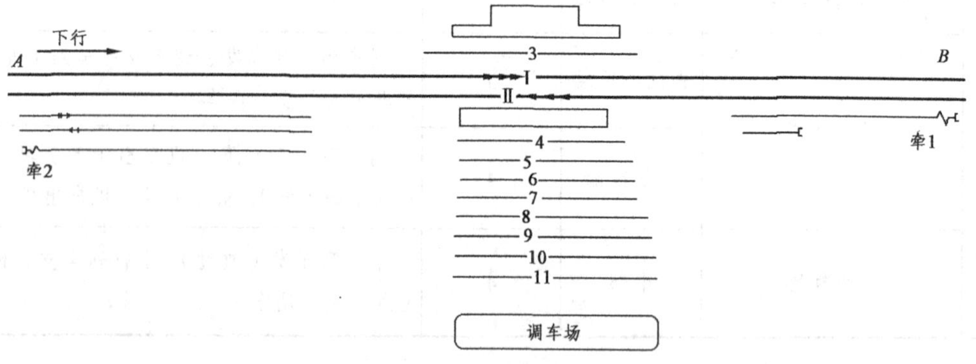

图6-19　区段站咽喉设计图1

3. 线路分场及确定线路固定使用方案

到发线分场是将站房对侧的7条到发线分为上、下行到发场。到发线分场应按上、下行到发的列车种类及列车数确定，若上、下行到发的各类列车数相等，一般均分即可。该车站由于站房对侧只有7条到发线，考虑到上行到发场要接发下行改编货物列车，所以，按3、4分场，即下行到发场3条到发线（4～6），上行到发场4条到发线（8～11），7道为机车走行线，如图6-20所示。

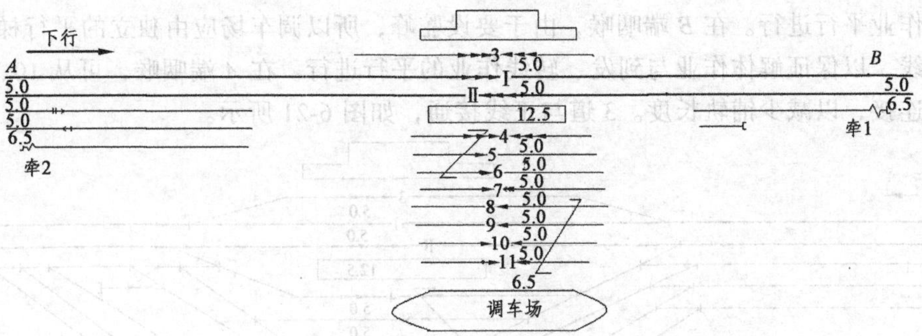

图 6-20　区段站咽喉设计图 2

下行到发场主要负责接发下行无改编中转货物列车，同时，4 道兼办上、下行旅客列车到发作业，若旅客列车对数少时，可不办理旅客列车的接发作业。上行到发场负责上行货物列车和下行改编货物列车的到发作业，这样可以避免改编货物列车的转线与无改编中转货物列车的到发作业的进路交叉，所以 10、11 道设计为双进路。6 道和 11 道在各车场外侧，可用于接发超限货物列车。3 道靠近基本站台，设计为双进路，用于接发上、下行旅客列车，使上、下行旅客列车均可停靠基本站台，参见图 6-20 所示。

4. 确定咽喉区平行进路的数量

查表 6-4 得：下行到达端（*A* 端咽喉）应至少保证四项平行作业，即列车到、列车发、机车出（入）段、调车 [或列车到（发）、机车出段、机车入段、调车]。

上行到达端应（*B* 端咽喉）至少保证三项平行作业，即列车到、列车发、调车 [或列车到（发）、机车出（入）段、调车]。

5. 确定线间距

根据《铁路站场设计规范》的有关规定，确定各相邻线的线间距，参见图 6-20 所示。

6. 到发场线路分组

到发场线路分组是将上（下）行到发场内的到发线进行分组，以保证必要的平行进路，增加咽喉的机动灵活性，有利于调整到发线的有效长，同时到发场线路分组可形成隔开进路，保证作业安全。

到发线分组的方法应根据线路数量及作业要求来确定，如果到发场线路分开能保证平行作业的进行，则分开；否则，就不要分。

在该例题中，下行到发场共有 3 条到发线，在 *A* 端所办理的作业是下行无改编中转货物列车的到达作业及部分上行旅客列车从 4 道的出发作业，这两项作业在 *A* 端咽喉有交叉，不可能同时进行，即使分组也不能使这两项作业平行进行，还会增加 *A* 端咽喉的长度，因此不分组，由一条梯线连接。在 *B* 端咽喉，按 1-2 分组，可以保证 4 道下行旅客列车的出发（上行旅客列车的到达）作业与 5、6 道下行机车出入段作业平行进行，由两条平行梯线连接。为了避免机车出入段与列车到发作业的进路交叉，机走线用单独的平行梯线分别连接两端咽喉的机车出、入段线和机待线。上行到发场有 4 条到发线，主要办理上行无改编中转货物列车的到发作业及上、下行改编货物列车的到发和转线作业，在 *A*、*B* 两端咽喉按 2-2 分组，可以保证 8、9 道上行无改编中转货物列车的到（发）作业与 10、11 道上、下行改编货物列车的转线作业平行进行。在 *B* 端咽喉，由于要设驼峰，所以调车场应由独立的平行梯线直接连接牵出线，以保证解体作业与到发、转线作业的平行进行。在 *A* 端咽喉，可从 10、11 道的梯线上连接，以减少铺轨长度。3 道与正线接通，如图 6-21 所示。

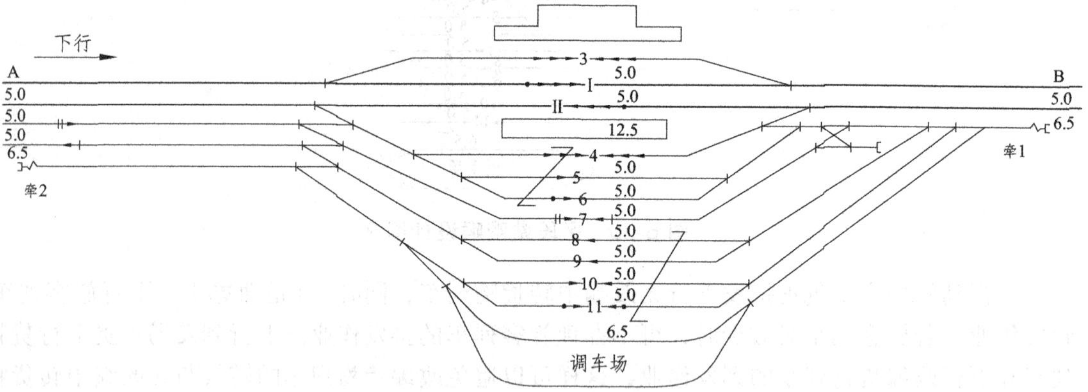

图 6-21　区段站咽喉设计图 3

7. 合理布置道岔和渡线

道岔和渡线的布置既要满足咽喉区各项作业的要求，又要尽量减少道岔的数量，以减少咽喉区的长度。可按下列步骤进行：

（1）按主要作业要求设置一定数量的道岔和渡线，保证基本作业的完成和必要的平行作业。

在布置道岔和渡线时，首先应满足主要作业的要求。如图 6-22 所示中 *A*、*B* 两端咽喉至少应保证下列各项主要作业：① 旅客列车到（发）；② 货物列车到（发）；③ 机车出（入）段；④ 改编列车转线；⑤ 牵出线调车。

根据每条线路所办理的作业检查其能否顺利进行，若不能，则布置相应的道岔和渡线。参见图 6-22 所示，为满足 3 道个别车辆的换挂和机车出入段，在 *A* 端咽喉应布置渡线 *a*，在 *B* 端咽喉应布置渡线 *e*；*A* 端咽喉的渡线 *b* 及 *B* 端咽喉的渡线 *f*，可以保证下行货物列车在下行到发场（4、5、6 道）到发作业的顺利进行；设置渡线 *c* 和 *g* 可以满足上行货物列车在上行到发场（8、9 道）的到发作业；为保证上、下行改编货物列车在 10、11 道的到发作业，而需设置渡线 *h* 和 *d*。

由图 6-22 可知，在布置了一系列的渡线之后，可以保证主要作业的顺利进行，同时，也满足了两端咽喉区应保证的平行作业数。

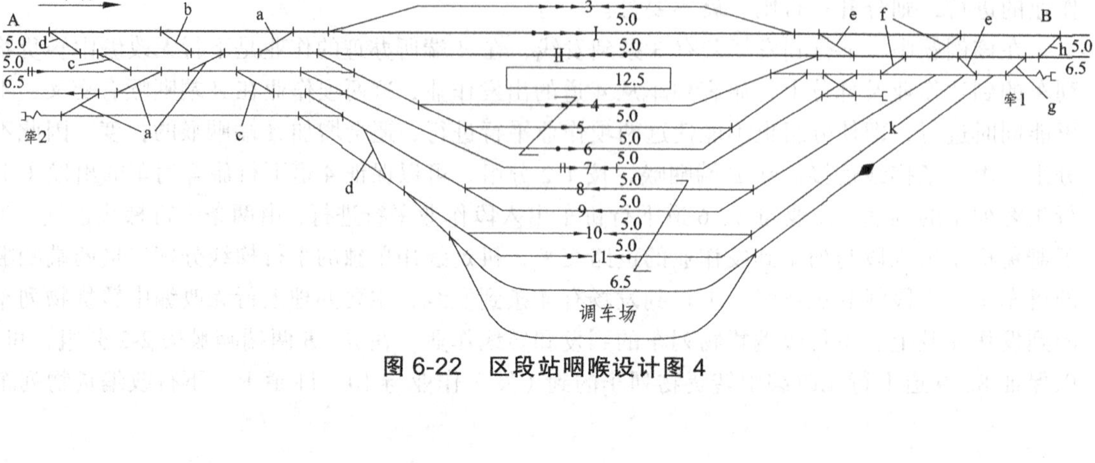

图 6-22　区段站咽喉设计图 4

（2）检查咽喉，使道岔布置合理紧凑，以缩短咽喉长度。在满足作业要求的基础上，力求缩短咽喉长度。通常采用的办法是：咽喉区各道岔的配列按规定的最小岔心距设计，并采用交叉渡线，将不必要的梯线、渡线和道岔尽量压缩，以缩短咽喉长度和节省工程费用。

在图 6-22 中，将 *A* 端咽喉机车出入段线之间的“八”字渡线 *a* 和 *c* 形成交叉渡线（见图 6-23 中 *E* 处）。将 *B* 端咽喉连接 10、11 道的梯线 *k* 与牵 1 断开，连接到调车场的梯线上，这样可以将牵 1 与上行正线之间的渡线 *e* 和 *g* 合并成交叉渡线，形成如图 6-23 中 *F* 处的连接形式，以缩短咽喉长。在此基础上，增加渡线 *h* 满足驼峰迂回线作业的要求，同时增加渡线 *j* 保证 10、11 道的接发列车作业，见图 6-23 所示。

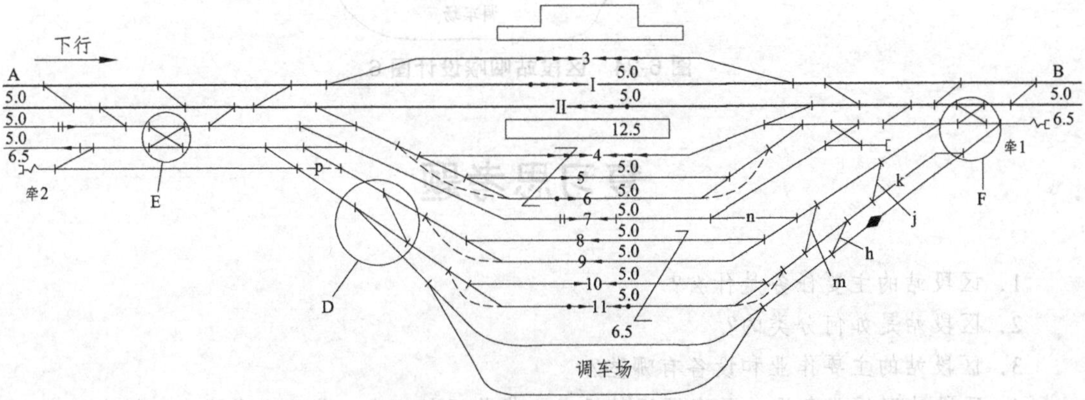

图 6-23　区段站咽喉设计图 5

（3）保证作业的机动性和灵活性，应设置必要的道岔和渡线。除满足作业要求外，还应设置必要的渡线和道岔，保证上行到发场（10、11 道）接发列车作业与调车场的转场作业平行进行；各到发场能够接发反向列车；调车场能够直接向区间发车等作业进路，以增加咽喉的机动性。在图 6-22 中，将 *A* 端咽喉的渡线 *d* 移到调车场梯线内侧，形成图 6-23 中 *D* 处所示的连接，则可保证调车场编组作业与 10、11 道的到发作业平行进行。但这样修改，影响了调车场向 *A* 方向直接发车。因此，在图 6-23 中，将连接 10、11 道的梯线延伸到机车入段线上，同时取掉 *p* 处的渡线，即可满足调车场直接发车的条件。

在图 6-23 中的 *B* 端咽喉，增加渡线 *m* 可以使驼峰迂回作业与 10、11 道接发列车作业平行进行，同时 *B* 端咽喉的渡线 *j*、*h* 可以满足调车场直接发车的条件。将梯线 *k* 作为迂回线后，可以保证 10、11 道改编列车的转线作业与 8、9 道上行无改编中转货物列车到达作业平行进行，而将 7 道机走线贯通（参见图 6-21 所示中 *n* 处），则可以减少 10、11 道下行改编货物列车机车出入段的走行距离及对 *B* 端咽喉的干扰。经过调整后的车站咽喉如图 6-24 所示。

8. 计算及调整咽喉区的长度和到发线的有效长

当咽喉区的道岔和渡线布置确定之后，即可计算咽喉区的长度和推算到发线的有效长。在计算时逐步调整咽喉区道岔及线路的布置，使咽喉长度进一步缩短，各到发线有效长均衡，以减少站坪长度和工程费用。在图 6-23 中，若将直线梯线连接改为复式梯线连接，如图 6-23 中虚线所示，形成图 6-24 所示的形式，则会大大缩短咽喉长和站坪长，并使各到发线有效长均衡。

区段站咽喉设计是一项复杂的工作，以上只介绍了咽喉设计的一般方法和步骤，实际工作中，要经过反复计算、调整，才能得到一个比较完善的咽喉布置图。

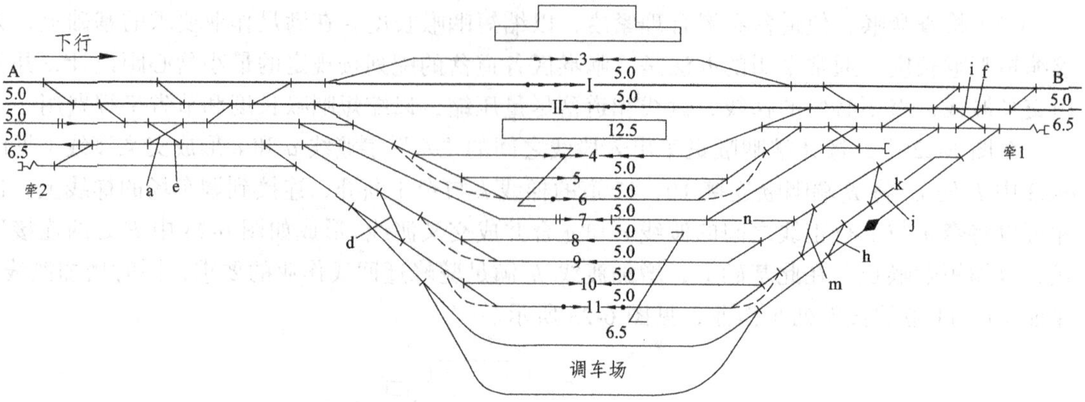

图 6-24　区段站咽喉设计图 6

复习思考题

1．区段站的主要任务是什么？

2．区段站是如何分类的？

3．区段站的主要作业和设备有哪些？

4．区段站客运业务设备及客运运转设备、货物运转设备、货运业务设备、机务设备、车辆设备的位置应如何设置？

5．机务段一般设于什么位置，为什么？

6．货场设于第一或第三象限具有哪些优缺点？

7.双线横列式区段站的基本布置特征是什么？该图存在哪些进路交叉？这些交叉应如何疏解？

8．双线纵列式区段站的基本布置特征是什么？该图与双线横列式区段站相比较，疏解了哪些进路交叉？又产生了哪些进路交叉？这些交叉应如何疏解？

9．双线横列式区段站与双线纵列式区段站主要优缺点有哪些？并说明其适用条件？

10．区段站的运转设备包括哪些？

11．到发线的数量应如何确定？

12．机走线的数量及位置应如何确定？

13．机待线的布置形式有几种？各有哪些优缺点？其有效长如何？

14．调车线的数量是如何确定的？

15．牵出线的设置规定是什么？

16．咽喉设计的基本要求有哪些？

第七章　区段站的通过能力

第一节　区段站通过能力概述

一、车站通过能力的有关概念

1. 车站通过能力

车站通过能力指在车站现有设备条件下，采用合理的技术作业过程，一昼夜能够接发各方向的货物（旅客）列车数和运行图规定的旅客（货物）列车数。

车站通过能力包括咽喉通过能力和到发线通过能力。

2. 到发线通过能力

到发线通过能力指到达场、出发场、通过场或到发场内办理列车到发作业的线路，采用合理的技术作业过程和线路固定使用方案，一昼夜能够接、发各方向的货物（旅客）列车数和运行图规定的旅客（货物）列车数。

3. 咽喉通过能力

咽喉通过能力指车站某咽喉区各方向接、发车进路上咽喉道岔组通过能力之和。咽喉道岔组通过能力是指在合理固定到发线使用方案及作业进路条件下，某方向接、发车进路上最繁忙的道岔组一昼夜能够接、发该方向的货物（旅客）列车数和运行图规定的旅客（货物）列车数。

二、计算通过能力的目的

（1）对于新建车站，通过计算车站通过能力，确定该车站的通过能力并检查其能否满足设计年度运量的需求；

（2）对于既有车站，通过计算车站通过能力，检查该车站通过能力的利用情况，检查车站各项设备之间以及车站与区间通过能力是否协调，以便制定相应的加强措施，挖掘潜力，提高车站的综合能力。

（3）对于通过能力不足的车站，通过计算车站通过能力，检查该车站通过能力的利用情况，找出车站设备和作业组织方面的薄弱环节，有计划地、有针对性地进行车站改、扩建，以满足运量增长对能力的需要。

三、车站通过能力的影响因素

（1）车站技术设备的特征，如车站站场的类型，咽喉区结构，到发线的数量、有效长和作业进路等。

（2）车站办理列车的种类和数量，如旅客列车和货物列车的比重，改编列车和无改编列车的数量及比重等。随着旅客列车和改编列车数量的增加，车站通过能力将降低。

（3）货物列车到发的均衡性。随着列车到发不均衡性的增加，车站通过能力将降低。

（4）到发线的空费时间。到发线的空费时间是指到发线一昼夜不能被用来接发列车的空闲时间，它与列车到发的不均衡性、列车各作业环节不能紧密配合、平均每列列车占用到发线的时间不可能是 1 440 min 的整数倍等因素有关。随着空费时间的增加，车站通过能力将降低。

计算通过能力的方法有分析计算法（包括直接计算法和利用率计算法）、图解计算法和计算机模拟。一般采用分析计算法。

通过能力计算精度：能力利用率 K 小数点后保留两位，第三位四舍五入；作业时间标准小数点后保留一位，第二位四舍五入；按方向别和列车种类别计算的能力值，以列车表示时小数点后保留一位，第二位四舍五入，以辆数表示时小数点后舍去不计。

第二节　车站咽喉通过能力的计算方法

车站咽喉通过能力的计算一般采用利用率计算法。

一、各项作业占用咽喉道岔组时间标准的确定

（一）接发列车占用咽喉道岔组的时间标准（$t_{接}$）

1. 列车接车占用咽喉道岔组的时间

列车接车占用咽喉的时间是指自开始准备接车进路时起，至列车进入到发线警冲标内方停车时止占用咽喉区的时间，可用查定方法或按下式计算：

$$t_{接}=t_{准}+t_{进} \tag{7-1}$$

式中　$t_{接}$——接车占用咽喉道岔组的时间，min；

$t_{准}$——准备接车进路及开放信号的时间，min；

$t_{进}$——列车通过进站距离的时间，自接车进路准备完毕时起，至列车腾空该咽喉区时止的时间，min。其值可按下式计算：

$$t_{进}=0.06\times\frac{L_{进}}{v_{进}}=0.06\times\frac{l_{列}+l_{确}+l_{制}+l_{进}}{v_{进}} \tag{7-2}$$

其中　$L_{进}$——列车进站距离，m，如图 7-1 所示；

$v_{进}$——列车进站平均速度，km/h；

$l_{列}$——列车长度，m；

$l_{确}$——在司机确认信号的时间内，列车所走行的距离，m；

$l_{制}$——列车制动停车距离，m；

$l_{进}$——由进站信号机起至咽喉道岔联锁区轨道绝缘节（分段解锁时）止的距离，m。

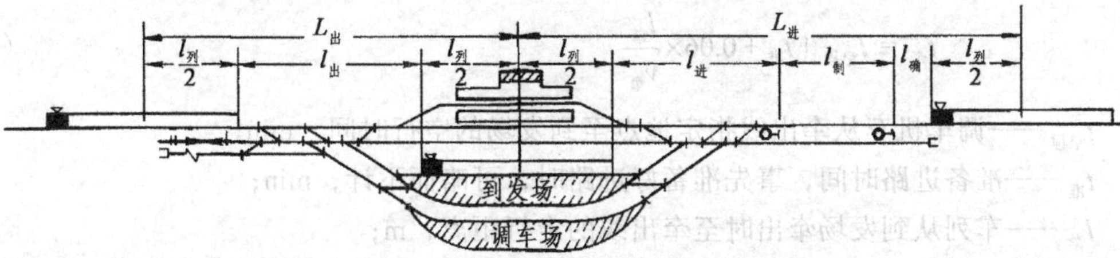

图 7-1　接发列车进路长度示意图

2. 列车出发占用时间（$t_{奉}$）

列车出发占用咽喉道岔组的时间是指自准备发车进路时起至列车腾空线路时止占用咽喉区的时间，其值可用查定方法或按下式计算：

$$t_{发}=t_{准}+t_{出} \tag{7-3}$$

式中　$t_{发}$——发车占用咽喉道岔组的时间，min；

$t_{出}$——列车通过出站距离的时间，自发车进路准备完毕后列车起动时起，至列车尾部离开发车进路最外方道岔或咽喉道岔联锁区段轨道绝缘节止占用咽喉的时间，min，其值可按下式计算：

$$t_{出}=0.06\times\frac{L_{出}}{v_{出}}=0.06\times\frac{l_{列}+l_{出}}{v_{出}} \tag{7-4}$$

其中　$L_{出}$——列车出站距离，m，如图 7-1 所示；

$v_{出}$——列车出站平均速度，km/h；

$l_{出}$——由出站信号机起至发车进路最外方道岔或咽喉道岔联锁区轨道绝缘节止的距离，m。

其他符号意义同前。

准备进路和开放信号的时间标准应根据道岔和信号的操纵方式，参考表 7-1 中数据确定。

表 7-1　准备进路和开放信号时间标准

顺　号	作业名称	时间（min）	
1	准备进路办理一个道岔的时间	非集中联锁	0.2～0.4
		集中联锁	0.1～0.2
2	电气集中准备一条进路的时间	0.1～0.15	
3	开放信号的时间	色灯信号机	0.1
		臂板信号机	0.25

（二）调车占用咽喉道岔时间标准

1. 车列牵出占用咽喉时间标准（$t_{牵}$）

车列牵出占用咽喉的时间是指调车机车由牵出线指定地点启动时起进入到发场连挂车列，并将车列牵出至车列尾部腾空该到发线时止占用咽喉的时间（min），其值可用查定法或按下式计算：

$$t_{牵} = t_{空程} + t_{准} + 0.06 \times \frac{l_{牵}}{v_{牵}} \tag{7-5}$$

式中 $t_{空程}$——调车机车从牵出线指定地点至到发场的空行时间，min；

$t_{准}$——准备进路时间，事先准备好进路时，可略而不计，min；

$l_{牵}$——车列从到发场牵出时至牵出线的走行距离，m；

$v_{牵}$——车列牵出时的平均速度，km/h。

2. 车列转线占用咽喉时间（$t_{转}$）

车列转线时间是指调车车列由牵出线启动时起至将车列转到到发线，摘机后返回牵出线时止占用咽喉的时间（min），其值可用查定法或按下式计算：

$$t_{转} = t_{准} + 0.06 \times \frac{l_{转}}{v_{转}} + t_{空程} \tag{7-6}$$

式中 $l_{转}$——车列从牵出线至到发场转线时的走行距离，m；

$v_{转}$——车列转线时的平均速度，km/h；

$t_{空程}$——调车机车从到发场返回牵出线指定地点的空行时间，min。

其他符号意义同前。

3. 取（送）车占用咽喉时间标准（$t_{取(送)}$）

取（送）车占用咽喉时间是指自准备取（送）进路时起，至车列离开该咽喉区进路解锁时止占用咽喉的时间（min），其值可用写实查定的方法确定。

（三）机车占用咽喉道岔组的时间（$t_{机}$）

机车占用咽喉道岔组的时间包括机车出、入段占用咽喉的时间，是指自准备进路时起至机车进入到发线警冲标内方或机务段内进路解锁时止占用咽喉的时间（min），其值可用写实法查定。

（四）固定作业时间（$\sum t_{固}$）

固定作业包括：

（1）旅客列车（计算客运站通过能力时为货物列车）到、发、调移及其本务机车出入段等作业；

（2）向车辆段、机务段及货场装卸地点定时取送车辆的作业；

（3）调车机车出、入段作业。

（五）妨碍时间（$\sum t_{妨}$）

咽喉道岔组的妨碍时间是指由于列车、调车车列和机车占用与咽喉道岔组有关进路上的其他道岔而妨碍了该咽喉道岔组的使用时间。

妨碍时间分为直接妨碍时间和间接妨碍时间。直接妨碍时间是指某一妨碍进路与咽喉道岔组的全部占用进路互相敌对时，受此妨碍进路影响而造成该咽喉道岔组不能使用的时间。直接妨碍时间比较直观，在计算时可将其列入咽喉道岔占用时间计算表，并用括号予以注明；间接妨碍时间是指某一妨碍进路只与咽喉道岔组的部分占用进路互相敌对而造成的妨碍时间，间接妨碍时间已在空费系数中予以考虑。

二、确定到发场线路合理分工方案

确定到发场线路合理使用方案，就是合理分配各到发场每条线路接发列车的数量及方向。在确定时根据到发线的数量、行车量、咽喉布置特点等因素综合考虑，其基本原则是：均衡地使用到发线，使每条线的接发列车数或总占用时间大致相等；合理使用咽喉区的平行进路，使作业量不致过分集中于个别咽喉道岔组。

三、按咽喉区进行道岔分组

车站咽喉区的道岔很多，为简化计算，将咽喉道岔按一定的原则进行分组，道岔分组的基本原则如下：

（1）不能被两条进路同时占用的道岔，应合并成一组。在一条线路上的若干个道岔，如果它们当中没有任何两个相邻道岔尾尾相接，并布置在线路两侧时，这些道岔应划作一组，如图 7-2（a）所示。

（2）两条平行进路上的道岔（包括渡线两端的道岔）不能并为一组。如图 7-2（b）所示中道岔 3 与道岔 5 可同时开通两条平行进路，不能合并为一组。

（3）两道岔尾部相对，且分别布置在线路的两侧，而另一道岔又为交叉渡线时，交叉渡线的道岔不能分为两组。如图 7-2（c）所示中道岔 5 只能与 7 号道岔组合并，而不能与 3 号道岔组合并。

（4）有的道岔与平行进路上的两道岔组相邻，可以分别开通两条平行进路，该道岔应单独划作一组。如图 7-2（d）所示中道岔 5 既不能与 7 号道岔组合并，也不能与 3 号道岔组合并，而应单独划为一组。

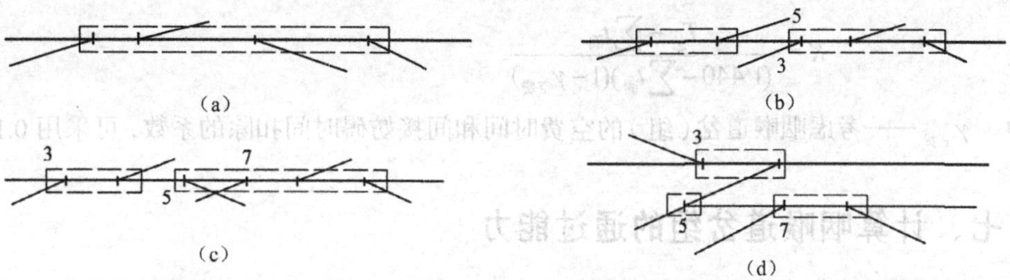

图 7-2　咽喉道岔分组示意图

一般情况下，在进行咽喉道岔分组时，分别按线路从外向内逐一查看，碰见两相邻道岔辙叉尾部相对，且位于线路两侧时，就划开，否则，应划为一组，图 7-2（b）所示则属于此类情况，应分成两组。图 7-2（d）所示道岔 5 与其相邻的道岔也属于这种情况，应单独划为一组。而图 7-2（c）所示中第二副道岔与第四副道岔，就属于这种情况，不能合并为一组，而第三副道岔又是交叉渡线的一部分，应与道岔组 7 合并为一组。

四、计算咽喉区各道岔组总占用时间（$T_{总}$）

各道岔组一昼夜进行各项作业的总占用时间为：

$$T_{总}=n_{接}t_{接}+n_{发}t_{发}+n_{机}t_{机}+\sum t_{调}+\sum t_{妨}+\sum t_{固} \tag{7-7}$$

式中　$n_{接}$、$n_{发}$——列入计算中一昼夜占用道岔组到达、出发的列车数（包括摘挂列车）；

$n_{机}$——列入计算中一昼夜占用道岔组的单机次数；

$\sum t_{调}$——昼夜调车作业占用道岔组的总时分（不包括固定作业时分），min；

$\sum t_{妨}$——由于列车、调车车列或机车作业占用该道岔组敌对进路上的其他道岔组，而须完全停止使用该道岔组的总时分，min；

$\sum t_{固}$——固定作业占用道岔组的总时分，min。

其他符号意义同前。

五、负荷量最大的咽喉道岔组的确定

车站内凡办理接、发列车的咽喉区应计算其通过能力。它是由各咽喉区负荷量最大即 K 值最大的道岔组（最繁忙咽喉道岔组）一昼夜内能够办理的到发列车数所决定的，按下列原则确定：

（1）一个咽喉区如有两个以上的衔接方向时，应分别将各该衔接方向接车进路或发车进路上工作量最大的道岔组选定为咽喉道岔组。

（2）同一衔接方向的不同列车（有调中转、无调中转）经由各个不同的进路到、发时，应分别不同列车进路选定咽喉道岔组。

六、计算咽喉道岔（组）通过能力利用率

咽喉道岔（组）通过能力利用率 K 的计算公式如下：

$$K=\frac{T_{总}-\sum t_{固}}{(1\,440-\sum t_{固})(1-\gamma_{空费})} \tag{7-8}$$

式中　$\gamma_{空费}$——考虑咽喉道岔（组）的空费时间和间接妨碍时间扣除的系数，可采用 0.15 ~ 0.20。

七、计算咽喉道岔组的通过能力

车站各衔接方向咽喉道岔组的通过能力按下式计算：

接车：

$$N^i_{货接}=\frac{n^i_{货接}}{K}\ （列）\tag{7-9}$$

发车：

$$N^i_{货发}=\frac{n^i_{货发}}{K}\ （列）\tag{7-10}$$

式中　$N^i_{货接}$、$N^i_{货发}$——i方向货物列车接车或发车的咽喉道岔组通过能力，列；

$n^i_{货接}$、$n^i_{货发}$——i方向列入计算中接入或出发的货物列车数，列。

车站某咽喉区的通过能力按下式计算：

接车：　$N_{货接}=\sum N^i_{货接}$

发车：　$N_{货发}=\sum N^i_{货发}$

八、区段站咽喉通过能力计算举例

例　某双线横列式区段站其布置图和行车量如图 7-3 所示，该站下行到发场有 3 条到发线（4、5、6 道），上行到发场有 4 条到发线（8、9、10、11 道）。

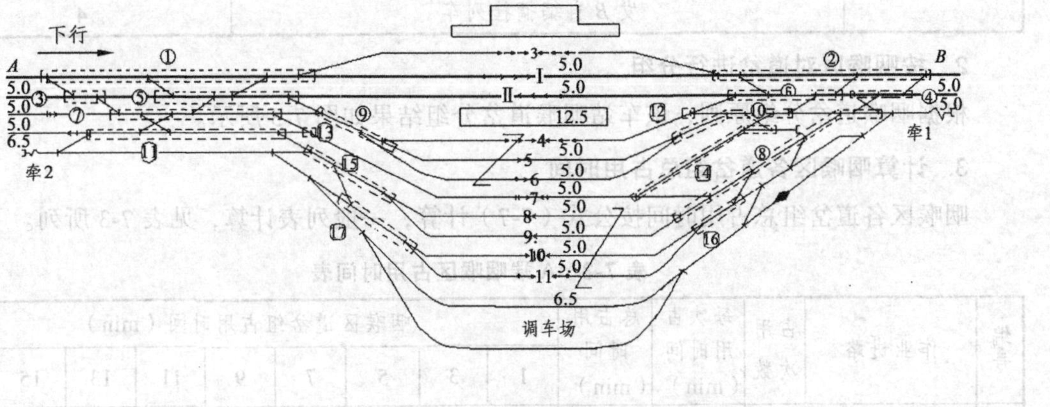

图 7-3　某双线横列式区段站站场布置及行车量图

1. 确定到发线固定使用方案

根据到发线固定使用方案的确定原则，该车站到发线固定使用方案如表 7-2 所列。

表 7-2　到发线使用方案

线路编号	固定用途	一昼夜接发列车数
Ⅰ	A 至 B 旅客快车通过	8
Ⅱ	B 至 A 旅客快车通过	8

续表 7-2

线路编号	固定用途	一昼夜接发列车数
3	接发 *A* 至 *B* 旅客列车	4
4	接发 *B* 至 *A* 旅客列车 接发 *B* 至 *A* 无改编中转货物列车 接发 *A* 至 *B* 无改编中转货物列车	4 15 5
5	接发 *A* 至 *B* 无改编中转货物列车	11
6	接发 *A* 至 *B* 无改编中转货物列车	11
8	接发 *B* 至 *A* 无改编中转货物列车	10
9	接发 *B* 至 *A* 无改编中转货物列车 接 *B* 到解区段列车	2 6
10	发 *A* 自编区段列车 接 *A* 到解区段列车 发 *B* 自编区段列车	6 6 6
11	接 *A* 到解摘挂列车 发 *A* 自编摘挂列车 接 *B* 到解摘挂列车 发 *B* 自编摘挂列车	4 4 4 4

2. 按咽喉区对道岔进行分组

根据咽喉道岔分组原则，该车站咽喉道岔分组结果如图 7-3 所示。

3. 计算咽喉区各道岔组总占用时间

咽喉区各道岔组总占用时间按公式（7-7）计算，一般列表计算，见表 7-3 所列。

表 7-3 A 端咽喉区占用时间表

编号	作业进路	占用次数	每次占用时间（min）	总占用时间（min）	咽喉区道岔组占用时间（min）								
					1	3	5	7	9	11	13	15	17
Ⅰ	Ⅱ	Ⅲ	Ⅳ	Ⅴ	Ⅵ								
主要作业													
1	4 道接 *A* 至 *B* 无改编中转列车	5	8	40	40		40		40				
Ⅰ	Ⅱ	Ⅲ	Ⅳ	Ⅴ	Ⅵ								
2	4 道发 *B* 至 *A* 无改编中转列车	15	6	90		90	90		90				
3	5、6 道接 *A* 至 *B* 无改编中转列车	22	8	176	176		176		176				
4	8、9 道发 *B* 至 *A* 无改编中转列车	12	6	72		72		72		72	（72）	72	

续表 7-3

编号	作业进路	占用次数	每次占用时间（min）	总占用时间（min）	咽喉区道岔组占用时间（min）								
					1	3	5	7	9	11	13	15	17
Ⅰ	Ⅱ	Ⅲ	Ⅳ	Ⅴ	Ⅵ								
5	10 道接 *A* 到解区段列车	6	8	48	48	48	（48）	48	（48）	48	（48）	48	48
6	10 道发 *A* 自编区段列车	6	6	36		36		36		36	（36）	36	36
7	4、5、6 道本务机经 7 道入段	27	2	54						54	54		
8	4 道本务机入段	15	2	30				30	30	30	（30）		
9	4、5、6 道本务机经 7 道出段	27	2	54				54			54		
10	4 道本务机出段	15	2	30				30	30				
11	8、9 道本务机入段	18	2	36						36		36	
12	8、9 道本务机出段	12	2	24				24		24	（24）	24	
13	10 道本务机经 7 道入段	6	2	12						12	12		
14	10 道本务机经 7 道出段	6	2	12				12			12		
15	10 道本务机出段	6	2	12				12		12	（12）	12	12
16	10 道自编区段列车转线	12	15	180									180
17	11 道接 *A* 到解摘挂列车	4	8	32	32	32	（32）	32	（32）	32	（32）	32	32
18	11 道发 *A* 自编摘挂列车	4	6	24		24		24		24	（24）	24	24
19	11 道摘挂列车本务机经 7 道入段	4	2	8						8	8		
20	11 道摘挂列车本务机经 7 道出段	4	2	8				8			8		
21	11 道摘挂列车本务机入段	4	2	8						8		8	8
22	11 道摘挂列车本务机出段	4	2	8				8		8	（8）	8	8
23	11 道自编摘挂列车转线	8	15	120									120

表 7-3　A 端咽喉区占用时间表

编号	作业进路	占用次数	每次占用时间（min）	总占用时间（min）	咽喉区道岔组占用时间（min）								
					1	3	5	7	9	11	13	15	17
固定作业													
24	3 道接 A 至 B 旅客列车	4	10	40	40								
25	Ⅰ道通过 A 至 B 旅客列车	8	8	64	64								
26	Ⅱ通过 B 至 A 旅客列车	8	8	64		64	64						
27	4 道发 B 至 A 旅客列车	4	8	32		32	32		32				
28	3 道旅客列车本务机经Ⅰ道入段	4	2	8	8	（8）	8	8	（8）	8	（8）		
Ⅰ	Ⅱ	Ⅲ	Ⅳ	Ⅴ	Ⅵ								
29	3 道旅客列车本务机经Ⅰ道出段	4	2	8	8	（8）	8	8	（8）				
30	4 道旅客列车本务机入段	4	2	8				8	8	8	（8）		
31	4 道旅客列车本务机出段	4	2	8				8	8				
32	往机务段送车	2	6	12						12		12	12
33	往机务段取车	2	6	12				12		12	（12）	12	12
	$\sum t_{固}$				120	112	112	44	64	40	28	24	24
	$T_{总}$				416	414	498	434	510	444	462	324	492
	$T_{总}\quad\sum t_{固}$				296	302	386	390	446	404	434	300	468
	$K=\dfrac{T_{总}-\sum t_{固}}{(1\,440-\sum t_{固})(1-\gamma_{空费})}$				0.28	0.28	0.36	0.35	0.41	0.36	0.38	0.26	0.41

注：① 第Ⅱ栏：根据车场到发线固定使用方案，填写咽喉区全部作业进路名称；
② 第Ⅲ栏：根据计算行车量和到发线固定使用方案填入一昼夜各种行车、调车和机车出入段次数；
③ 第Ⅳ栏：根据计算或查定的各项作业时间标准填写；
④ 第Ⅴ栏：为第Ⅲ栏与第Ⅳ栏的乘积；
⑤ 第Ⅵ栏：根据各项作业占用道岔组的情况，将第Ⅴ栏的数据逐项填入相关的道岔组栏内；
⑥ 带括号的时间为某项作业进路对该道岔组的直接妨碍时间。

同样可列表计算 B 端咽喉的总占用时间。

4. 确定咽喉道岔组

咽喉道岔组是指咽喉区负荷量最大的道岔组，分别按各衔接方向的到达（出发）进路、不同列车的到达（出发）进路确定不同的咽喉道岔组。

A 端咽喉：*A* 方向到达的无改编中转列车的接车进路经由的道岔组有 1、5、9，由表 7-3 所列可知道岔组 9 的利用率 *K* 值最大（0.41）；*A* 方向到达解体列车的接车进路经由的道岔组有 1、3、7、11、15、17，由表 7-3 所列可知道岔组 17 的利用率 *K* 值最大（0.41）。因而该咽喉区 *A* 方向接车进路有两个咽喉道岔组，分别为 9 和 17 道岔组，它们作为计算该咽喉 *A* 方向接车能力的咽喉道岔组。

同样，由 *B* 方向到达，向 *A* 方向出发的无改编中转列车的发车进路有两条，其一是 4 道发 *B* 至 *A* 无改编中转列车，经由的道岔组有 3、5、9，由表 7-3 所列可知道岔组 9 的利用率 *K* 值最大（0.41）；其二是 8、9 道发 *B* 至 *A* 无改编中转列车，经由的道岔组有 3、7、11、15，由表 7-3 所列可知道岔组 11 的利用率 *K* 值最大（0.36）。向 *A* 方向出发的自编列车经由的道岔组有 3、7、11、15、17，由表 7-3 所列可知道岔组 17 的利用率 *K* 值最大（0.41）。所以该咽喉区向 *A* 方向的发车进路有三个咽喉道岔组，分别为 9、11 和 17 道岔组，它们作为计算该咽喉 *A* 方向发车能力的咽喉道岔组。

同理可确定 *B* 端咽喉：*B* 方向到达的无改编中转列车的接车进路有两条，其一是 4 道接 *B* 至 *A* 无改编中转列车，经由的道岔组有 4、6、12，其中道岔组 4 的利用率 *K* 值最大（0.33）；其二是 8、9 道接 *B* 至 *A* 无改编中转列车，经由的道岔组有 4、8，其中岔组 4 的利用率 *K* 值最大（0.33）。*B* 方向到达解体列车的接车进路经由的道岔组有 4、8、16，其中道岔组 4 的利用率 *K* 值最大（0.33）。因而该咽喉区 *B* 方向接车进路有 1 个咽喉道岔组（道岔组 4），它将作为计算该咽喉 *B* 方向接车能力的咽喉道岔组。

同样，由 *A* 方向到达，向 *B* 方向出发的无改编中转列车的发车进路经由的道岔组有 2、6、10，其中道岔组 6 的利用率 *K* 值最大（0.32）；向 *B* 方向出发的自编列车经由的道岔组有 2、4、8、16，其中道岔组 4 的利用率 *K* 值最大（0.33）。所以该咽喉区向 *B* 方向的发车进路有两个咽喉道岔组，分别为 6、4 道岔组，它们作为计算该咽喉 *B* 方向发车能力的咽喉道岔组，见表 7-4 所列。

表 7-4　咽喉道岔组利用率计算表

接发车	方向	列车种类	*A* 端咽喉			*B* 端咽喉		
			经由道岔组号	咽喉道岔组		经由道岔组号	咽喉道岔组	
				组号	*K*		组号	*K*
接车	*A* 方向	无调	1、5、9	9	0.41			
		有调	1、3、7、11、15、17	17	0.41			
接车	*B* 方向	无调				4、6、12	4	0.33
						4、8	4	0.33
		有调				4、8、16	4	0.33
发车	*A* 方向	无调	3、5、9	9	0.41			
			3、7、11、15	11	0.36			
		有调	3、7、11、15、17	17	0.41			
	B 方向	无调				2、6、10	6	0.32
		有调				2、4、8、16	4	0.33

5. 计算咽喉道岔组通过能力利用率

道岔组通过能力利用率 K 由公式（7-8）计算求得，其中总占用时间 $T_{总}$ 和固定作业时间 $\sum t_{固}$ 分别由表 7-3 查得。计算结果参见表 7-4 所示。

6. 计算咽喉道岔组的通过能力

车站各衔接方向咽喉道岔组货物列车的接发车能力分别按公式（7-9）和（7-10）计算。咽喉通过能力计算见表 7-5 所列。表 7-6 为咽喉通过能力汇总表。

表 7-5　咽喉通过能力计算表

接发车	方向	列车种类	办理的列车数	咽喉道岔组					
				A 端咽喉			*B* 端咽喉		
				组号	*K*	通过能力（列）	组号	*K*	通过能力（列）
接车	*A* 方向	无调	27	9	0.41	65.9			
		有调	10	10	0.41	24.4			
	B 方向	无调	27				4	0.33	81.8
		有调	10				4	0.33	30.3
	小计					90.3			112.1
发车	*A* 方向	无调	15	9	0.41	36.6			
			12	11	0.36	33.3			
		有调	10	17	0.41	24.4			
	B 方向	无调	27				6	0.32	84.4
		有调	10				4	0.33	30.3
	小计					94.3			114.7

由表 7-5 可以看出，该车站 *A*、*B* 两方向货物列车咽喉道岔组的通过能力分别为：

A 方向货物列车接车能力：　$N^{A}_{货接} = 65.9+24.4 = 90.3$（列）

A 方向货物列车发车能力：　$N^{A}_{货发} = 33.6+33.4+24.4 = 94.0$（列）

B 方向货物列车接车能力：　$N^{B}_{货接} = 81.8+30.3 = 112.1$（列）

B 方向货物列车发车能力：　$N^{B}_{货接} = 84.4+30.3 = 114.7$（列）

该站咽喉区货物列车的通过能力：

A 端咽喉：　接车：　$N^{A}_{货接} = 90.3$（列）

　　　　　　发车：　$N^{A}_{货发} = 94.0$（列）

B 端咽喉：　接车：　$N^{B}_{货接} = 112.1$（列）

　　　　　　发车：　$N^{B}_{货接} = 114.7$（列）

表 7-6　咽喉通过能力汇总表

接发车	方向	列车性质	A端				B端				受控制道岔组
			9	11	17	计	4	4	6	计	
接车	A方向	无调	65.9			65.9					9
		有调			24.4	24.4					17
	B方向	无调					81.8			81.8	4
		有调						30.3		30.3	4
	小计					90.3				112.1	
发车	A方向	无调	36.6	33.3		69.9					9、11
		有调			24.4	24.4					17
	B方向	无调							84.4	84.4	6
		有调						30.3		30.3	4
	小计					94.3				114.7	

第三节　到发线通过能力的计算

到发线通过能力是指到发场中办理到发作业的线路一昼夜能够接、发各方向的货物列车数和运行图规定的旅客列车数。到发线通过能力可采用利用率计算法进行计算。

一、各种作业占用到发线时间标准的确定

（一）列车占用到发线的时间

1. 无调中转货物列车占用到发线时间（$t_{中}$）

$$t_{中} = t_{接} + t_{技}^{中} + t_{待发} + t_{发} \tag{7-11}$$

式中　$t_{接}$——列车接车占用到发线时间，min；

$t_{技}^{中}$——无调中转货物列车技术作业占用到发线的时间（根据该种列车技术作业过程的规定取值），min；

$t_{待发}$——列车等待出发占用到发线时间，min；

$t_{发}$——列车出发占用到发线时间，min。

其他符号意义同前。

2. 部分改编中转货物列车占用到发线的时间（$t'_{中}$）

$$t'_{中} = t_{接} + t_{技}^{中'} + t_{待发} + t_{发} \tag{7-12}$$

式中　$t_{技}^{中'}$——部分改编中转货物列车（包括变更列车运行方向、变更列车重量、换挂车组）国核动力研究设计院印刷厂技术作业占用到发线的时间（根据该种列车技术作业过程的规定取值），min。

其他符号意义同前。

3. 到达解体货物列车占用到发线时间（$t_{解}$）

$$t_{解}=t_{接}+t_{技}^{解}+t_{待解}+t_{牵} \tag{7-13}$$

式中 $t_{技}^{解}$——到达解体货物列车技术作业占用到发线的时间（根据该种列车技术作业过程的规定取值），min；

$t_{待解}$——列车等待解体占用到发线时间，min；

$t_{牵}$——车列牵出占用到发线时间，min。

其他符号意义同前。

4. 自编始发列车占用到发线时间（$t_{编}$）

$$t_{编}=t_{转}+t_{技}^{编}+t_{待发}+t_{发} \tag{7-14}$$

式中 $t_{技}^{编}$——自编始发货物列车技术作业占用到发线的时间（根据该种列车技术作业过程的规定取值），min；

$t_{转}$——车列转线占用到发线时间，min。

其他符号意义同前。

（二）接发单机占用到发线的时间

按运行图规定接发单机占用到发线时间（$t_{机}$）通过写实查定。

（三）固定作业占用到发线时间（$\sum t_{固}$）

固定作业占用到发线的时间包括：

（1）旅客列车占用到发线的时间；

（2）向车辆段、机务段、货场及专用线装卸地点定时取送车辆占用到发线的时间（不占用到发线时可以不计）。

（四）其他作业占用到发线的时间（$\sum t_{其他}$）

其他作业占用到发线的时间包括：① 接发军用列车占用到发线的时间；② 保温列车加冰盐占用到发线的时间；③ 牲畜列车上水、上饲料占用到发线的时间。

此外，如该站有转场（交换）车，应按一种列车计算其占用到发线时间。

二、到发线总占用时间的计算

一昼夜占用到发线的总时间按下式计算：

$$T_{总}=n_{中}t_{中}+n'_{中}t'_{中}+n_{解}t_{解}+n_{编}t_{编}+n_{机}t_{机}+\sum t_{固}+\sum t_{其他} \tag{7-15}$$

式中 $n_{中}$、$n'_{中}$、$n_{解}$、$n_{编}$、$n_{机}$——列入计算中一昼夜在该到发场办理到发作业的无调中转部分改编中转、到达解体、自编出发的列车数和单机数；

$t_{中}$、$t'_{中}$、$t_{解}$、$t_{编}$、$t_{机}$——办理以上各种列车一列或单机一次占用到发线的时间，min；

$\sum t_{固}$ ——一昼夜固定作业占用到发线的时间，min；

$\sum t_{其他}$ ——一昼夜其他作业占用到发线的时间，min。

三、到发线通过能力利用率的计算

$$K=\frac{T_{总}-\sum t_{固}}{(1\,440M-\sum t_{固})(1-\gamma_{空费})} \tag{7-16}$$

式中　K——到发线通过能力利用率；

M——用于办理列车到发技术作业的线路数；

$\gamma_{空费}$——到发线的空费系数，按《站细》规定，其值可取 0.15 ~ 0.20。

四、到发线通过能力的计算

到发线通过能力应按方向别和列车种类别计算接车和发车的通过能力。

接发无调中转货物列车：

$$N_{货中}=\frac{n_{中}}{K} \tag{7-17}$$

接发部分改编中转货物列车：

$$N'_{货中}=\frac{n'_{中}}{K} \tag{7-18}$$

接入到达解体货物列车：

$$N_{货解}=\frac{n_{解}}{K} \tag{7-19}$$

发出自编货物列车：

$$N_{货编}=\frac{n_{编}}{K} \tag{7-20}$$

到发线（场）接发该方向货物列车的通过能力为：

接车：　$$N_{货接}=N_{货中}+N'_{货中}+N_{货解} \tag{7-21}$$

发车：　$$N_{货发}=N_{货中}+N'_{货中}+N_{货编} \tag{7-22}$$

某到发场接发货物列车的通过能力为：

$$N_{接发}=N_{货中}+N'_{货中}+N_{货解}+N_{货编} \tag{7-23}$$

若该站有几个到发场，则全站接发货物列车的通过能力为各到发场通过能力之和。

五、到发线通过能力计算举例

某双线横列式区段站详图及计算行车量参见图 7-3 所示，到发场Ⅰ有 4、5、6 三条到发线，到发场Ⅱ有 8、9、10、11 四条到发线，固定使用方案参见表 7-2 所列。

各种列车占用到发线的时间为：

$$t_{中} = t_{接} + t_{技}^{中} + t_{待发} + t_{发} = 8+35+11+6 = 60\ (\text{min})$$

$$t_{解} = t_{接} + t_{技}^{解} + t_{待解} + t_{牵} = 8+35+30+10 = 83\ (\text{min})$$

$$t_{编} = t_{转} + t_{技}^{编} + t_{待发} + t_{发} = 8+25+30+10 = 73\ (\text{min})$$

1. 计算各到发场总占用时间

各车场办理各种列车占用到发线总时间的计算，见表 7-7 所列。

表 7-7　各到发场总占用时间计算表

场别	作业项目	每昼夜作业次数	每次作业时间（min）	占用时间（min）	
				总时间（$T_{总}$）	其中固定作业时间（$\sum t_{固}$）
到发场Ⅰ	接发 *B* 至 *A* 旅客列车	4	30	120	120
	接发 *B* 至 *A* 无调中转货物列车	15	60	900	
	接发 *A* 至 *B* 无调中转货物列车	27	60	1 620	
	总　计	46		2 640	120
到发场Ⅱ	接发 *B* 至 *A* 无调中转货物列车	12	60	720	
	接 *B* 到解区段、摘挂列车	10	83	830	
	接 *A* 到解区段、摘挂列车	10	83	830	
	发 *B* 自编区段、摘挂列车	10	73	730	
	发 *A* 自编区段、摘挂列车	10	73	730	
	总　计	52		3 840	

2. 计算各到发场通过能力利用率

到发场Ⅰ：$$K_1 = \frac{T_{总} - \sum t_{固}}{(1\,440M - \sum t_{固})(1-\gamma_{空费})} = \frac{2\,640-120}{(1\,440\times 3-120)(1-0.2)} = 0.75$$

到发场Ⅱ：$$K_2 = \frac{T_{总} - \sum t_{固}}{(1\,440M - \sum t_{固})(1-\gamma_{空费})} = \frac{3\,840-0}{(1\,440\times 4-0)(1-0.2)} = 0.83$$

3. 计算各到发场的通过能力

各到发场按方向别的通过能力可列表计算，如表 7-8 所列。

表 7-8　各方向到发线通过能力计算表

方向	作业项目		列入计算的列车数	到发线通过能力（列）		
				到发场Ⅰ	到发场Ⅱ	计
A 方向	接车	到发场Ⅰ接 *A* 至 *B* 无调中转货物列车	27	36.0		36.0
		到发场Ⅱ接 *A* 到解列车	10		12.0	12.0
	计					48.0
	发车	到发场Ⅰ发 *B* 至 *A* 无调中转货物列车	15	20.0		20.0
		到发场Ⅱ发 *B* 至 *A* 无调中转货物列车	12		14.5	14.5
		到发场Ⅱ发 *A* 自编列车	10		12.0	12.0
	计					46.5

续表 7-8

方向	作业项目		列入计算的列车数	到发线通过能力（列）		
				到发场Ⅰ	到发场Ⅱ	计
B方向	接车	到发场Ⅰ接 B 至 A 无调中转货物列车	15	20.0		20.0
		到发场Ⅱ接 B 至 A 无调中转货物列车	12		14.5	14.5
		到发场Ⅱ接 A 到解列车	10		12.0	12.0
	计					46.5
	发车	到发场Ⅰ发 A 至 B 无调中转货物列车	27	36.0		36.0
		到发场Ⅱ发 B 自编列车	10		12.0	12.0
	计					48.0

由表 7-8 可见，各到发场按方向别的接发车能力为：

A 方向货物列车接车能力：　$N^{A}_{货接}=48.0$（列）

A 方向货物列车发车能力：　$N^{A}_{货发}=46.5$（列）

B 方向货物列车接车能力：　$N^{B}_{货接}=46.5$（列）

B 方向货物列车发车能力：　$N^{B}_{货发}=48.0$（列）

为了衡量到发线的负荷，到发线的通过能力还应按车场别进行计算，此时，无调中转列车一接一发计一列，有调中转解体一列计一列，编组一列计一列，所以：

到发场Ⅰ货物列车的通过能力：$N^{\mathrm{I}}_{货}=36.0+20.0=56.0$（列）；

到发场Ⅱ货物列车的通过能力：$N^{\mathrm{II}}_{货}=14.5+12.0+12.0+12.0+12.0=62.5$（列）。

全站到发线货物列车的通过能力为：56.0+62.5 = 118.5（列）。

第四节　区段站最终通过能力的计算

车站最终通过能力是将咽喉通过能力、到发线通过能力进行综合分析，重新调整各设备的运用，最后确定出车站按方向别一昼夜所能通过的最大货物列车数和运行图规定的旅客列车数。

在确定车站最终通过能力时，应首先将车站各项设备的能力进行汇总。

一、咽喉通过能力的汇总

当某方向接车或发车经由两条及其以上进路时，汇总后的咽喉通过能力等于各进路咽喉道岔组办理该方向接车或发车的通过能力之和。参见表 7-6 所列中 B 方向咽喉的发车能力，无调中转货物列车的咽喉道岔组为⑥号，其能力为 84.4 列；有调中转货物列车的咽喉道岔组为④号，其能力为 30.3 列，则 B 方向货物列车咽喉的发车通过能力为 114.7 列。

二、到发线通过能力的汇总

当某方向接车或发车由几个车场办理时，汇总后到发线通过能力应等于各车场办理该方向接车或发车的通过能力之和。参见表 7-8 所列中 B 方向到发线的发车能力，到发场Ⅰ无调中转货物列车到发线的通过能力为 36.0 列；到发场Ⅱ有调中转货物列车到发线的通过能力

12.0 列，则 B 方向到发线的发车能力为 48.0 列。

三、方向别最终通过能力的确定

咽喉和到发线的通过能力按方向别汇总后，车站最终通过能力应按办理该方向列车的各项设备中受控制的（即利用率最大）那项设备的能力来确定。

当车站由几个到发场分别接发列车，而经由的咽喉有几条进路时，则最终通过能力的确定应考虑以下两种情况：

1. 一条固定进路一个到发场

如果同一方向的列车，只经由一条固定的接（发）车进路并在一个到发场内办理接（发）车列车作业时，则该方向的接（发）车最终通过能力等于该进路上受控制的那项设备（咽喉或到发线）能够办理该方向最多的列车数。

2. 几条不同进路几个到发场

如果同一方向的列车经由几条不同的接（发）车进路并在不同的到发场内办理接（发）车作业时，则该方向的接（发）车最终通过能力应等于各进路上受控制的那几项设备（咽喉或到发线）能够办理该方向最多的列车数之和。表 7-9 所列中 A 方向的通过能力受到发场Ⅰ和到发场Ⅱ到发线通过能力的限制，到发场Ⅰ货物列车的接车能力为 36.0 列；到发场Ⅱ货物列车的接车能力为 12.0 列，所以，A 方向最终货物列车的接车能力为 36.0+12.0 = 48.0 列。

表 7-9　车站最终通过能力计算表

方向	作业和列车种类		列入计算中的列车数	各部分通过能力							受何控制	最终通过能力（列）
				道岔组 9	道岔组 11	道岔组 17	到发场Ⅰ	到发场Ⅱ	道岔组 4	道岔组 6		
A 方向	接车	无调	27	65.9			36.0				到发场Ⅰ	36.0
		有调	10			24.4		12.0			到发场Ⅱ	12.0
		计									到发场	48.0
	发车	无调	27	36.6	33.3		20.0	14.5			到发场	34.5
		有调	10			24.4		12.0			到发场Ⅱ	12.0
		计									到发场	46.5
B 方向	接车	无调	27				20.0	14.5	81.8		到发场	34.5
		有调	10					12.0	30.3		到发场Ⅱ	12.0
		计									到发场	46.5
	发车	无调					36.0			84.4	到发场Ⅰ	36.0
		有调						12	30.3		到发场Ⅱ	12.0
		计									到发场	48.0
利用率 K				0.41	0.36	0.41	0.75	0.83	0.33	0.32		

必须指出，当某些区段站上有改编中转列车较多时，其接、发车能力还可能受到车站改编能力的限制。此时，应对车站改编能力计算后，再求得该站按方向别有调中转列车的最终接（发）车能力。

四、车站最终通过能力的确定

车站最终通过能力应按受控制的某项设备的接车和发车通过能力分别进行计算：

接车能力：　$N_{货接} = \sum n_{货接}^{i}$　（7-24）

发车能力：　$N_{货发} = \sum n_{货发}^{i}$　（7-25）

式中　$n_{货接}^{i}$、$n_{货发}^{i}$——i 方向货物列车的接车或发车能力。

本章例题中，全站最终货物列车的通过能力的计算如表 7-9 所列。

由表 7-9 可以看出，该区段站 A、B 方向的通过能力均受到发线通过能力的控制，由计算结果可知：

全站货物列车的接车能力为：

$$N_{货接} = N_{货接}^{A} + N_{货接}^{B} = 48.0+46.5 = 94.5\text{（列）}$$

全站货物列车的发车能力为：

$$N_{货发} = N_{货发}^{A} + N_{货发}^{B} = 46.5+48.0 = 94.5\text{（列）}$$

复习思考题

1. 什么是车站通过能力？为什么要计算车站通过能力？
2. 什么是车站咽喉通过能力？什么是车站咽喉道岔组通过能力？什么是到发线通过能力？
3. 车站咽喉道岔（组）的固定时间包括哪些？
4. 咽喉道岔分组的原则有哪些？
5. 车站最终通过能力是什么？其确定原则是什么？

第八章　编组站

第一节　编组站概述

所谓编组站，就是在铁路网上办理货物列车解体、编组作业，并为此设有比较完善的调车设备的车站。

编组站和区段站统称为技术站。如果仅从技术作业上看，编组站和区段站都要办理列车的接发、解编，机车的供应或换挂，列车的技术检查及车辆的检修等。其实，编组站和区段站在作业的数量和性质以及设备的种类和规模上均有明显的区别。区段站以办理无改编中转货物列车为主，办理少量区段、摘挂列车的改编作业，而编组站以办理改编中转货物列车为主，编解包括小运转列车在内的各种货物列车，负责路网上和枢纽中车流的组织，其调车场和调车设备的规模和能力均比区段站大得多。

一、编组站的作业

编组站主要办理以下几项作业：

1. 改编中转货物列车作业

改编中转货物列车作业包括解体列车的到达作业和解体作业，始发列车的集结、编组作业和出发作业。改编中转货物列车作业是编组站最主要的作业。

2. 无改编中转货物列车作业

无改编中转货物列车作业主要是换挂机车和列车技术检查作业。

3. 部分改编中转货物列车作业

部分改编中转货物列车除进行无改编中转货物列车的作业外，有时还要变更列车重量、变更列车运行方向或进行成组甩挂等少量调车作业。

4. 本站作业车的作业

本站作业车（地方作业车）是指到达本枢纽或本站货场及工业企业线进行货物装卸或倒装的车辆，其作业过程较有调中转车增加了送车、装卸和取车等内容，其中重点是取送车作业。本站作业车的取送有编开枢纽小运转列车和调车取送两种方式。一般而言，当编组站设有货场并有工业企业线连接且货运量较大时，固定配属专用调机，担当取送作业。当本站货运量很小，枢纽内货运站运量较大且装卸车作业点多而分散时，主要采取枢纽小运转列车进行取送。

5. **机务作业**

编组站的机务作业和区段站一样，包括机车出段、入段、段内整备及检修作业。

6. **车辆检修作业**

编组站的车辆作业包括列车技术检查及不摘车的经常维修、轴箱及制动装置的经常保养，摘车的经常维修，货车的段修等三类。

7. **其他作业**

根据当地需要，编组站有时还需要办理以下作业：

（1）客运作业，包括旅客乘降及换乘；

（2）货运作业，包括货物装卸、换装，保温车加冰、加盐，牲畜车上水、除粪便，鱼苗车换水等；

（3）军运列车供应作业。

二、编组站的设备

为完成以上各项作业，编组站应设置以下设备：

1. **调车设备**

调车设备是编组站的核心设备，包括调车驼峰、调车场（线）、牵出线等几部分。当区段车流较大时，可设置专门的辅助调车场。

2. **运转设备**

运转设备主要是指接发货物列车的到发线。为保证各衔接方向列车同时到发，避免与其他作业进路的干扰，一般应将上、下行到发线分别设置。编组站作业量较大时，应将到达场与出发场分开，以提高作业的流水性。为加速无改编中转列车作业，减少对其他作业的干扰，有时需单独设置通过车场。

3. **机务设备**

编组站一般均设有机务段，而且规模较大。机务段位置应根据编组站主要车场的配置形式，结合地形、地质和风向等条件确定。路网性的双向编组站，为减少机车出入段的走行距离及与其他作业的交叉干扰，可以增设第二套整备设备。

4. **车辆设备**

车辆设备是指供到发的车辆进行检查和修理的设备。用于日常检修的列检所通常设在到达场、出发场和到发场的适当地点，以方便与车站运转部门的联系。站修所按每昼夜摘车修理量分 10 辆以下、10～20 辆、20～30 辆三种标准设置，一般在调车场的最外侧设有 1～2 股站修线。车辆段在站内的位置一般从取送便利、联系方便（与站修所、倒装站台、牵出线）以及不影响车站及本段发展等三方面综合考虑。

5. **货运设备**

（1）整倒装设备：每昼夜办理的整倒装作业量较大时，为加速车辆周转，在调车场内车辆检修设备的一侧设置相应的整倒装设备，配线连通驼峰和站修线。作业量较小时，此项作业送往附近货场办理。

（2）加冰设备：有些编组站上设置有加冰所，供保温车进行加冰作业，一般设在调车场附近。

（3）牲畜、鱼苗车的上水换水设备：因列车在编组站到达场停留时间较长，给水栓一般设在到达线间。

（4）货场：兼办货运业务的编组站一般设置有货场，需要办理零担中转车作业时还设置有零担中转货场。为减少对车站各项作业的干扰，货场（或工业企业线）一般不在编组站接轨，如必须在站接轨时，其衔接方式应视货场到发车流性质及车站布置图形等因素确定，一般不宜靠近机务段的咽喉区，而在调车场尾部接轨，以便于取送。

6. 其他设备

（1）客运设备：编组站的客运业务很少，一般利用正线办理客车到发（通过）。旅客列车较多时，也可以设置 1 ~ 2 条到发线及 1 ~ 2 个旅客站台。

（2）站内外连接线路设备：如进出站线路、站内联络线和机车走行线等。

此外，编组站还设有信联闭、通讯和照明等设备。

三、编组站分类

编组站根据其在路网中的位置、作用和所承担的作业量，可分为路网性编组站、区域性编组站和地方性编组站。

1. 路网性编组站

路网性编组站是指位于路网、枢纽地区的重要地点，承担大量中转车流改编作业，编组大量技术直达和直通列车的大型编组站。路网性编组站一般衔接 3 个及以上方向或编组 3 个及以上方向列车，编组两种及以上去向的技术直达列车或技术直达列车和直通列车去向之和达到 6 个，日均出、入有调中转车达 6 000 辆以上，设有单、双向纵列式或混合式的站场，其驼峰设有自动或半自动控制设备。

2. 区域性编组站

区域性编组站是指位于铁路干线交会的重要地点，承担较多中转车流改编作业，编组较多的直通和技术直达列车的大中型编组站。区域性编组站一般衔接 3 个及以上方向或编组 3 个及以上方向列车，编组 3 个及以上去向的技术直达列车和直通列车，日均出、入有调中转车达 4 000 辆以上，设有单向混合式、纵列式和双向混合式的站场，其驼峰设有半自动或自动控制设备。

3. 地方性编组站

地方性编组站是指位于铁路干支线交会点、铁路枢纽地区或大宗车流集散的港口、工业区，承担中转、地方车流改编作业的中小型编组站。地方性编组站一般编组两个及以上去向的直通和技术直达列车，日均出、入有调中转车达 2 500 辆左右，设有单向混合式、横列式布置的站场，其驼峰设有半自动或其他控制设备。

若在一个铁路枢纽内设有两个或以上的编组站，则根据作业分工和作业量，可将其分为以下两类：

（1）主要编组站：主要担当路网上中转车流改编任务，以解编直达、直通列车为主。

（2）辅助编组站：协助主要编组站作业，以解编地区小运转车流为主，个别情况也编组少量直达列车。

编组站还可根据布置图形的不同分为若干类。

第二节 编组站布置图

编组站所处的路网位置、衔接干支线的数目、运量及车流性质、车站作业特点、城市规划要求及工程条件不同。在满足上述配置要求的前提下，根据编组站各项设备相互位置的不同，可构成不同的配置图形。

编组站的车场、调车设备和其他各项设备的相互配置，在满足需要的通过能力和改编能力、节省工程投资和运营支出的前提下，应符合下列要求：

（1）车站各组成部分工作上的协调性；

（2）车站作业的流水性和设备使用的灵活性；

（3）减少进路交叉和作业干扰；

（4）缩短机车车辆的走行距离和在站停留时间；

（5）便于采用现代化技术装备。

编组站图形可分为单向和双向两类：凡上、下行改编车流共用一套调车设备完成解编作业的编组站图形，称为单向布置图；凡设有两套调车设备分别承担上、下行改编车流解编作业的编组站图形，称为双向布置图。

按车场相互排列位置的不同，编组站图形又可分为横列式、混合式和纵列式三种：上、下行到发场与调车场并列配置的称为横列式布置图；所有主要车场顺序排列的称为纵列式布置图；部分主要车场纵列、另一部分车场横列的称为混合式布置图。

习惯上，把编组站图形称为“几级几场”布置图：所谓“级”是指在车站中轴线上纵向排列的车场数，所谓“场”是指全站主要车场的总数。

一、单向横列式编组站布置图

1. 设备布置特点

单向一级三场横列式编组站布置图（见图 8-1）的基本特征是上、下行到发场并列在共用调车场的两侧。一般是由横列式区段站改进而来的图形，其布置特点如下：

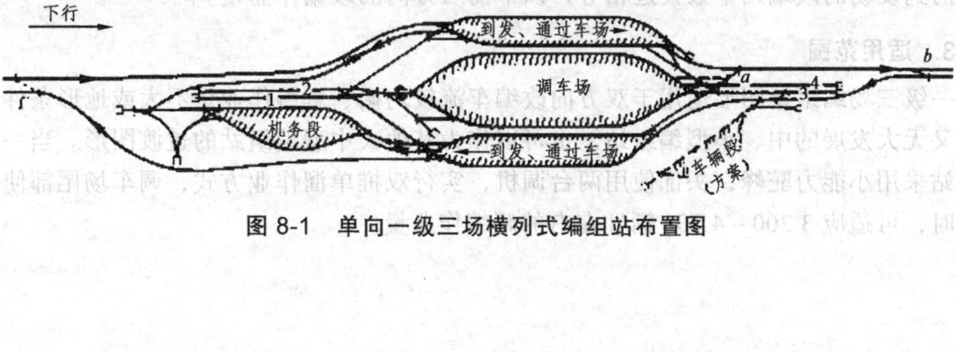

图 8-1 单向一级三场横列式编组站布置图

（1）两到发场分设在调车场两侧，三场横列，避免了列车到发与车列牵出或转线造成的交叉。

（2）正线外包，消除了横列式区段站图形的客、货交叉。

（3）上、下行通过车场设在到发场外侧，无改编中转列车接发与改编列车转线互不干扰，且与尾部牵出线连通，便于进行成组甩挂和坐编作业。为了增加线路使用的机动灵活性，减少定员，节省开支，常将通过车场和到发场合并在一起，使用时，一般尽量将无改编中转列车接在靠近正线的车场外侧，以保持上述优点。

（4）机务段设在接发列车较多方向的到发场出口咽喉处，以方便该方向列车本务机车及时出入段，另一方向列车的本务机车经机走线由机务段另一端出入段。这样，可减少机车出入段与其他作业进路的交叉干扰，并使各方向机车在站内的总走行距离最小。

（5）车辆段设在调车场尾部正线外侧，便于利用尾部调机取送检修车。站修所一般设在调车场外侧的线路上。

（6）调车场头尾各设两条牵出线，驼峰的位置根据主要改编车流方向、地形、风向以及进一步发展条件确定。

（7）两到发场与调车场之间通过四条联络线连接。

2. 一级三场编组站图形的优缺点

单向一级三场横列式编组站具有站坪长度短、工程费用少、车场较少、管理方便和作业灵活等优点，其缺点主要表现在以下几个方面：

（1）解体牵出困难。调车场位于两到发场之间，整个站场短而宽。由于驼峰峰高的要求，使峰前牵出线与到发场两者标高相差较大，因而场间联络线既有小半径曲线，又有较大坡度。当牵引定数较大时，向驼峰牵出较为困难。加之调机牵引力一般较小，当天气较差时，甚至需分两次牵出或头尾同时牵出解体，极大地降低了改编能力。

（2）改编车流折返走行严重。由于到发场往调车场的牵出和转线距离增加，且有折返行程，增加了车辆在站作业的中转时间和调机行程。

（3）改编能力不能充分发挥。由于改编列车分别在两侧到发场上接发，解编作业分别由上、下行两侧相应的牵出线担任，设备的互换性较差，上、下行车流不均衡时，两侧的调机和牵出线会出现不均的现象，从而影响能力的发挥。

（4）改编能力较低。由于一级三场编组站图形存在牵出和转线作业过程，其改编能力比混合式和纵列式编组站均低。

为了平衡两侧牵出线的解编作业量，可以结合衔接方向线路的引入，合理安排上、下行到发场的分工。比如衔接三个方向时，可以将其中两个方向分别固定接上、下行到发场，第三方向的进站线路则连通上、下行两个到发场，到发场内部线路布置为双进路，这样，可以根据站内作业情况通过调整该方向改编列车的接车进路（如图 8-2 所示设置渡线 a、b），使接入两到发场的改编列车数接近相等，以平衡双方向的改编作业量。

3. 适用范围

一级三场编组站图形适用于双方向改编车流较均衡、解编作业量不大或地形条件困难、远期又无大发展的中、小型编组站，也可以作为其他大中型编组站的过渡图形。当一级三场编组站采用小能力驼峰，头部使用两台调机，实行双推单溜作业方式，调车场尾部使用两台调机时，可适应 3 200 ~ 4 700 辆/d 左右的解编作业量。

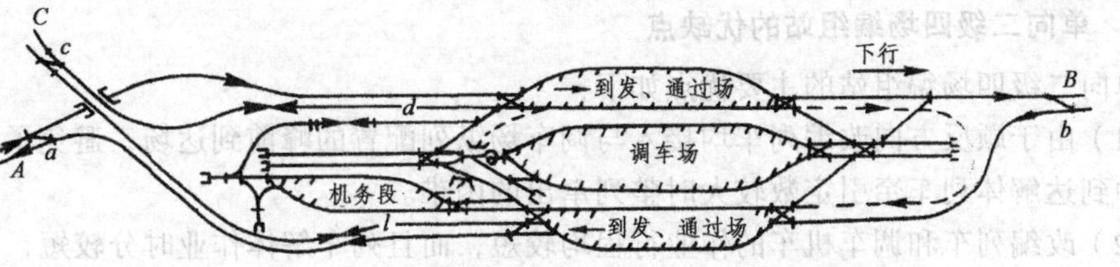

图 8-2　衔接三个方向的单向一级三场横列式编组站布置图

二、单向混合式编组站布置图

（一）单向二级四场混合式编组站布置图

1. 设备布置特点

单向二级四场混合式编组站布置图（见图 8-3）的基本特征是各衔接方向的共用到达场和调车场纵列配置，而上、下行出发场并列设在调车场的两侧。其布置特点如下：

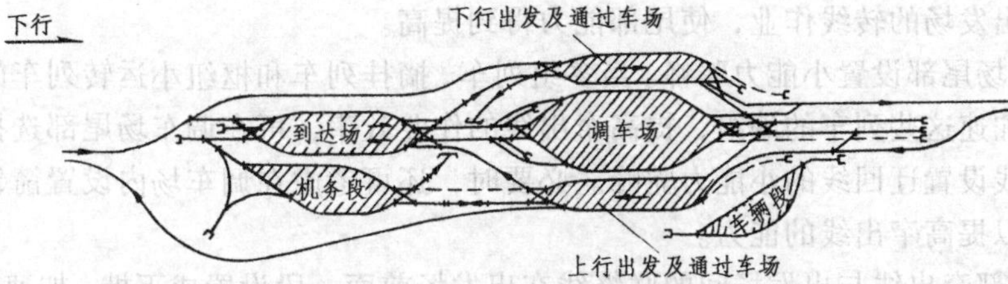

图 8-3　单向二级四场混合式编组站布置图

（1）共用到达场与调车场纵列配置，车列解体时不需牵出作业。

（2）上、下行通过车场分别设在两个出发场的外侧。通过车场与出发场既可共用列检设备，又可增加线路使用的机动灵活性，而且也便于利用调车场尾部牵出线进行成组甩挂或坐编作业。

（3）如果没有其他条件限制，机务段一般设在到达场旁反驼峰方向一侧。除顺向无改编中转列车和自编始发列车外，其他大部分机车出入段均比较便捷。

反向到达解体列车的本务机车经到达场入口咽喉入段。反向无改编中转列车和自编始发列车的本务机车经由反向出发场与机务段之间的机车走行线出入段，径路便利且顺直。

当车站作业量较大时，可设置穿越驼峰跨线桥的峰下机走线。顺向到发列车的本务机均可经峰下机走线出入段。当车站作业量较小或因地形及水文地质条件不合适时，为避免较大工程费用，也可不设峰下机走线。此时，顺向到发列车的本务机出入段有以下三条通路：第一，横切到达场出口咽喉，这样会严重干扰驼峰作业，影响头部解体能力；第二，绕道调车场尾部牵出线，这样机车走行距离长，且干扰尾部牵出线作业，影响尾部编组能力；第三，绕到达场进口咽喉，利用下行正线（业务量较小时）或专用机走线（布置在通过车场与顺向出发场之间）或利用到达场的调机走行线（顺向到解列车）出入段。

（4）车辆段位置与一级三场相同，设在调车场尾部适当地点。

（5）在到达场与调车场之间，设有中小能力驼峰，一般实行双推单溜作业方式。调车场尾部设 2 条牵出线，通常配备 2 台调机。

2. 单向二级四场编组站的优缺点

单向二级四场编组站的主要优点如下：

（1）由于顺反方向改编列车均接入与调车场纵列配置的峰前到达场，避免了一级三场布置图中到达解体列车牵引定数较大时整列牵出的困难。

（2）改编列车和调车机车的作业行程均较短，而且列车解体作业时分较短，驼峰作业效率较高，解体能力与纵列式基本相同。

（3）车站站坪长度较纵列式布置图短，可减少工程量，节约用地。

这种图形也存在着许多缺点，主要表现在以下两方面：

（1）调车场尾部能力较低。由于调车场与上、下行出发场横向排列，编、发转线折返走行，增加了尾部牵出线的负担和车辆走行距离，尾部牵出线的编组能力和横列式编组站大致相同。虽然驼峰能力较大，而且还可以用改造调车设备的方式进一步提高解体能力，但会造成调车场头尾能力不协调，从而影响全站设备能力的发挥。为提高二级四场编组站尾部编组能力，可以采取如下加强措施：

① 部分调车场线路直接发车，即采用编发线布置，使部分列车直接从编发线出发，减少编成车列向出发场的转线作业，使尾部能力得到提高。

② 调车场尾部设置小能力驼峰。当多组列车、摘挂列车和枢纽小运转列车的编组作业量较大时，为加速这些列车的编组，提高牵出线的作业效率，可在调车场尾部选择与相应线束连接的牵出线设置迂回线的小能力驼峰。必要时，还可考虑在调车场内设置箭翎线或增设辅助调车场，以提高牵出线的能力。

③ 将尾部牵出线与出发场间的联络线在出发场前面一段设置成下坡，加速转场作业，以节省转线时间。

④ 增加尾部调车机台数和牵出线数量。二级四场编组站调车场尾部一般设置 2 条牵出线，配备 2 台调机。若配备 3 台调机，其中 1 台用于替班，因为能够减少整理作业、交接班或取送车而延误的时间，牵出线的能力将有所提高，但调机的有效工作时间较短，效率较低。若采用 3 条牵出线、3 台调机同时进行编组作业，尾部编组能力可有较大提高。但因出发场分设在调车场两侧，中间牵出线编成车列的转线与外侧牵出线的编组作业互相干扰，中间牵出线的能力不能充分发挥，应注意咽喉设置的灵活性。

⑤ 出发场后移，如图 8-4 所示。将两侧出发场向调车场尾部靠拢布置，尽量缩短编组车列的转线距离，从而减少转线时分，提高尾部能力。但是，这种布置造成出发场部分线路设在曲线上，会增加列车启动阻力，对发车作业带来不便。

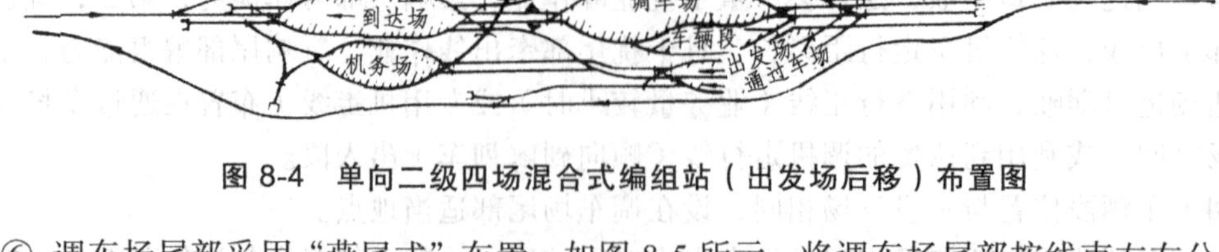

图 8-4　单向二级四场混合式编组站（出发场后移）布置图

⑥ 调车场尾部采用“燕尾式”布置，如图 8-5 所示。将调车场尾部按线束左右分开，分别与两侧出发场并拢。这样，上、下行可各设两条互不干扰的尾部牵出线，并可缩短牵出线

与出发场的距离，减少转线时分，从而提高尾部能力。但这种布置两侧牵出线协作较困难，作业机动性较差，可能会出现忙闲不均现象。当货场及工业企业线在尾部一侧接轨时，会增加另一侧取送作业的复杂性，而且不利于将来向纵列式发展。

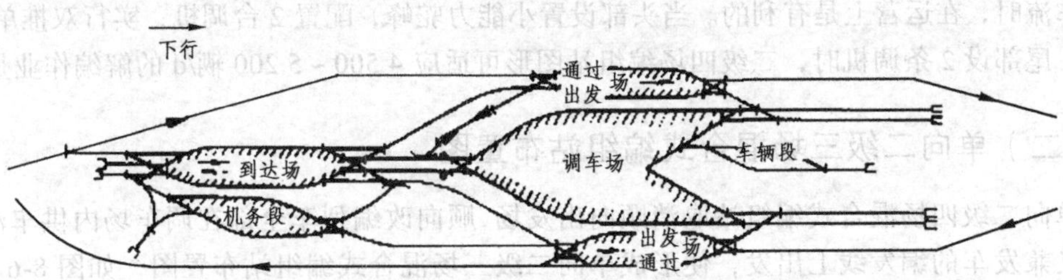

图 8-5 单向二级四场混合式编组站（调车场尾部燕尾式）布置图

⑦ 调车场尾部咽喉区采用对称道岔、线束布置，可使尾部咽喉长度有较大缩短，从而减少车列转线的调车作业时分。其缺点是当调车场头部采用四线束、尾部采用三条牵出线时头尾咽喉布置配合较复杂。

⑧ 调车场尾部采用调车集中控制设备，其优点是可保证调车作业安全，提高平面调车效率（压缩钩分、减少作业联系时间、提高调机牵引速度和减少岔前折返时间），节省定员，减小劳动强度，且投资较少，有利于既有站场改造。

以上各项措施，均能不同程度地解决二级四场编组站调车场头尾能力不协调的矛盾。

（2）反向改编列车到达与发车的进路交叉。反驼峰方向到达的改编列车可以从到达场出口咽喉处接入，称之为反接。也可以从到达场入口处接入，称之为环接。二级四场编组站图形反向改编列车到达进路按反接设计。

反驼峰方向改编列车到发进路的交叉是各衔接方向共用峰前到达场的单向编组站图形的“固有”缺点。由于二级四场编组站的能力受尾部牵出线控制，这一交叉不构成能力的限制因素，因此当运量不太大时，允许其以平交形式存在；当运量上升时，若交叉点负荷不太严重，可以采用平面疏解方式；当运量继续上升，交叉点负荷严重时，则采用立体疏解形式。

① 平面疏解。这种布置是将反向改编列车的接车进路分为两条，一般情况下，利用反向出发场外侧正线反接列车进入峰前到达场。此时反向改编列车横切反向出发场咽喉，将会干扰反向列车出发和本务机出入段。但是，由牵出线向反向出发场的转线作业，可以顺利进行。如果反向列车正在发车，为保证接发车同时进行，反向改编列车可经反向出发场内侧靠近调车场的线路接入到达场，这时，横切反向出发场进口咽喉，可能会与反向车列转线发生交叉。

把反向列车接车与其他作业的交叉分散在出发场两端咽喉，是二级式编组站减少这一交叉的主要措施。

② 跨线桥立体疏解。从理论上分析，当运量继续上升、交叉点负荷严重、平面疏解不堪重负时，应修建跨线桥疏解反向改编列车接发车进路的交叉。但由于受机务段和反向出发场位置的限制，在站内很难完成，必须把跨线桥设在站外，修建反向改编列车的环接正线，此时，反向改编列车的接车进路由反接改为环接。这样虽然增加了工程费用和列车走行公里，恶化了进出站线路平纵断面的技术条件，但可同时解决反向列车到发交叉和部分反向到达列车与推峰作业的干扰，能力和作业效率均有较大提高。只有当反向改编车流量很大，对反向出发场和推峰作业的交叉干扰严重，并造成对车站解编能力的限制时，方考虑采用立体疏解。

3. 适用范围

综上所述，单向二级四场混合式编组站图形一般适用于解编作业量较大或解编作业量大而地形条件困难的大、中型编组站。当顺向改编车流较大或顺、反向改编车流较均衡而顺向车流为重车流时，在运营上是有利的。当头部设置小能力驼峰，配置 2 台调机，实行双推单溜作业方式，尾部设 2 条调机时，二级四场编组站图形可适应 4 500 ~ 5 200 辆/d 的解编作业量。

（二）单向二级三场混合式编组站布置图

单向二级四场混合式编组站取消顺向出发场，顺向改编列车全部在调车场内供车流集结、编组又兼发车的编发线上出发，便形成单向二级三场混合式编组站布置图，如图 8-6 所示。

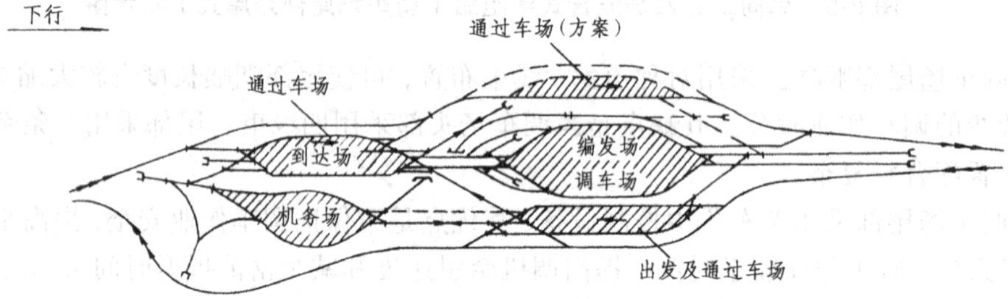

图 8-6　单向二级三场混合式编组站布置图

1. 设备布置及作业特征

（1）取消顺向出发场，顺向改编列车全部在编发线上发车，减少了车列转线过程，而且尾部调机还节省了从出发场返回调车场的时间。一般情况下（有效长 850 m），顺向自编始发列车每列可节省 10 min 左右的编组时间（调机约省 15 ~ 17 min），约占每列平均编组时间的 1/4 ~ 1/3。编组时间的缩短减轻了尾部牵出线的负担，相应地提高了尾部编组能力。

（2）调车场尾部咽喉增加了挂本务机及发车对编组作业的干扰。这种干扰约占全部发车次数的 30%，而且挂本务机及发车占用尾部咽喉的时间（约 10 min）较设出发场时编组转线占用调机的时间要少。如果调车场尾部咽喉区布置适当，三项作业（本务机挂车、发车、编组调车）还可以部分平行办理。由于牵出线、咽喉、调机工作时间得到充分利用，因此调车场尾部能力并不会受到影响。

（3）编发线和机走线的位置。调车场（编发场）内的线路一般分三类：第一类是供顺驼峰方向单组、双组或多组列车车流集结、编组和出发的编发线；第二类是调车线，用来集结双组列车车流和加挂车组以及反驼峰方向车流；第三类是杂用线，包括地方作业车、危险品车、守车等停留线和站修线等。这三类线路在调车场内的位置应使列车出发作业和挂机车与调车作业隔离，并使单组列车车流作业与双组或多组列车车流作业分开。因此，在固定线路用途时，为减少作业时间的干扰，一般应将编发线尤其是其中车流较强、每昼夜出发列车较多的车站（去向）固定在最外侧，车流强度中等的单组、双组和多组列车到站依次排列。调车线在编发线与杂用线之间，杂用线设在调车场最内侧。

机车走行线布置在调车场紧靠编发线的最外侧，便于顺向自编始发列车挂本务机，而且可最大限度地保证列车出发和挂机车与编组调车作业平行进行，保证调车场尾部有较大的作业能力。

（4）顺向通过车场的位置根据一昼夜办理无改编中转列车数量和有无甩挂作业而定。若无改编中转列车数量较大，且增减轴作业也较多时，可在调车场顺驼峰方向左侧（原顺向出发场位置）设置专门的通过车场（参见图 8-6 虚线所示），以便更好地与尾部牵出线联系。若作业量较少时，可将办理通过列车作业的线路设在峰前到达场外侧，这样可充分发挥到发线的使用效率，且可节省工程投资、列检设备和定员。

（5）反驼峰方向一般不设编发线，这是由于反驼峰方向列车出发或挂机车时，整个线束的道岔将不由驼峰自动集中控制，影响驼峰作业。

2. 编发线给运用带来的新问题

单向二级三场编组站图形除具有单向二级四场编组站图形的主要优点外，由于取消了顺向出发场，由编发线直接发车，相应地提高了尾部作业能力，克服了二级四场编组站图形头尾能力不协调的缺陷，而且工程投资和运营费用也比较节省。但是，编发线的运用也存在作业安全条件较差；编组和集结满轴后进行编组和出发作业时，不能再向该线路继续溜车；站线储备能力相对较小，"弹性"较差等缺点。

（1）编发线续溜车的处理。所谓续溜车是指当一个车列在调车场固定线路上集结完毕，在进行编组、技检和出发作业这段时间内，由驼峰继续溜下的该到站（去向）的车辆。此时，为保障安全，在待发车列没有腾空该线路之前，续溜车辆不得进入原固定线路，可用借线法或增线法来处理续溜车。

借线法是将续溜车暂时溜入原固定线路的相邻空线集结。此法比较机动灵活，能充分利用设备潜力，但是会额外增加车辆和调机的走行里程。

增线法是用增加调车线数量来集结续溜车，这样会引起工程费的增加，降低不设出发场的经济有利性，但可以根本上解决续溜车问题。研究和实践经验表明，凡每昼夜总车流量大于 350 辆的到站（去向）可增加一条线路，供其处理续溜车专用（增线专用）；凡两个或三个到站（去向）每昼夜总车流量之和大于 350 辆者，可增加一条线路，供其续溜车作业轮流使用（增线活用）。只有车流达到一定数量时，增线才是合理的。当编组到站少，车流量较少时，采用借线法较为有利。

（2）编发线的作业安全。编发线的作业安全主要表现在采用信号连锁装置，以防止驼峰续溜车辆误入车列编成的线路。列检、商检、运转人员在编发线开始作业前应设置脱轨器进行防护。编发线发车时，发车进路应与其他敌对进路隔开。采用铁鞋制动时，可在编发线出口端设置脱鞋器，以避免压鞋发车。

3. 单向二级三场编组站图形的车流特点

单向二级三场编组站适用于改编作业量在 3 500 辆左右的中型编组站。由于顺向改编车流全部利用编发线发车，因此，适合二级三场编组站图形的车流特点如下：

（1）车流量大，且组号简单。这种车流特性适于组织单组或双组列车，每个组号通常使用两条线路，单组或双组列车的编组作业简单，时间短，在编组和办理出发作业的时间内，续溜车可以进入另一线路继续集结，对线路使用影响不大，有利于加速车辆周转和提高尾部能力。而多组列车每一组号车流量小，不可能仍为每一组号分配两条线路，造成续溜车借线反钩作业增加，加重尾部咽喉负担，因此不宜采用编发线。

（2）小运转车流大。小运转列车一般不进行列检，不挂守车，牵引定数不十分固定，运行线比较灵活，集结、编组和出发作业的时间较短，采用编发线可适应小运转作业简单和车辆周转快的特点。

此外，衔接方向的多少对编发线的布置也有影响，编发线须按去向固定使用。调车场尾部咽喉为保证各方向编组和发车同时进行，当衔接方向多时，必然咽喉布置复杂，衔接方向少时，尾部咽喉布置便比较简单。因此，衔接方向少，也是考虑采用编发线的一个条件。

由于采用编发线需要增加调车场的线路数量，相应增加调速设备的投资，尤其在编组站驼峰设置自动化、半自动化控制设备时，需经技术经济比较确定是否采用编发线。

三、单向三级三场纵列式编组站布置图

1. 设置布置特点

单向三级三场纵列式编组站布置图（见图 8-7）的基本特征是各衔接方向共用的到达场、调车场、出发场依次纵列配制。

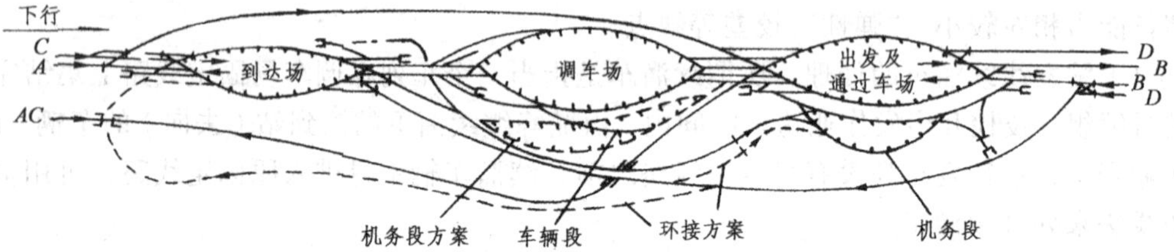

图 8-7 单向三级三场纵列式编组站布置图

其设备布置特点如下：

（1）所有衔接方向到达的改编列车均接入一个共用的峰前到达场，全部解编作业集中在共用的调车场上办理，发往各方向的自编始发列车也集中在一个共用的出发场上作业。

（2）通过车场一般设在出发场外侧。无改编中转列车运行顺直，机车出（入）段便捷，可以和出发场的车列共用列检设备，线路布置紧凑，互换性强，可增加线路使用的灵活性。

若无改编中转列车有甩无挂，且机务段位于到达场一侧时，通过车场也可设在到达场外侧。这样布置虽然增加列检所造价，但当改编列车密集到达时，有利于线路调剂使用，可提高编组站作业的可靠性。

当上、下行改编车流比较均衡且机务段位于到达场一侧时，通过车场采用混合布置，即重车流方向通过车场与到达场并列，空车流方向通过车场与出发场并列较为合理。

（3）机务段设在出发场附近反向通过车场外侧。这样，大多数机车出入段均比较便捷，尤其便于出发列车及时挂机车，以保证列车正点出发。为减少其他作业干扰、不妨碍驼峰作业，三级三场编组站均设置峰下跨线桥，顺向到达机车可通过峰下机走线入段。反向到达机车则需通过到达场内专用机车走行线方能入段。

机务段的位置与通过车场、进出站线路布置密切相关。如果通过车场设在到达场外侧，机务段可设在到达场反驼峰方向一侧，既便于机车入段，又不会影响车站发展为双向编组站。当采用环接（或反发）进路布置时，如果通过车场位于出发场旁侧，从机车出入段走行距离和对站内作业的交叉干扰来比较，机务段应设在调车场反驼峰方向的一侧（参见图 8-7 虚线所示）。其缺点是占地过多，不利于发展为双向站型。

（4）车辆段布置在调车场旁侧，既可利用空地又不妨碍发展，并且便于利用尾部牵出线进行车辆取送作业。

采用电力和内燃牵引时，由于机车、车辆的整备和修理设备逐步实现机械化和自动化，车辆段往往与机务段布置在一起。虽然该位置不一定能照顾到取送车的便利，但有利于共用机械修配、动力供应、管道等生产设备和生活设施，可节约用地，降低管理费用。因此，如果新建编组站具备共用设备的有利条件时，也可考虑将车辆和机务段联合设置在同一地点。

（5）正线外包，到发进路立交疏解。由于三级三场编组站解编能力较大，为使各部分能力协调一致，并为行车安全创造条件，反驼峰方向改编列车的到发进路一般采用正线外包的立交疏解布置。

2. 三级三场编组站的优缺点

单向三级三场编组站由于到、调、发纵向配列，其主要优点如下：

（1）为各方向到达改编的列车创造了良好的作业条件。顺、反方向改编列车在站内的解体、集结、编组、出发过程都是“流水式”作业。

（2）改编车辆和调机作业行程短，解编效率高，能力较大。由于减少了车列推峰解体前的转线过程，编成车列转往出发场的调车过程也较短，每一车列的解编时分有所缩短，且转场作业相互干扰少，调车场尾部根据需要还可以增设牵出线，因此车站的解编能力均比较大。当调车场头部设置中能力驼峰，配备 2～3 台调机，实行双推单溜作业方式，尾部设 2 条牵出线，使用 2 台调机时，解编能力受尾部限制，可承担的解编作业量约为 6 500～6 700 辆/d。若尾部使用 3 台调机，则解编能力受头部限制，可承担的解编作业量约为 7 200～8 000 辆/d。

（3）站内各种作业交叉干扰较横列式和混合式都少，车站通过能力较大。

（4）同类车场集中布置且仅设一套调车设备，站内线路运用机动灵活，线路数量、用地面积和车站定员均较双向布置图有较大节省，有利于实现编组站现代化。

三级三场的主要缺点如下：

（1）反向改编列车走行里程较长。这是单向编组站布置图的共同缺点，但纵列式与横列式和混合式相比，一些车辆转线里程转化了列车走行里程。采用反接、反发布置时（以有效长 850 m 计），反向改编列车较顺向改编列车要往返多走行相当于到达场中心至出发场中心距离的两倍，约 7.2 km。

（2）车站站坪长度较长，约 6～8 km，地形条件复杂时往往很难找到这样的场地。

（3）站内采用跨线桥立体疏解布置，不利于向双向编组站布置图发展。

3. 适用范围

单向三级三场纵列式编组站布置图适用于顺驼峰方向改编车流较多，解编作业量大（6 500～8 000 辆/d），衔接方向较多，要求车站具有较大的机动灵活性，而且地形条件允许采用 6～8 km 站坪或近期运量虽然不大，但远期有较大发展的大型编组站。

四、双向纵列式编组站布置图

（一）双向三级六场纵列式编组站布置图

图形特征及设备布置特点：双向三级六场纵列式编组站布置图（见图 8-8）的基本特征是上、下行各有一套独立的调车作业系统，驼峰方向相对，车场配置按到达场、调车场、出发场顺序排列。

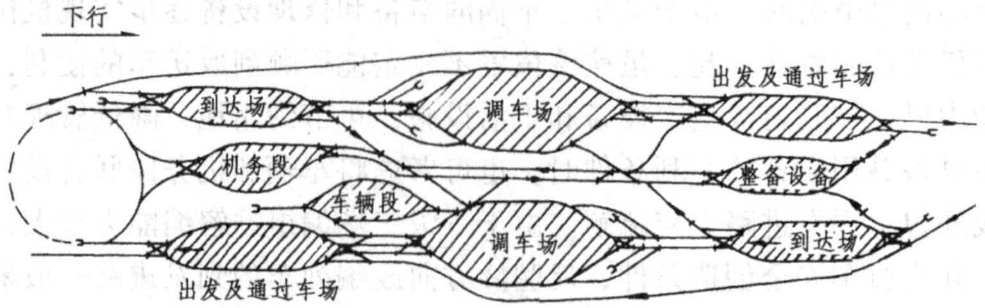

图 8-8　双向三级六场纵列式编组站布置图

其设备布置有如下特点：

（1）上、下行通过车场分别设置在各该系统出发场的外侧，使出发列车技术作业集中办理，增加线路使用灵活性，便于成组甩挂作业。为减少某一系统无改编中转列车本务机走行公里，也可将两通过车场均布置在车站设置机务段一端，即一个系统的通过车场与出发场并列，另一系统的通过车场和到达场并列。但该系统通过列车本务机出入段横切到达场出口咽喉，影响驼峰能力，并且需增加列检设备。

（2）机务段设在两套调车系统之间。机务段设在两调车场之间，虽与各车场联系方便，但由于调车场线路数目较多，为避免扩大车站横向占地面积，通常不宜采用。机务段一般情况下设在机车折返较多一端的到达场与出发场之间，并铺设两条机车走行线，使本务机出入段总走行距离最短。为了减少车站另一端本务机出入段的走行距离及与站内其他作业的干扰，必要时可在车站另一端设置第二套机车整备设备。

（3）两套调车系统间设置场间联络线，将到达场、调车场和出发场相互连接起来，以便处理交换车流。

（4）车辆段设在两调车系统之间靠近空车方向的调车场尾部，便于车辆扣修及与调车场联系。

（二）三级六场编组站图形的优缺点

与单向编组站图形比较，双向三级六场编组站图形的优缺点如下：

（1）反向改编车流无多余折返走行。除折返车流外，上、下行改编列车在站内的作业均是流水式的，径路顺直，可节省运营费。

（2）能力较大。双向三级六场编组站设有两套完善的调车系统，车场均为纵向排列，进路交叉少，通过能力和改编能力均较大。

（3）由于车场多，线路容量大，对调整列车运行、适应运量波动有较大的机动性。

（4）当编组站衔接方向较多时，有利于减少进出站线路布置和疏解的复杂性。

三级六场的主要缺点如下：

（1）两个调车系统间交换折角车流的走行距离长，重复作业较多。衔接三个及以上方向的编组站，必然会产生折角车流。由于折角车流在车站的一端到发，对于双向编组站就必须将其由某一调车系统转到另一调车系统，这样不仅会增加机车车辆的折返走行，延长车辆在站停留时间，使运营费用增加，同时还会产生转场与其他作业的交叉干扰，而且对折角改编车流还需重复解体，消耗驼峰解体能力。

（2）占地面积大，车站定员多，工程费用高。站坪全长约 8 ~ 10 km，由于两个调车系统方向相反，要求地形两端高、中间低，使得两系统纵、横断面布置较复杂，排水处理较困难。

（3）两系统间相互协作困难。其一线路方向新线建成受分流影响，或其他原因导致车流减少时，易于出现忙闲不均或能力不协调现象。

（三）折角车流的处理方法

双向编组站只要有三个及以上衔接方向，由于各衔接方向分别固定使用两个调车系统，因此就必然会产生两系统间的折角车流。对车站解编能力的消耗及造成的影响和损失随折角车流数量的增加而增大。因此，当采用双向编组站布置图时，必须考虑减少折角车流的措施和不可避免的折角车流在站内的处理方法。

1. 减少折角车流的方法

（1）正确选择进站线路的引入方向。折角车流的产生是因衔接方向不同的调车系统而引起的，所以在各衔接方向之间交流的车流量一定时，减少折角车流的方法主要就是寻求两系统间交换车流最小的进站线路布置方案。例如，当车站衔接 *A*、*B*、*C* 方向时，若 *A*、*B* 间的交换车流最小，则 *A*、*B* 两方向从车站同一端引入，*C* 方向从另一端引入。

（2）合理选择编组站的位置。若在多方向衔接的枢纽内新建或改建编组站时，应作多方案站址选择，使折角车流量最小。如图 8-9 所示，当 *CD*、*CE* 间车流量较小时，编组站可设于Ⅰ处。反之，当 *CD*、*CE* 间车流量较大时，可将编组站移至位置Ⅱ处，此时 *CD*、*CE* 间不再存在折角车流问题。

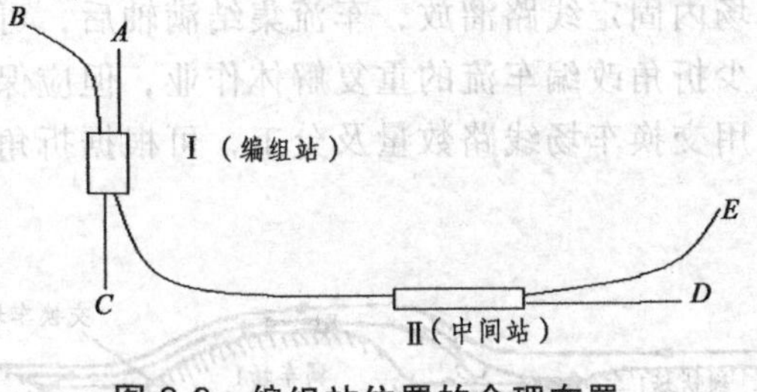

图 8-9 编组站位置的合理布置

（3）设置第二进站线路，使折角车流多的衔接方向具有分别引入两个系统到达场的进站通路，变部分折角车流为顺向车流，如图 8-10 中虚线所示。

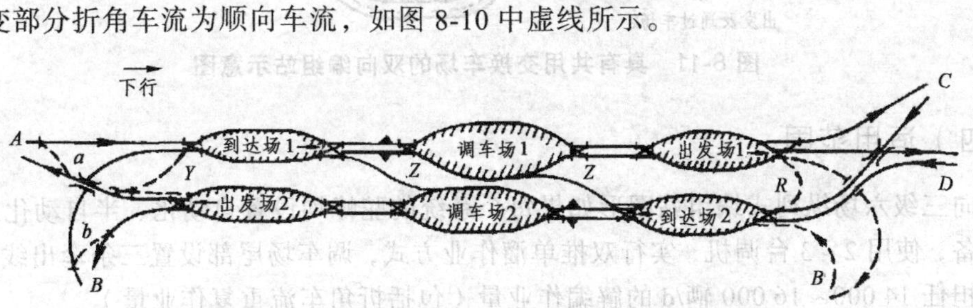

图 8-10 具有双进站线路的双向编组站示意图

折角车流可分为折角直通车流和折角改编车流。在站内不进行改编的为折角直通车流，在站内进行改编并需重复分解的为折角改编车流。因其在站内的作业流程不同，故对这两种折角车流的处理也有所不同。

2. 折角直通车流的处理

（1）在进站线路上增设渡线，并把通过车场的部分线路设为双向进路。如图 8-10 所示，利用增设的 *a*、*b* 渡线将 *AB* 间的折角直通车流反接入出发场 2 外侧的通过车场，可减少车辆的转场作业，此时上行发车进路需具备反向行车条件。

（2）到达场与出发场之间设置环线，使折角直通车流经此环线由到达场转至出发场外侧的通过车场。

3. 折角改编车流的处理

（1）两系统间设置方便的联络线。可在两系统的到达场与调车场间铺设联络线（见图 8-10 中联络线 *Z*），以便把折角改编车辆从一个系统的调车场直接送到另一个系统的到达场，进行重复解体。

如果折角改编车辆较多，每次集结为一大列再转场时，可以在车站一端设专门牵出线转送。该牵出线与出发场出口咽喉和另一系统的到达场的入口咽喉连通，如图 8-10 中的联络线 *Y*。

如果两系统车场间距离较远，也可以在一个系统的到达场与另一个系统的出发场间铺设环线（见图 8-10 中联络线 *R*），将折角改编车流顺向接入另一系统的到达场，避免影响驼峰能力。但是铺轨里程和占地都比较多，需经技术经济比选采用。

（2）两系统调车场中间设置共用的交换车场（见图 8-11），供两系统间折角改编车流集结用。交换车场的两端咽喉均分别连通两系统的驼峰和尾部牵出线，以保证两系统的折角改编车流均可向交换车场内固定线路溜放，车流集结满轴后，可由交换车场转至相应出发场。采用这种布置可减少折角改编车流的重复解体作业，但应保证双方向驼峰共用交换车场溜放作业的安全。共用交换车场线路数量及分工，可根据折角车流的去向、数量的不同而有所变动。

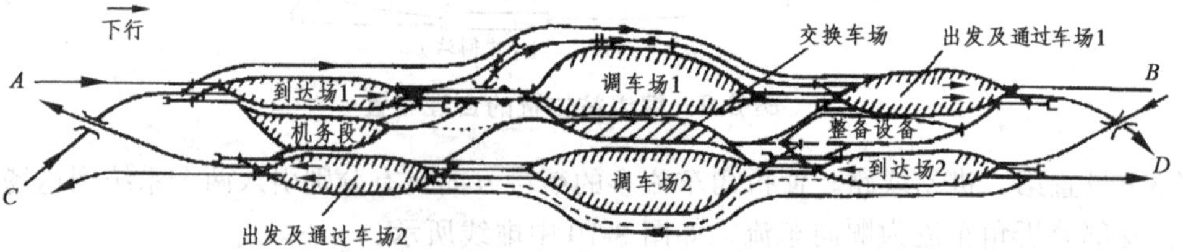

图 8-11　具有共用交换车场的双向编组站示意图

（四）适用范围

双向三级六场纵列式编组站图形如果每个系统的驼峰均设置自动化、半自动化或机械化控制设备，使用 2 ~ 3 台调机，实行双推单溜作业方式，调车场尾部设置三条牵出线，一般情况下可担任 14 000 ~ 16 000 辆/d 的解编作业量（包括折角车流重复作业量）。

当路网性编组站衔接方向较多，解编作业量较大（其他图形无法承担），上、下行改编车流数量比较均衡，而折角改编车流量比重不大，地形条件又不受限制时，可采用双向三级六场布置图形。

五、双向混合式编组站布置图

双向混合式编组站布置图是指两个调车系统的车场数目和相互位置不同而组成的图形。由于车场排列方案很多，所以布置图多种多样。

1. 双向二级六场混合式编组站布置图

双向二级六场（见图 8-12）是双向布置图中两系统均采用二级布置的代表图形，其基本特征是双向均为到达场与调车场纵列、出发场及通过车场在调车场外侧横列。与单向纵列式图形相比，本图形的主要特点是解编能力较大，两个方向的改编车流在站内的作业行程均较短，通过列车的成组甩挂比较方便。其主要缺点是增加了工程投资和折角车流的重复作业以及维修管理方面的运营支出。

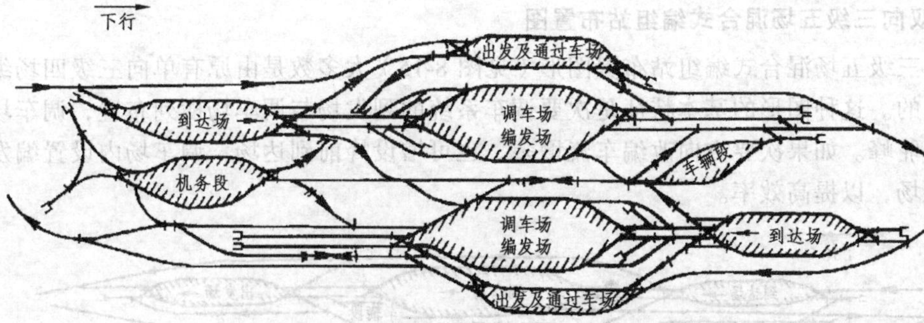

图 8-12　双向二级六场混合式编组站布置图

当既有单向二级四场编组站解编作业量迅速增加，且上、下行改编车流比较均衡，折角车流在总改编车流中的比重较小，经技术经济比较认为发展成单向纵列式并不有利时，或者地形条件受限制的大型编组站，均可采用双向二级六场图形。

为了消除调车场尾部牵出线都向一侧转场对编组能力的影响，可在调车场内侧设置编发线群，使部分或全部自编列车从调车场直接发车，从而提高尾部编组能力，减少改编车辆在站内的作业行程，并加速车辆周转。

若一个方向的改编车流量较小，根据实际需要，次要的调车系统也可采用到发场与调车场横列的配置作为过渡，构成双向二级四场混合式（见图 8-13）或双向二级五场混合式（见图 8-14）布置形式。此时，到发场可设在调车场外侧，调车场头部设小能力驼峰，两个系统的调车场均设置部分编发线。如果次要方向通过列车较多，折角车流又极少时，也可将其调车场设在到发场外侧。这样虽然折角改编车流的作业径路不顺直且与列车到发产生交叉，但可改善本务机出入段的条件。

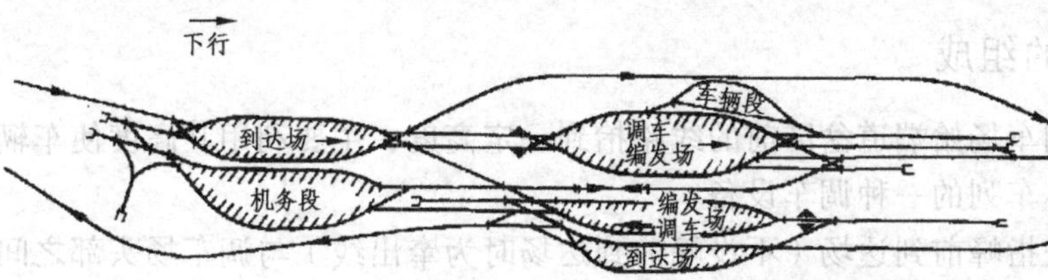

图 8-13　双向二级四场混合式编组站布置图

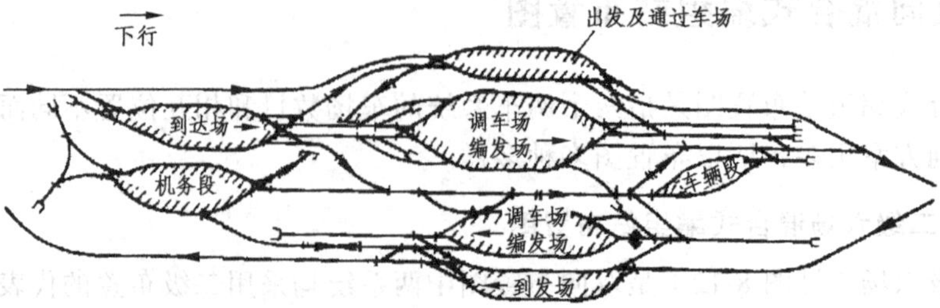

图 8-14　双向二级五场混合式编组站布置图

对于为大型工业或港湾服务的工业、港湾编组站或位于枢纽地区的地方性编组站，适宜采用这种布置图形。当运量增长速度较慢时，双向二级五场混合式图形也可作为由单向二级四场双向二级六场混合式编组站图形过渡。

2. 双向三级五场混合式编组站布置图

双向三级五场混合式编组站布置图形（见图 8-15）大多数是由原有单向三级四场编组站扩建形成的。这种图形的基本特征是次要调车系统的到发场与调车场横列布置，调车场头部设小能力驼峰。如果次要方向改编车流增多，也可增设峰前到达场，调车场内设置编发线变为二级二场，以提高效率。

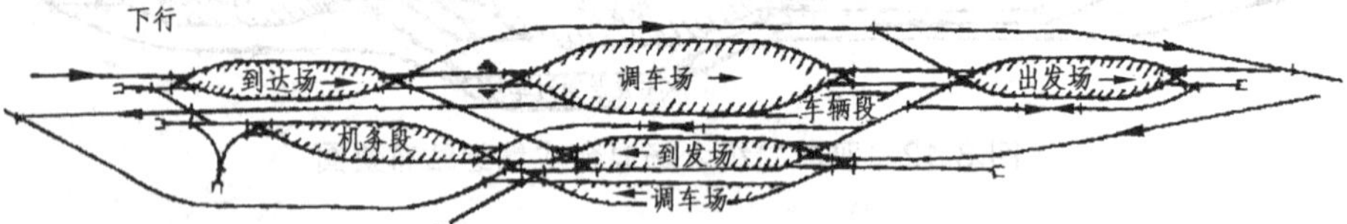

图 8-15　双向三级五场混合式编组站布置图

第三节　编组站的调车设备

编组站工作中的一项主要内容是调车，所以，在编组站设备中，调车设备占据有十分重要的地位。

编组站的调车设备除了区段站中所介绍的平面牵出线外，还主要有驼峰、辅助编组场、箭翎线等。

一、调车驼峰

（一）驼峰的组成

驼峰是指将调车场始端道岔区前的线路抬到一定高度，主要利用其高度使车辆自动溜到调车线上用来解体车列的一种调车设备。

驼峰的范围是指峰前到达场（不设峰前到达场时为牵出线）与调车场头部之间的部分线段，如图 8-16 所示。它包括推送部分、溜放部分和峰顶平台。

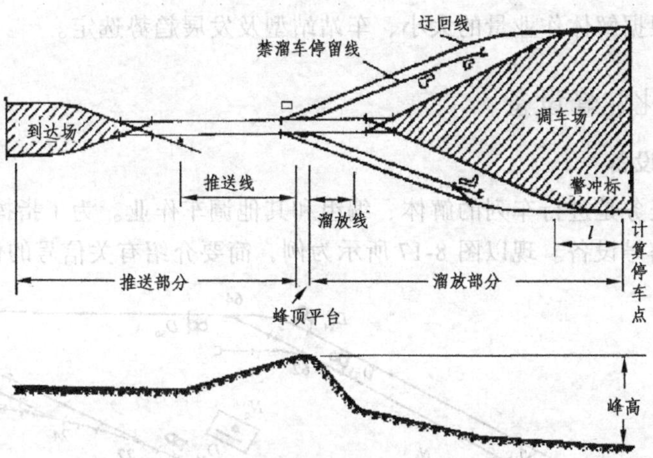

图 8-16 驼峰各组成部分示意图

1. 推送部分

推送部分是指由驼峰解体的车列，其第一钩车位于峰顶平台始端时，车列全长所在的线路范围。其中，由到达场出口咽喉的最外方道岔警冲标到峰顶平台始端的线段叫推送线。设置这一部分的目的是为了使车辆得到必要的高度，并使车钩压紧，以便摘钩。

2. 溜放部分

溜放部分是指由峰顶（峰顶平台与溜放部分的变坡点）到计算点的线路范围，这个长度也叫驼峰的计算长度。驼峰调车场的调速制式不同，计算点的位置也不同。

3. 峰顶平台

峰顶平台是指驼峰推送部分与溜放部分的连接部分，设有一段平坡地段。峰顶平台包括压钩坡和加速坡两条竖曲线的切线长，不包括竖曲线的切线长时叫净平台。

（二）驼峰的分类

根据每昼夜解体的车辆数和相应的技术设备，调车驼峰可分为以下三类：

1. 大能力驼峰

大能力驼峰的日解体能力为 4 000 辆以上，应设 30 条及以上调车线，应配有溜放进路自动控制系统、钩车溜放自动调速系统及推峰机车遥控系统。

2. 中能力驼峰

中能力驼峰的日解体能力为 2 000 ~ 4 000 辆，应设 17 ~ 29 条调车线，应配有溜放进路自动控制系统，宜配有钩车溜放自动或半自动调速系统及推峰机车遥控系统。

3. 小能力驼峰

小能力驼峰的日解体能力为 2 000 辆以下，应设 16 条以下调车线，应配有溜放进路控制系统，宜配有钩车溜放半自动调速系统及驼峰机车信号。作业量较少时，也可采用简易现代化调速设备，逐步取消人工调速设备。

驼峰类型应根据解体作业量的大小、车站站型及发展趋势选定。

（三）现代化驼峰设备

1. 驼峰信号设备

驼峰的重要任务是进行车列的解体、编组和其他调车作业。为了指挥调车作业，在驼峰范围内设有各种信号设备。现以图 8-17 所示为例，简要介绍有关信号的作用和设置位置。

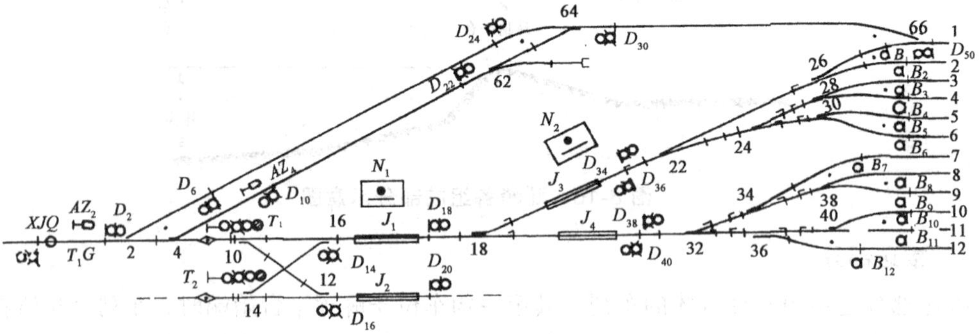

图 8-17　驼峰调车场部分示意图

（1）驼峰主体信号机。驼峰主体信号机用来指挥驼峰机车进行解体作业，每条推送线设一架，位于驼峰线路的最高处，以保证有足够的显示距离，如图中的 T_1、T_2 所示。

（2）线束调车信号机。为了指挥驼峰机车在峰下调车线之间进行转线调车，在每个线束的头部均设有线束调车信号机，如图中的 D_{18}、D_{20}、D_{34}、D_{36}、D_{38}、D_{40} 所示。

当一个线束内有两台以上的调车机进行整理作业时，由于一个线束设置一架上峰方向的线束调车信号机（如 D_{36} 是 1 线束上峰方向调车信号机）难以区分指示哪台机车上峰作业，因此应在每条调车线上设置线路表示器，如图中的 B_1、B_2、…、B_{12} 所示。线路表示器随该线束上峰方向调车信号机而显示，平时灭灯。当该线束上峰调车信号开放时，由道岔来确定开放某一调车线的线路表示器，显示一白色灯光。

（3）峰上调车信号机。为了指挥驼峰机车在峰上进行调车作业，如经由迂回线向调车场转送禁止过峰的车辆等作业，应设有峰上调车信号机，如图中 D_2、D_6、…、D_{50} 所示。其中 D_{14}、D_{16} 虽设在峰下，但这些信号机的开放应与峰上进路实现必要的联锁关系，因此，它也属于峰上调车信号机。

除上述各种信号机外，在到达场每条线路靠近驼峰一端，还设有驼峰复示信号机，用来复示驼峰主体信号机的各种显示。

2. 驼峰调速设备

驼峰调速设备按调速功能分为以下几种：① 减速设备。在钩车溜放过程中，减速设备用以消耗钩车的能量使车辆减速，如钳夹式车辆减速器、减速顶等。② 加速设备。在钩车溜放过程中，加速设置给予钩车能量使其加速，如钢索牵引推送小车、加速顶等。③ 加减速设备。加减速设备是兼有加速和减速功能的设备，如加减速顶等。按制动方式分为两种：① 钳夹式车辆减速器。钳夹式车辆减速器借助于车轮两侧制动夹板上的水平方向制动力对车轮施加压力而产生摩擦力。如 T.JK、$T.JK_{2A}$、TJY_3 型减速器等。② 非钳夹式车辆减速器。非钳夹式车辆减速器的制动力或由减速器内部部件的摩擦产生，或由感应电流产生，或由其他方式产生。属于此类减速器的有橡胶轨式、螺旋滚筒式、电磁式和减速小车等。

3. 钳夹式车辆减速器

钳夹式车辆减速器按其制动力的来源，又可分为外力式和重力式两种。

（1）外力式车辆减速器。T.JK 型车辆减速器是驼峰间隔制动用的调速设备，是以压缩空气为动力的钳夹式减速器。这种减速器通过压缩空气进入制动缸推动制动夹板对溜行车辆的轮对产生侧压力，使车辆减速。制动力的大小由压缩空气的压力决定，图 8-18 所示为其构造及动作示意图。

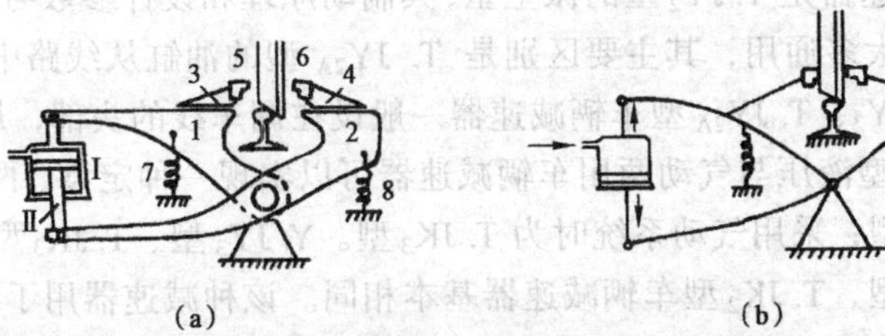

图 8-18　T.JK 型减速器构造及动作示意图

（2）重力式车辆减速器。重力式车辆减速器是利用被制动车辆本身的重量，通过可浮动基本轨及制动钳的传递，使安装在制动钳上的制动轨（即制动夹板）对车轮两侧产生侧压力而进行制动的。它的制动力与被制动车辆的重量成正比。

重力式车辆减速器按可浮动基本轨及制动夹板起落的动力不同，分为以下三种：

① 液压重力式车辆减速器，如 T. JY_2、T. JY_{2A} 型；

② 气动重力式车辆减速器，如 T. JK_2、T. JK_{2A} 型；

③ 液压、气动两用重力式车辆减速器，如 T. JY_3、T. JK_3 型。图 8-19 所示为 T. JY_2 型减速器的构造及动作示意图。

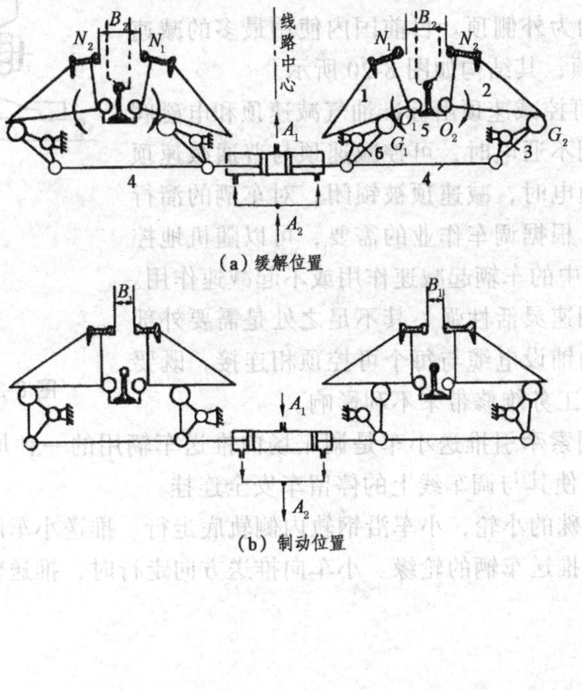

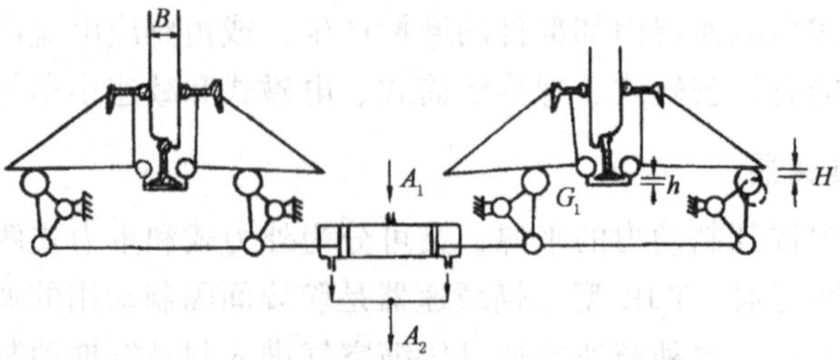

（c）工作位置

图 8-19　T.JY2 型减速器动作原理图

T. JY_{2A} 型车辆减速器是 T. JY_2 型的派生型，其制动原理和设计参数与 T. JY_2 型完全相同。两型的主要零部件也大多通用，其主要区别是 T. JY_{2A} 型的油缸从线路中心处移到线路的外侧，以便于检修。T.JY_2、T. JY_{2A} 型车辆减速器一般设在调车线的头部，用于目的制动。

T. JY_3 型、T. JK_3 型液压与气动两用车辆减速器可以实现一种定型、两种用途，即采用液压动力源时为 T. JY_3 型；采用气动系统时为 T. JK_3 型。Y. JY_3 型、T. JK_3 型车辆减速器的制动原理和结构与 T. JY_2 型、T. JK_2 型车辆减速器基本相同。该种减速器用于间隔制动。

我国既有驼峰多采用 T.JK 型车辆减速器，设在驼峰溜放部分，用于间隔制动。因此，既有驼峰已形成一套气动设备系统。为了使驼峰统一动力源，在 T. JY_2 型车辆减速器的基础上，经过研究改进后，形成 T. JK_2 型及其派生的 T. JK_{2A} 型车辆减速器，这种减速器亦用于目的制动。

4. 非钳夹式车辆调速设备

（1）减速设备。

① 减速顶。减速顶是一种无需外部能源，无需外部控制，简而易行地实现对车辆溜放速度自动控制的设备。各类型的减速顶规定有不同的临界速度。当车辆溜放速度低于减速顶的临界速度时，减速顶对车辆不起减速作用；当车辆的溜放速度高于减速顶的临界速度时，减速顶对车辆起减速作用。安装在钢轨内侧的减速顶为内侧顶，安装在钢轨外侧的为外侧顶。目前国内使用最多的减速顶为 T.DJ 型内侧减速顶，其结构如图 8-20 所示。

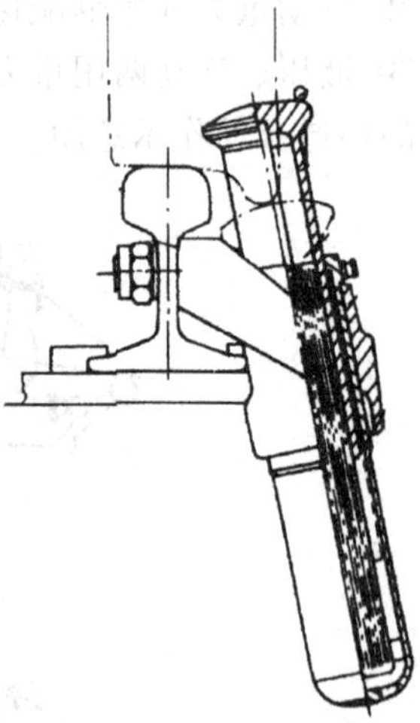

图 8-20　活塞式减速顶

② 可控减速顶。可控减速顶由标准油气减速顶和电磁阀两大部分组成。电磁阀不通电时，可控减速顶与普通减速顶的功能相同。电磁阀通电时，减速顶被锁闭，对车辆的溜行不起减速作用。因此，根据调车作业的需要，可以随机地控制减速顶，令其对溜行中的车辆起减速作用或不起减速作用。可控减速顶的优点是调速灵活性强。其不足之处是需要外部控制，需要在调车场内铺设电缆与每个可控顶相连接，既要增加工程投资，又会对工务维修带来不利影响。

（2）加速设备。钢索牵引推送小车是调车场内推送车辆用的一种加速设备，它可以用 4 km/h 的速度推送钩车使其与调车线上的停留车安全连挂。

推送小车有四个特殊的小轮，小车沿钢轨内侧轨底走行。推送小车两侧各有一个能上、下运动的推送臂，用来推送车辆的轮缘。小车向推送方向走行时，推送臂抬起，保持在推送位置。当钩车的速度高于小车的速度，从后面追越小车时，小车的推送臂落下。小车返回时，推送臂落下并锁闭。回到起始位置时，推送小车处于死锁闭状态，以保证调车作业的安全。

小车的各种运行状态由控制台的停机、返回、推送、追车四个按钮来控制，可手动亦可用计算机控制。在尾部停车器后方设有警告踏板，发出尾部警告信号时，小车停止推送并自动返回。

（3）加减速设备。可锁闭式加减速顶是一种加减速调速设备，它由可锁闭式减速顶、压缩空气控制阀和加速顶三部分组成。可锁闭式减速顶布置在前面，加速顶布置在后面。当车辆的速度低于临界速度时，减速顶不起作用。当车辆的速度高于临界速度时，加速顶不起作用，而使减速顶起减速作用。因此，加速顶是根据车辆溜行速度是低于还是高于预定的临界速度，给溜行车辆以加速力或减速力，从而达到调节车辆溜行速度的目的。

5. 驼峰测量设备

为了对驼峰溜放车辆的速度进行准确控制，必须有一套能测出溜放车辆速度、重量、车辆走行性能（阻力）和线路空闲长度等的测量设备。

（1）测速设备。我国驼峰一般采用 TZ-103 型驼峰测速雷达，其结构原理与所有的测速雷达一样，利用多普勒效应进行测速的原理如图 8-21 所示。

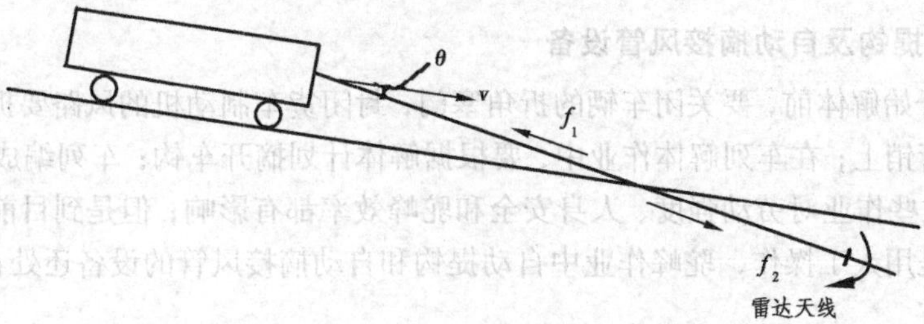

f_1—发送频率；f_2—反射频率；v—溜车速度

图 8-21　多普勒效应测速原理图

雷达测速精度高，能连续测量瞬间速度，基本能满足驼峰溜放速度自动或半自动控制系统的运营要求。

（2）测长设备。测长（或测距）设备用来测量调车线空闲长度，是驼峰点式或点连式调速系统不可缺少的基础设备。测长设备品种很多，我国主要采用 TDC-103A 型音频动态测长器。

在装设音频轨道电路的调车线上，向轨端送以某一固定频率的恒定电流时，轨端电压正比于轨道短路点的长度，因此，按确定模拟系数就可以换算出该轨道短路点的长度，从而得到调车线的空闲长度。

（3）测重设备。测重设备是驼峰自动化基础设备之一，它不仅为非重力式减速器的控制提供重量等级参数，还可供编组作业自动化时统计编成车列的重量，也可根据车重粗略地确定车辆的走行阻力。近年来，我国多采用 T.Z.Y 型塞孔式压磁测重器，测重的车辆可以按其重量分成四个等级：一级车小于或等于 23.0 t；二级车为 23.1 ~ 40.0 t；三级车为 40.1 ~ 55.0 t；四级车大于 55.0 t。

（4）测阻设备。在驼峰点式调速系统中，能否准确地测量和处理溜放车辆的阻力是影响调速系统效果的关键因素。因此，在点式控制制动位前都要设测阻区段，以便测出溜放车辆的运动加速度，进一步计算阻力值。

6. 驼峰溜放车辆进路自动控制设备

驼峰溜放车辆进路自动控制是驼峰解体作业过程的重要环节，也是驼峰自动化的基础设备之一。国内外绝大多数驼峰均采用道岔自动集中来实现溜放进路的自动控制。道岔自动集中设备包括控制信号设备和控制道岔设备两部分。只有驼峰各分路道岔装设有自动选路设备时，才称之为道岔自动集中。

车列解体前由计算机自动输入解体钩计划，也可以由驼峰值班员人工办理存储手续（半自动）。车列解体开始后，随着钩车的溜放，控制分路道岔自动适时转换。

7. 驼峰机车无线遥控及推送速度自动控制

驼峰机车上装设无线遥控装置可以改善乘务员的劳动条件，提高作业效率，为进一步实现驼峰推送速度自动化创造条件。

驼峰机车无线遥控系统，其推峰速度仍然由驼峰值班员凭经验给定。受人的反应能力、熟练程度、精力集中情况等多种因素的限制，一般不易保证给出最优的推送速度，因而必然影响驼峰作业效率的提高。我国大能力驼峰基本上均实现了驼峰机车无线遥控，目前正进一步研制全部由微机控制推峰作业的全过程。

8. 自动提钩及自动摘接风管设备

列车在开始解体前，要关闭车辆的折角塞门，封闭货车制动机的风路要拆开风管接头，并将其悬挂在风管销上；在车列解体作业中，要根据解体计划摘开车钩；车列编成后还要进行接风管作业。上述这些作业对劳动强度、人身安全和驼峰效率都有影响，但是到目前为止，国内外大多数编组站都是用人工操作，驼峰作业中自动提钩和自动摘接风管的设备还处在研究试验阶段。

二、辅助调车场

在编组站编发的各种列车中，按编组要求和内容区分有直达、直通、区段、零摘和小运转列车。零摘和小运转列车组成组号多，每个组号的车流强度小，通常按方向在一条调车线上集结。编组时需重新牵出解体，按编组计划选编成组，有的还要按站顺连挂成列，然后才能转线腾空调车线。编组复杂，作业时间长，占用调车线和牵出线时间较多，干扰、影响其他列车的编组作业，降低调车场尾部整体编组能力。因此，解决好这部分列车的编组问题，对于处理好调车场头尾能力协调，提高解编系统的整体能力是十分重要的。

要提高调车场尾部的能力，目前国内外广泛采用的是设置辅助调车场。

辅助调车场简称辅助场，或称子场。它是在主调车场外另设的专门用于零摘和小运转列车编组的小型调车场。作业时，由辅调场调机从主调车场调车线上将组成零摘和小运转列车的车辆一次牵出主调车场，然后在辅调场上进行分解、编组作业。这样零摘和小运转列车的重复解编作业不会影响主调车场尾部调机在牵出线上的作业，主调车场调机只需进行直达、直通、区段列车的连挂和转线，作业简化，交叉干扰减少，作业能力大大提高。

1. 辅助调车场的设置位置

辅助调车场一般设在主调车场尾部牵出线一侧，其位置根据编组站图形、车流的性质及比例的不同而有所差异。

一般情况下，三级式编组站辅调场可设在主调车场旁、地区车流比重较大的一侧，布置成尽头式，如图 8-22（a）所示。其多组车流在主调车场内靠辅助场一侧调车线预分，利用调车场尾部牵出线（或另设）在辅调场进行编组作业。当地区车流量较大时，可在调车场一侧按预分场—辅调场纵列，布置成通过式，如图 8-22（b）所示。

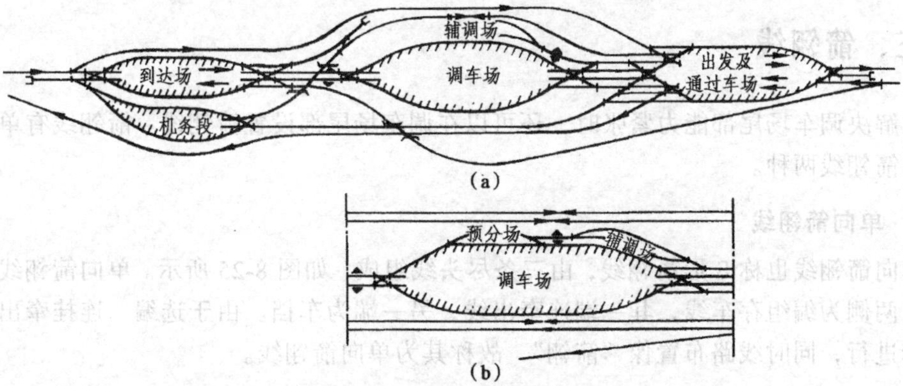

图 8-22　三级三场编组站辅助调车场位置示意图

车流较小时，二级式编组站辅助场可设在场间联络线外、地区车流比重较大的牵出线一侧。辅调场尾部还可与出发场连通，以缩短一侧多组列车转线行程，如图 8-23 所示。地区车流较强时，可采用主调车场燕尾式布置，辅助场设在主调场燕尾中间空地处。

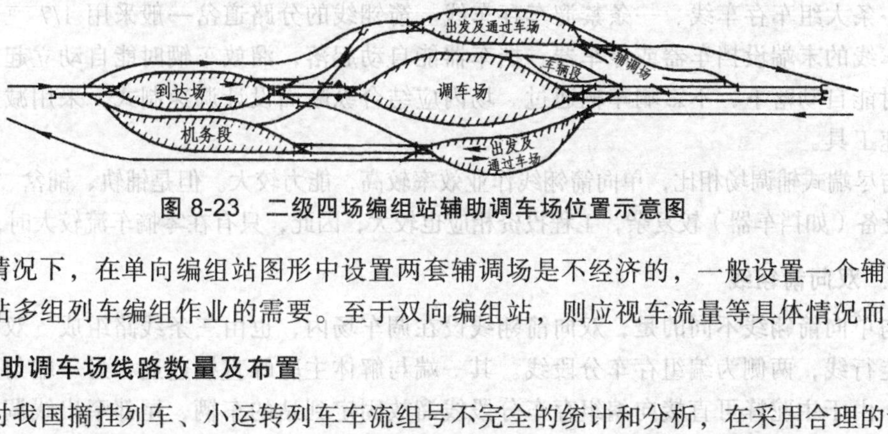

图 8-23　二级四场编组站辅助调车场位置示意图

通常情况下，在单向编组站图形中设置两套辅调场是不经济的，一般设置一个辅调场即可满足全站多组列车编组作业的需要。至于双向编组站，则应视车流量等具体情况而定。

2. 辅助调车场线路数量及布置

根据对我国摘挂列车、小运转列车车流组号不完全的统计和分析，在采用合理的调车作业方法条件下，辅调场一般有 5 ~ 6 条调车线即可满足需要，其有效长一般采用 400 ~ 500 m。

辅调场线路可设计为尽端式（见图 8-24），也可设计为通过式。为加速编组作业，辅调场的牵出线上一般应设小能力驼峰，场内应结合纵断面设计采用减速顶、可控顶、停车顶、停车器等不同调速设备。

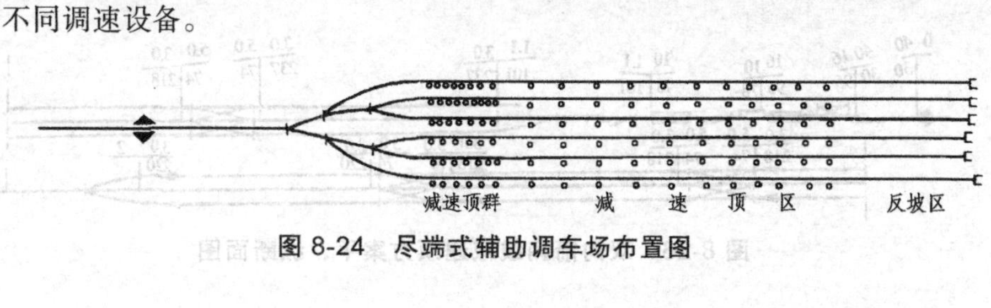

图 8-24　尽端式辅助调车场布置图

如果采用辅助调车场仍不能解决调车场尾部能力紧张的问题，则可考虑在枢纽内设置辅助编组站。枢纽内设置辅助编组站，将摘挂及小运转列车的解编作业由辅助编组站办理是简化主要编组站作业的措施之一，但它同时造成调车作业分散，增加两站间交换车数量和重复改编作业量，车辆停时将有所延长。

三、箭翎线

在解决调车场尾部能力紧张时，还可以在调车场尾部设置箭翎线。箭翎线有单向箭翎线和双向箭翎线两种。

1. 单向箭翎线

单向箭翎线也称 S 形箭翎线，由三条尽头线组成，如图 8-25 所示。单向箭翎线中间为走行线，两侧为编组存车线，其一端连牵出线，另一端为车挡。由于选编、连挂牵出作业只能在一端进行，同时线路布置像“箭翎”，故称其为单向箭翎线。

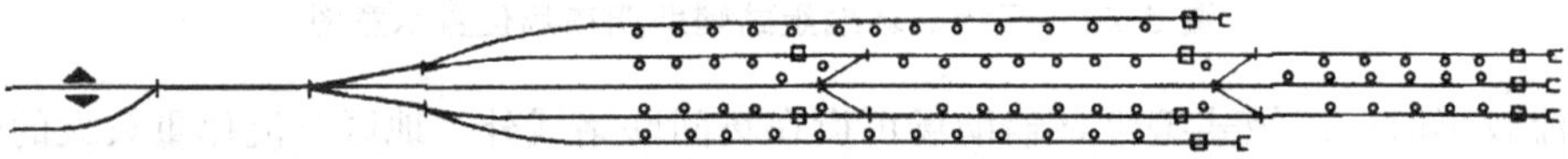

图 8-25　单向箭翎线减速顶方案平面图

编组存车线各分成 3 ~ 4 段，每段有效长一般为 150 m，可容纳 10 辆车。在箭翎线头部另设一条大组车存车线、一条禁溜车存车线。箭翎线的分路道岔一般采用 1/7 三开道岔。编组存车线的末端设挡车器或停车器。挡车器能自动起落，溜放车辆时能自动立起挡车，连挂车辆时能自动落下，不影响车辆通过。场内应结合纵断面设计调速制式，采用减速顶等不同的调速工具。

与尽端式辅调场相比，单向箭翎线作业效率较高，能力较大。但是铺轨、铺岔、用地都多，所需设备（如挡车器）较复杂，工程投资相应也较大，因此，只有在零摘车流较大时，方可采用。

2. 双向箭翎线

与单向箭翎线不同的是，双向箭翎线设在调车场内，也由三条线路组成。双向箭翎线中间为走行线，两侧为编组存车分段线。其一端与解体主驼峰直接连通，另一端与尾部牵出线相连。由于主驼峰可直接向编组存车分段线溜放固定到站的车辆，尾部牵出线调机又可去各线段连挂车辆，两端都可作业，故称其为双向箭翎线，也叫 D 形箭翎线。

编组存车线可分为 3 ~ 4 段，每段有效长 180 ~ 220 m，可容纳 12 ~ 15 辆车。走行线的分路道岔一般采用 1/7 三开道岔，每段存车线终端设挡车器。图 8-26 所示为其布置的一种形式。

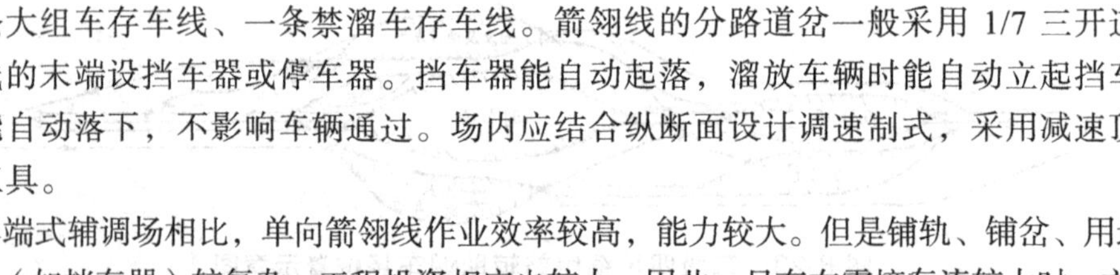

图 8-26　双向箭翎线减速顶方案平、纵断面图

总之，随着编组站综合自动化程度的提高和设备的完善，调车场尾部能力以及整个编组站通过能力可得到进一步提高。

复习思考题

1．编组站的主要作业和主要设备有哪些？

2．编组站根据其在路网中的位置、作用和所承担的作业量，可分为哪几类？

3．编组站图形中的“向”、“级”、“场”的概念是什么？

4.单向一级三场编组站的基本特征是什么？它消除了横列式区段站的哪些缺点？仍然存在哪些缺点？解决途径如何？

5．单向二级四场编组站的基本特征是什么？它具有哪些缺点？如何解决？

6．适合编发线的车流特点是什么？为什么反驼峰方向一般不设编发线？

7．什么是续溜车？其处理措施有哪些？

8．单向三级三场编组站的基本特征是什么？其主要优缺点有哪些？

9．编组站的调车设备有哪些？

10．驼峰由哪几部分组成？各部分的范围是如何规定的？

11．现代化驼峰设备有哪些？

12．辅助调车场在编组站中的设置位置如何？

13．箭翎线的布置形式有几种？在结构上各有什么区别？

第九章　高速及重载铁路站场

第一节　高速铁路站场

一、高速铁路站场概述

1. 高速铁路的建设模式

高速铁路站场是高速铁路运输生产的基层单位。高速铁路的建设模式包括修建模式和运输组织模式：修建模式是指高速铁路是采用既有线改造还是新建，线路的走向是采取与既有线并行还是远离既有线修建；运输组织模式是指高速铁路是客运专线还是客货混用，列车运行采取全高速旅客列车运行还是高、中速旅客列车共线运行。高速铁路的建设模式不同，其站场设计也各有特点。

（1）既有线改造模式。

既有线改造模式是对既有铁路进行改造，将小半径曲线加大或取直，采用新型轨下基础，使其满足高速列车运行的需要。由于改造时受既有线技术的限制较大，因此采用这种模式修建的高速铁路，其旅客列车运行最高时速只能达到 160 ~ 200 km，加之这种铁路多数采用客、货混跑的形式，通过能力提高有限。例如莫斯科—圣彼得堡铁路就是这种模式，实行客、货共线运行。

（2）新建高速客运专线模式。

这种模式是在客运繁忙的大城市间修建专门为高速旅客列车运行的高速铁路，除起、终点外，不与既有线接轨，新建全套客运设施，自成系统，全部运行高速旅客列车，其时速可达 200 ~ 300 km，如日本的东海道—山阳等新干线。

（3）与既有线并行修建客运专线模式。

这种模式是新建高速线基本上与既有线走向一致且尽量并行，以充分利用已有铁路用地和客运设施，高速列车最高时速可达 200 ~ 300 km。

我国发展高速铁路的修建模式以选择与既有线并行修建高速线模式为宜。

2. 高速铁路站场布置特点

（1）站坪长。

高速铁路车站一般分为中间站和大型客运站。中间站站坪长度一般不小于 2 000 m，大型客运站根据车站规模及布置形式具体确定站坪长度。

（2）线间距大。

① 车站内正线线间距与区间相同，采用 5.0 m；

② 正线与到发线之间的线间距不小于 5.0 m，有列检作业和列车上水作业的车站，其正线与到发线间的线间距为 7.0 m；

③ 到发线之间的线间距及高、中速客车存车线的线间距为 5.0 m；

④ 维修基地维修线与正线间的线间距不小于 8.0 m。

（3）站场路基要求高。

站场路肩宽度应满足路基稳定和维修作业要求。最外股道中心至路基边缘的宽度，站内正线不小于 4.0 m；到发线不小于 3.5 m；其他线不小于 3.0 m。

（4）轨道设计标准高。

高速铁路轨道设计标准比普通铁路要求高，具体参数见表 9-1 所列。

表 9-1 高速铁路站内轨道设计参数表

顺号	项目		单位	站内正线	到发线	其他站线
1	钢轨	类型	kg/m	60（高强度）	50	50
		每节长度	m	全长无缝线路	25	25
2	轨枕	类型		钢筋混凝土Ⅲ型	S-1	S-1
		数量	根/km	1 680	1 520	1 440
3	道床	材料		特级道砟	碎石	碎石
		边坡		1∶1.75	1∶1.5	1∶1.5
		道床厚	m	0.35	0.35	0.25

（5）道岔辙叉号大。

① 站内正线上，一般采用 18 号可动心轨道岔，其容许通过速度直向与区间运行速度相同，侧向为 80 km/h；

② 区间渡线采用 41 号可动心轨道岔，其容许通过速度直向与区间运行速度相同，侧向为 160 km/h；

③ 疏解线与高速正线接轨道岔，一般采用 41 号可动心轨道岔；

④ 到发线上的道岔，其辙岔号不小于 12 号。

3. 高速铁路站场设计原则和要求

高速铁路车站布置应以方便旅客乘降，提高客运服务质量与运输效率，以及有利于为既有线分流客运为基本原则。

高速铁路站场的布置应满足下列一些基本要求：

（1）减少车站数量。高速线上的车站数量应尽量减少，以利于旅客列车高速运行，减少列车的停站次数，缩短旅客总的旅行时间。

（2）尽量利用既有站的站场设施。高速线与既有线并行修建时，应将高速线尽量引入既有站，以便充分利用既有站的站场设备和客运设施，减少投资。

（3）设置相应的换乘设施。在高速线与普通线相衔接的枢纽或客运站上，为满足中、高速旅客换乘的需要，要考虑方便旅客的换乘方式及设置相应的换乘设施。

（4）设置越行用的中间站。高速线上实行中、高速旅客列车混跑时，为保证高速列车正常运行，要设置高速客车越行中速客车的中间站。

二、高速铁路车站布置图

高速铁路车站按照技术作业性质分为越行站、中间站和始发站；按照客运量大小可分为大、中、小型车站。中间站和始发站都属于客运站，但二者的作业特点不同。

1. 越行站

越行站是专为办理高速旅客列车越行跨线旅客列车而设的车站，其主要作业有：

（1）办理正线各种列车的通过。

（2）办理跨线列车待避高速列车。

我国京沪高速铁路越行站不办理客运，日本所有越行站均办理客运业务。京沪高速铁路越行站预留未来办理客运业务的条件。

《京沪站规》推荐的越行站布置图如 9-1 所示。正线办理高速列车通过，到发线办理跨线列车待避。由于不办理客运业务，原则上可不设站台。

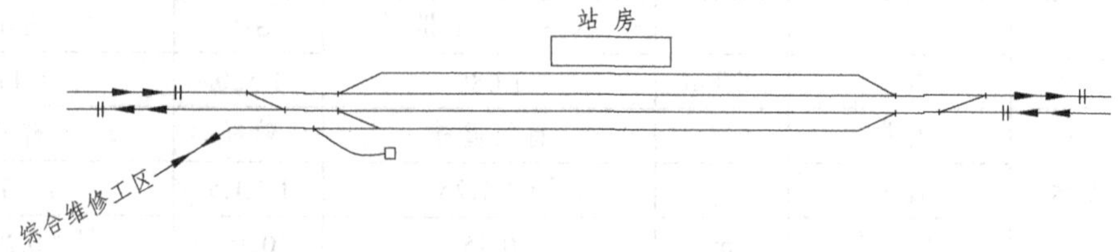

图 9-1　越行站布置图

2. 中间站

（1）办理正线各种列车通过，高速列车越行作业。

（2）有立即折返的中间站，办理列车终到和始发作业。

（3）办理停站列车的客运业务。

（4）有综合维修基地岔线接轨的中间站还办理检修、维修等列车进出正线的作业。

中间站的布置图有不设维修基地中间站和设有维修基地中间站两种：

（1）不设维修基地的中间站布置图。① 对应式。图 9-2 所示为对应式中间站布置图，两个站台夹 4 条线，Ⅰ、Ⅱ道为正线，3、4 道为到发线。考虑到办理四交会的可能，故设两条停车待避用的到发线。这种布置图的优点是站台不靠近正线，高速列车自正线通过时，不影响站台上旅客的安全，站台安全退避距离不必加宽。

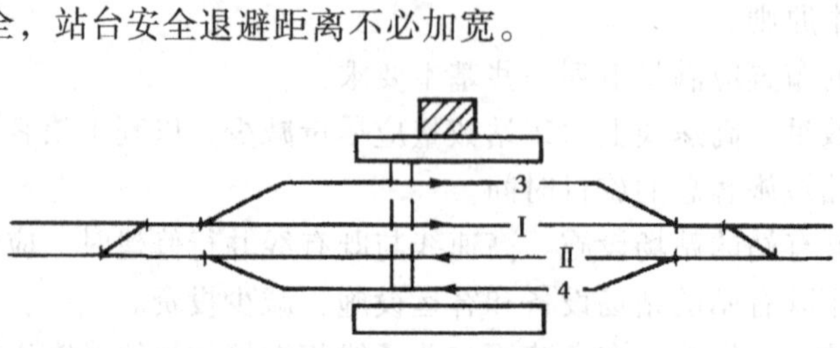

图 9-2　对应式中间站布置图

② 岛式。图 9-3 所示为岛式中间站布置图，中间站台靠近正线，Ⅰ、Ⅱ道正线为高速列车通过线，3、4 道为待避线。这种布置图的缺点是：当有列车在正线停靠站台时，会影响后

续追踪列车通过，降低区间通过能力；另外，由于高速列车通过时受列车风的影响，站台安全退避距离需要加宽，以保证旅客的安全，并需设置防护栅栏。

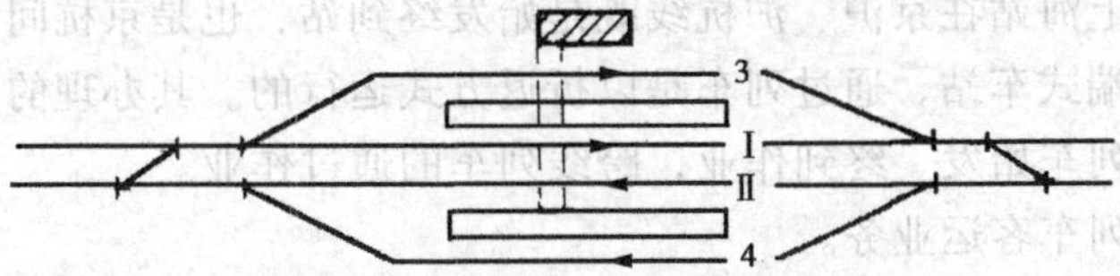

图 9-3　岛式中间站布置图

根据上述比较，中间站一般以采用对应布置图为宜。但当有停站的旅客列车较多时，为充分利用站台，也可采用岛式布置图。

（2）设有维修基地的中间站布置图。为便于高速列车动车组停留折返，在某些有动车组折返停留作业的中间站，需要设置 3 ~ 4 条到发线。

为便于高速铁路设备的维修保养，在高速线的车站上通常根据工务、电务、供电工区的分布，设置综合维修基地。这种基地应尽量与车站的到发线衔接，以便维修用车的出入。必要时，可采用跨线桥引入车站，如图 9-4 所示。

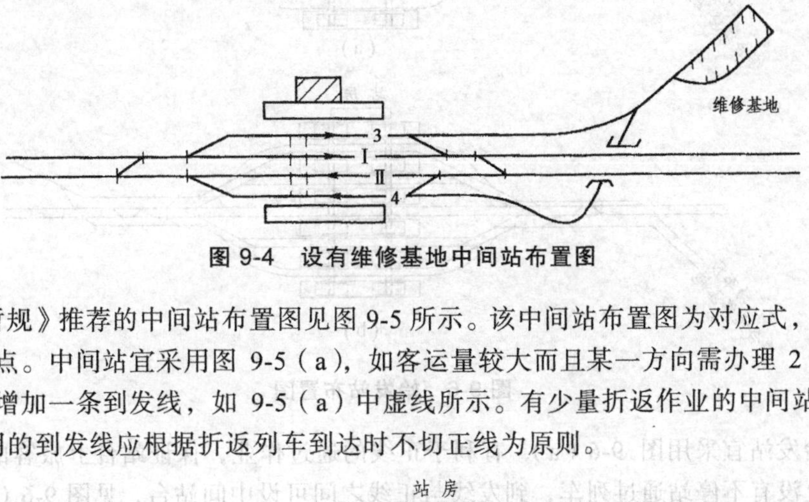

图 9-4　设有维修基地中间站布置图

《京沪暂规》推荐的中间站布置图见图 9-5 所示。该中间站布置图为对应式，具有对应式布置图的优点。中间站宜采用图 9-5（a），如客运量较大而且某一方向需办理 2 列停站待避列车时，可增加一条到发线，如 9-5（a）中虚线所示。有少量折返作业的中间站宜采用 9-5（b），折返用的到发线应根据折返列车到达时不切正线为原则。

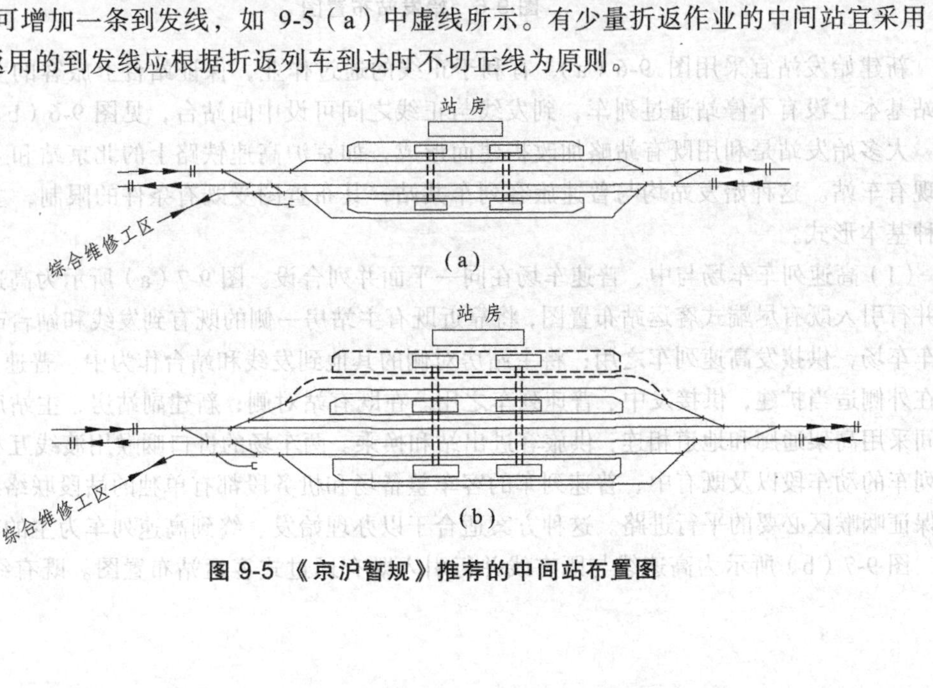

图 9-5《京沪暂规》推荐的中间站布置图

3. 始发站

始发站是针对于一条高速线而言，对于跨线列车，在始发站仍为通过列车，只是通过的方式可能不同。如上海站在京沪、沪杭线既是始发终到站，也是京杭间高速或中速列车的通过站。只因其为尽端式车站，通过列车是以折返方式运行的。其办理的主要作业有：

（1）办理高速列车始发、终到作业，跨线列车的通过作业。

（2）办理停站列车客运业务。

（3）动车组的整备、维修，除厂修外的全部修程。

（4）动车组的取送和折返作业，检修、维修的列车出入正线的作业。

对于新建高速始发站，《京沪暂规》推荐的布置图，见图 9-6 所示。

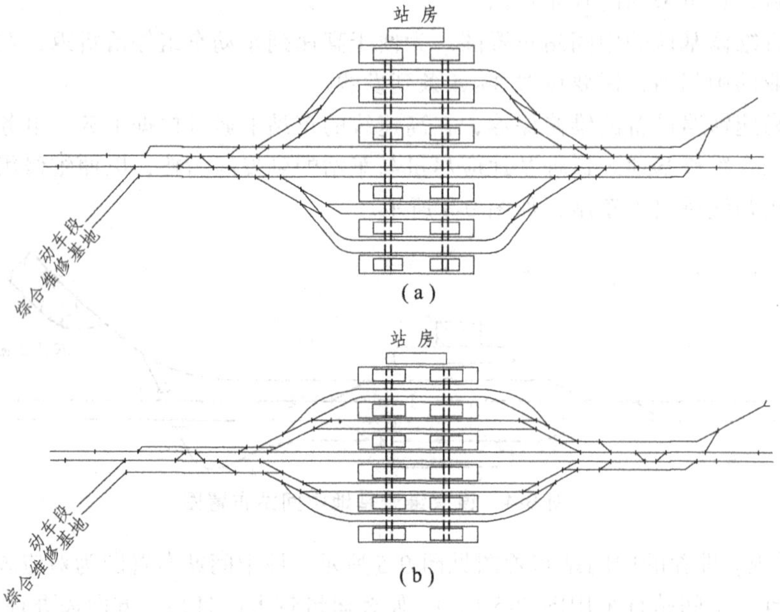

图 9-6　始发站布置图

新建始发站宜采用图 9-6（a），有利于正线的通过作业，保证站台上旅客的安全。若始发站基本上没有不停站通过列车，到发线与正线之间可设中间站台，见图 9-6（b）。

大多始发站是利用既有站略加改扩建而形成，如京沪高速铁路上的北京站和上海站均利用现有车站。这种始发站均与普速旅客列车共站，其布置图受既有条件的限制，主要有以下两种基本形式：

（1）高速列车车场与中、普速车场在同一平面并列合设。图 9-7（a）所示为高速线与既有线并行引入既有尽端式客运站布置图，将靠近既有主站房一侧的既有到发线和站台改建为高速列车车场，供接发高速列车之用；将主站房对侧的其他到发线和站台作为中、普速列车车场，且在外侧适当扩建，供接发中、普速列车之用。在既有站对侧，新建副站房，主站房与副站房之间采用高架通廊和地道相连，供旅客进出站和换乘。两车场的进口咽喉用渡线互相连通。高速列车的动车段以及既有中、普速列车的客车整备场和机务段都有单独的站段联络线相连接，以保证咽喉区必要的平行进路。这种方案适合于以办理始发、终到高速列车为主的高速站。

图 9-7（b）所示为高速线与既有线并行引入既有通过式客运站布置图。既有线在站房一

侧，高速线在站房对侧，高速列车车场与中、普速列车车场横列，两车场咽喉区用渡线互相连通，高速车场向外适当扩建。为便于高速列车的旅客进出站，采用高架通廊和地道相连。这种布置方案适合于以通过高速列车为主的车站，由于两车场横列布置，两端咽喉区高、中速列车到发进路交叉严重。

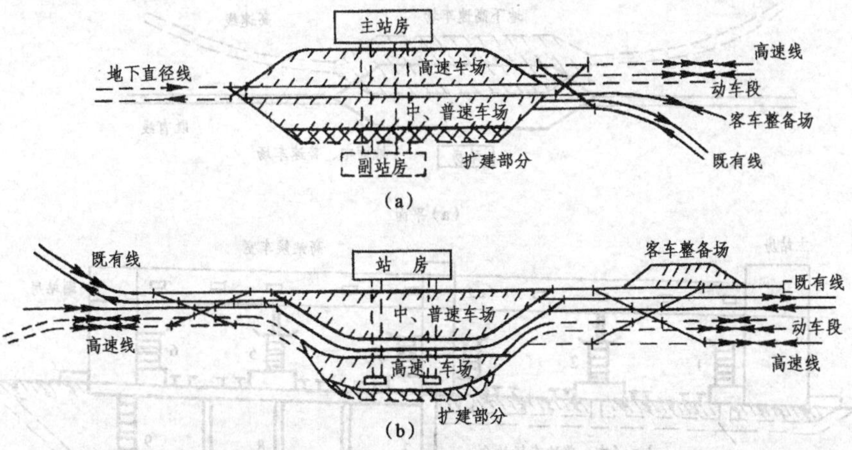

图 9-7　高速列车车场与中、普速车场在同一平面并列合设

（2）高速列车车场与中、普速车场在不同平面合设。图 9-8 为既有站上方高架高速列车车场布置方案。高速线高架引入既有站，在其上方设高架高速列车车场，承担接发高速旅客列车和不停车通过车站的中速旅客列车任务；桥下地面既有站为中、普速车场，承担接发始发、终到、停站通过的中速旅客列车和普速旅客列车任务。两车场两端采用进站线路立体疏解设备互相连通，以便于中速客车上、下高速线。但当没有中速客车上、下高速线，两车场之间也可不必连通，以节省工程费用。高速旅客列车的旅客可通过主、副站房的自动扶梯和高架候车室通廊进、出站和换乘，中、普速旅客列车的旅客可通过高架候车室和地道进、出站。

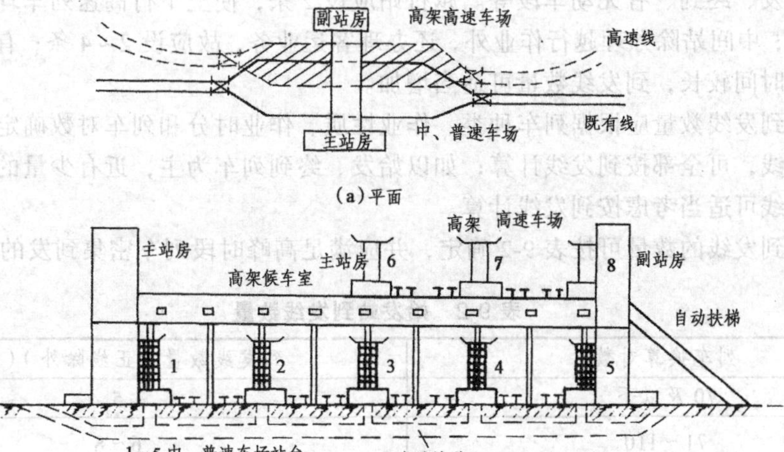

图 9-8　既有站上方高架高速列车车场布置方案

图 9-9 所示为既有站下方设地下高速列车车场布置方案。高速线从地下引入既有站，在既有站地下新建高速车场，既有站改建为中、普速车场，其车场的固定用途与上述相同。两车场两端采用进站线路疏解设备相连接，以便中速列车上、下高速线。高速旅客列车的旅客可沿地道和自动扶梯进、出站和换乘。中、普速旅客列车的旅客可通过高架候车室和地道进、出站。

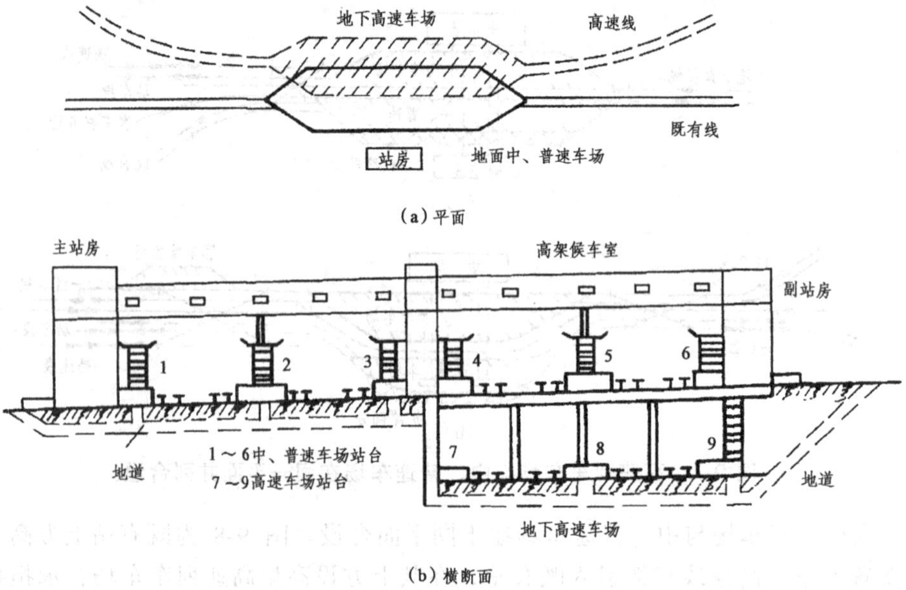

图 9-9　既有站下方设地下高速列车车场布置方案

三、高速铁路车站设备

1. 到发线

车站到发线数量应根据运输模式、客流量和运输性质确定，运输性质系指列车越行、立即折返、始发、终到、有无动车段等。越行站应设 2 条，使上下行高速列车均具有越行跨线列车的条件；中间站除办理越行作业外，还办理客运业务，故应设 2～4 条；有少量折返作业时，其停站时间较长，到发线数量可适当增加。

始发站到发线数量应根据列车种类、作业性质、作业时分和列车对数确定。列车均需停站的站内正线，可全部按到发线计算；如以始发、终到列车为主，近有少量的不停站通过列车，站内正线可适当考虑按到发线计算。

始发站到发线的数量可按表 9-2 确定，并应满足高峰时段列车密集到发的需要。

表 9-2　始发站到发线数量

列车换算对数	到发线数量（正线除外）（条）
70 及以下	5
71～110	6～8
111～150	8～10
151～190	10～12

注：① 表中到发线数量的幅度，可按换算列车对数的多少对应取值。
② 列车对数的换算系数如下：
始发终到高速列车（出入段）为 1.0；
始发终到高速列车（立即折返）为 0.9；
停车通过高速列车为 0.7；
始发终到跨线旅客列车为 1.2；
停车通过跨线旅客列车为 0.8。
③ 以始发、终到列车为主仅有少量不停车列车通过的始发站上的正线，可以适当考虑按到发线使用。

到发线有效长应根据该线最长列车（16×26），两侧停车余量（每侧 15 m）以及安全过走距离确定（每侧 125 m），计算结果为 700 m，进路均应设计为双进路，困难条件下，单方向使用的到发线有效长可采用 575 m。站内不应设平过道。

2. 旅客站台

（1）站台长度。站台长度应按照列车长度加前后富余量确定。动车组按 16 辆编组，每辆车长 26.0 m，车底长 416 m，考虑必要的富余量确定旅客站台长度为 450 m。

（2）站台宽度。站台宽度应根据车站性质、站台类型、客流密度、安全退避距离、旅客进出站通道出入口宽度等因素确定，一般采用表 9-3 中的数据。

表 9-3　旅客站台宽度

名称	大型站（m）	中型站（m）	小型站（m）
站房（行车室）突出部分边缘至站台边缘距离	20.0～25.0	12.0～20.0	≥8.0 通道正对站房处≥10.0
岛式中间站台	12.0～12.5	10.0～12.0	8.5～10.0
侧式中间站台	9.0	7.5～9.0	7.0～7.5

注：① 基本站台宽度：当通道出入口设于基本站台站房范围以外地段时，其宽度不应小于侧式中间站台标准；
② 当站台位于有列车不停车通过的正线一侧时，其宽度应适当加宽。

（3）站台高度。站台高度宜低于车厢底板 2～5 cm，便于旅客上下。根据既有铁路标准和北京站、北京西站站台改造，取值为 1.25 m。

3. 旅客进出站通道

（1）旅客进出站通道宽度。旅客进出站通道宽度应根据客流密度确定，旅客进出站应避免在通道内有对流现象。通道宽度主要取决于一次下车或同时进站的旅客最大人数。大型站进、出通道应分别设置，当聚集人数在 10 000 人及以上的大型客运站，通道宽度不应小于 8.0 m；当聚集人数在 2 000～10 000 人时，通道宽度不应小于 6.0 m；当聚集人数在 2 000 人及以下的小型客运站，通道宽度不应小于 4.0 m。

（2）旅客进出站通道出入口的宽度。通道通向各站台的出入口，有条件时宜设计为双向出入口，其宽度应满足表 9-4 的要求。

表 9-4　旅客进出站通道出入口宽度

名称	大型站（m）	中型站（m）	小型站（m）
基本站台岛式中间站台	5.0 ~ 5.5	4.0 ~ 5.0	3.5 ~ 4.0
侧式中间站台	5.0	4.0	3.5 ~ 4.0

四、高速动车段（所）与车站的布置

始发站要对始发终到的动车车体进行停放、编组、保养、检修和修理等，因此在始发站要设动车段（所）。为了减少动车段（所）与车站的走行距离，动车段（所）应尽量靠近车站。

（1）尽端式车站与段（所）成纵向顺列布置，如图 9-10 所示。

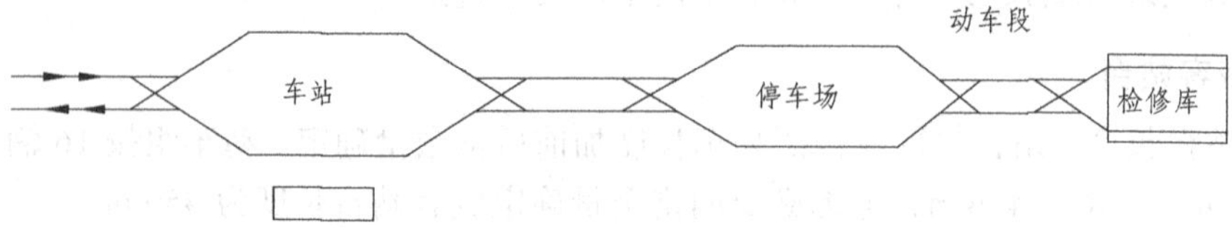

图 9-10　尽端式车站与段、所成纵向顺列布置

这种布置形式的优点是：一端咽喉接发列车，一端咽喉动车车底进出动车段，作业互相不干扰；不用修建车底进出段走行线与正线的立交设备，工程投资少；作业分摊在两端咽喉，作业均衡。因此，条件许可时可采用此种布置形式。如日本山阳线的博多和北陆新线的长野两个终端站。

（2）尽端式车站与段（所）成纵列反向布置，见图 9-11 所示。

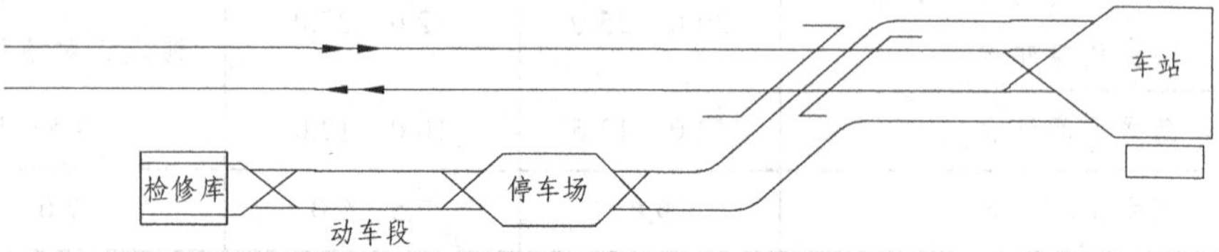

图 9-11　尽端式车站与站（所）成纵列反向布置

这种布置形式大多是因为车站已在市区，与车站顺列方向受城市中心的限制，无法采用顺列式布置时采用的。如日本东海岛干线的东京站，我国北京、上海站。其主要缺点是：列车到发和车底出入段均在一段咽喉进行，会造成咽喉作业负担重，能力紧张。列车到发和车底出入段必然会产生交叉干扰，采用立体疏解布置，会增加工程投资。有时在市区不允许修建立交桥时，咽喉交叉更为严重，如上海站。为了提高高速列车车底使用效率，加速周转，一般情况下车底是"早出晚归"。因此，交叉大多发生在早开始发车时和晚接近停运时，可采用一定的行车组织方式进行疏解。

（3）贯通式车站与段（所）成纵列布置，如图 9-12 所示。

这种布置形式的特点是：动车段无论设在车站那一侧，都会产生列车到发与车底出入段的交叉，为疏解此交叉，站内有立体疏解布置，虽然增加了工程量，但疏解了进路交叉，安全性好、通过能力大。因此这种布置形式是常用的形式，当列车到发作业次数和终到作业次数较多时，为避免往返运行的列车转线作业与接发车作业的交叉干扰而设置的，如京沪高速线的济南、徐州、南京等均属此种布置。

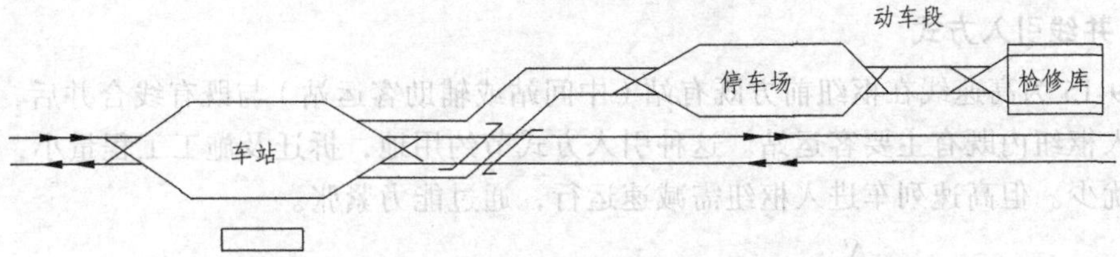

图 9-12　贯通式车站与段（所）成纵向顺列布置

（4）贯通式车站与段（所）成横列布置，如图 9-13 所示。

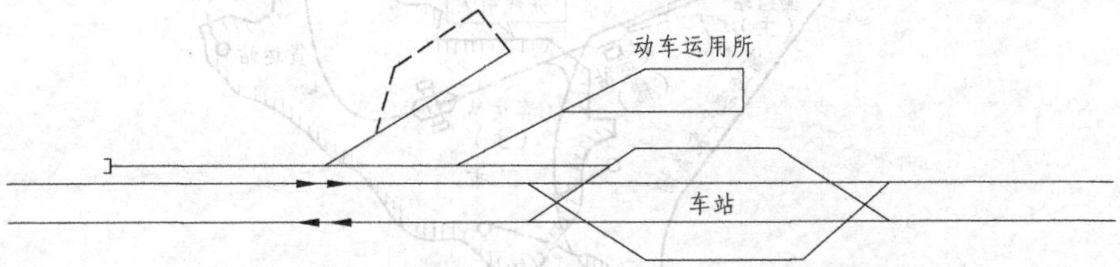

图 9-13　贯通式车站与段（所）成横列布置

这种布置形式的特点是动车运用所与车站横列布置，列车到发与车底出入段相互干扰，并为平面疏解，虽工程投资少，但交叉严重。因此多数为规模小的运用所与车站的布置形式，如京沪线的蚌埠站。

五、高速线引入既有枢纽的方式

1. 并行引入方式

图 9-14 为高速线引入枢纽内主要客运站高速线 A′B′与既有干线 AB 在枢纽内高架并行，在主客站旁设高架高速车场，与既有地面的客运车场横列布置。这种引入方式充分利用既有设施，站房共用，便于旅客换乘，且对城市不产生重新分割。但高速线穿越市区，与城市干道相交叉，拆迁工程量较大，并且高速线在枢纽内的技术条件会受限制，将影响高速列车通过的运行速度。

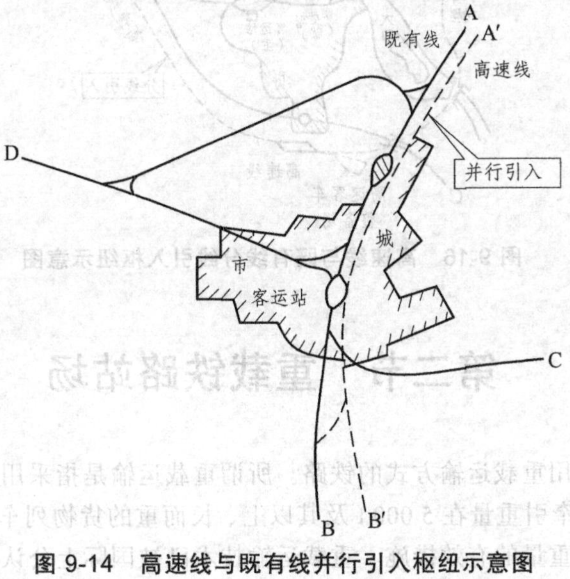

图 9-14　高速线与既有线并行引入枢纽示意图

2. 并线引入方式

图 9-15 为高速线在枢纽前方既有站（中间站或辅助客运站）与既有线合并后，再利用原有线引入枢纽内既有主要客运站。这种引入方式节约用地，拆迁及施工工程量小，高速线对城市干扰少。但高速列车进入枢纽需减速运行，通过能力紧张。

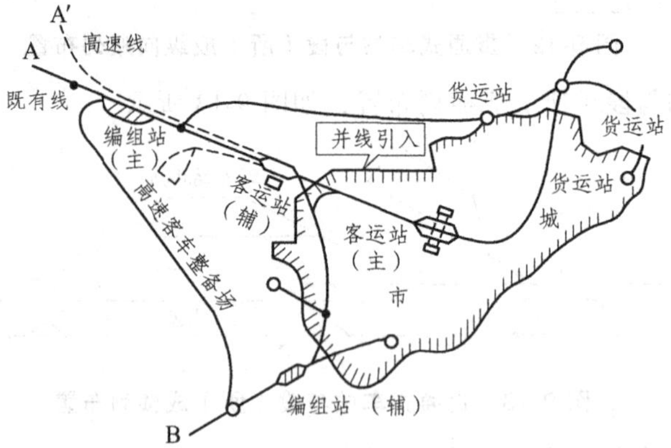

图 9-15　高速线与既有线并线引入枢纽示意图

3. 分线引入方式

图 9-16 为高速线在枢纽内的走向离开既有线，引入枢纽内适当地点的新建高速站。图中高速线 A' B' 进、出枢纽都与既有线 AB 分开，高速线在大江上游新桥址过江，并在枢纽的南部城市边缘新建高速站。这种引入方式对城市环境影响少，拆迁工程量少，枢纽通过能力大。但高速站远离市区，不利于吸引客流，也不利于旅客换乘。

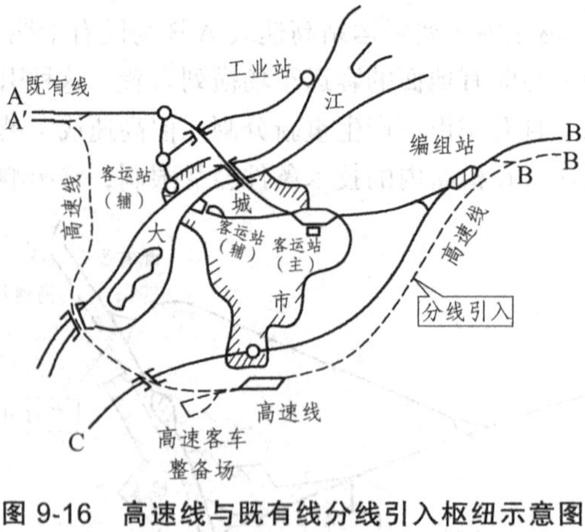

图 9-16　高速线与既有线分线引入枢纽示意图

第二节　重载铁路站场

重载铁路是指采用重载运输方式的铁路。所谓重载运输是指采用大功率的机车或多机牵引的方式，组织开行牵引重量在 5 000 t 及其以上、长而重的货物列车的一种运输方式。发展重载运输是提高列车重量的有效措施。重载运输技术已被国际上公认为是铁路货物运输的发展方向。在我国，现阶段对铁路技术设备进行必要的改造，相应改革运输组织方法，在一些线路上实行重载运输，是扩大运输能力的重大技术措施。由于每一条铁路线路和区段能力紧张程度及可能采取的加强措施并不相同，因此，对于我国需要实行重载运输的不同铁路线，应当根据机车车辆、线路设备条件和货物运输要求，采取不同的运输方式。

一、重载运输方式

重载运输方式主要有单元式重载运输、整列式重载运输、组合式重载运输等三种基本方式。

1. 单元式重载运输

以单元式重载列车为主的运输方式称为单元式重载运输，它是将机车和车辆固定编组，组成一个运输单元，运输固定品类的货物，在装车地和卸车地之间循环往返运行。运输过程中没有改编作业，在装卸地点机车不摘挂，不停车地进行装卸作业。在开行重载单元列车的运煤专线上，部分车站线路要满足重载单元牵引 10 000 t 以上时，到发线有效长为 1 700～2 100 m。装、卸地点设置环线，以满足整列不摘车装卸作业的要求。

2. 整列式重载运输

以整列式重载列车为主的运输方式称为整列式重载运输，它是由单机或多机牵引，机车挂在列车头部，开行按站线有效长 1 050 m 确定的牵引重量的货物列车。这种货物列车采用普通列车的作业组织方法，其到、解、编、发、取、送、装、卸和机车换挂作业与普通货物列车完全一样，只不过牵引重量有显著提高，达到 5 000 t 及以上。这种重载运输方式只要求部分车站的到发线有效长延长至 1 050 m，是我国大部分繁忙干线目前发展重载运输的主要方式。

3. 组合式重载运输

以组合式重载列车为主的运输方式称为组合式重载运输，它是由两列或两列以上开行同一方向的普通货物列车合并连挂，首尾相接而组成的列车，本务机车分别挂在列车的头部和中部，在运行图上占用一条运行线，运行到前方某一技术站或终到站分解的重载列车。这种列车除了要进行普通货物列车所进行的作业以外，还要进行列车的组合和分解。只有在施工地段以及区间通过能力接近饱和的困难区段上，才根据运输的实际需要开行这种列车。它要求少数中间站的部分线路和技术站、装卸基地站及其前、后方车站的个别线路需要延长，以适应列车越行、会让、组合和分解的需要。

二、开行整列式重载列车的站场改建

1. 中间站的改建

由于整列式重载列车牵引重量达到 5 000 t 及以上，因此，在开行整列式重载列车的既有繁忙干线上，必须将该干线中间站的到发线有效长延长至 1 050 m，以满足重载列车待避旅客列车的需要。

在进行改建时，根据计算期牵引区段开行的重载列车的数量和旅客列车的对数，确定改建车站的数量，尽可能选择没有货场或专用线接轨的中间站，以节省工程费用。当上、下行都开行重载列车时，尽量在一个车站设置上、下行重载列车待避线，以便管理。改建后的中间站布置图，应尽量选择向车站一端延长的横列式布置图，并应满足重车方向停车的重载列车的启动条件。图 9-17 所示为开行重载列车的双线横列式中间站布置图，该图站坪与区间纵断面的配合形式为凸形，站线向车站一端延长改建而成，保证重车方向重载列车的启动。当站坪与区间纵断面的配合形式为凹形时，则到发线应向 *A* 端延长，才能保证重车方向重载列车的顺利启动。

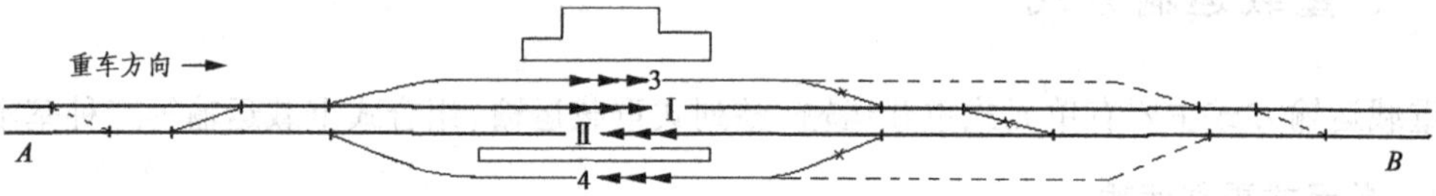

图 9-17　重载铁路中间站改建

2. 技术站改建

在开行整列式重载列车的既有繁忙干线上，为了满足重载列车接发、解编和换重作业的需要，必须对既有技术站进行改建。技术站的改建主要是延长到发线，使站线有效长达到 1 050 m。

在进行改建时，要充分利用既有设备，不变更站型结构，少改动车站咽喉，特别是驼峰线路，以减少工程费用。延长站线的数量和范围应满足该站最大可能开行的重载列车的需要，并使延长后的站线有利于重载列车的启动。

三、重载单元列车装卸车地车站布置图

重载单元列车从装车地到卸车地的技术作业流程为：重载单元列车由始发技术站将空车送至装车地，在装车地由环线或贯通装车线进行装车后，返回始发技术站进行列车的技术检查及机车的检查作业，并把装车地达不到整列装车条件的列车组成重载单元列车。作业完成后，重载单元列车由始发技术站驶往卸车地。列车到达卸车地后，进入终点技术站进行列车到达的技术作业后，再进入终点卸车站，不摘机车连续进行卸车作业。卸后空车返回终点技术站，在终点技术站办理出发作业返回始发技术站。至此完成了重载单元列车的一次循环。

1. 始发技术站布置图

图 9-18 所示为重载列车装车地始发技术站布置图。该布置图为一级三场编组站，*A* 方向衔接干线，*B*、*C* 方向衔接装车地。上、下行到发场布置在调车场两侧，接发重载列车的到发线紧靠正线。站修所设在调车场尾部，机务段按预留二级四场规划位置设置。重载列车车辆检修基地规模较大，设在一个方向的正线外侧，与正线立交引入上、下行到发场。

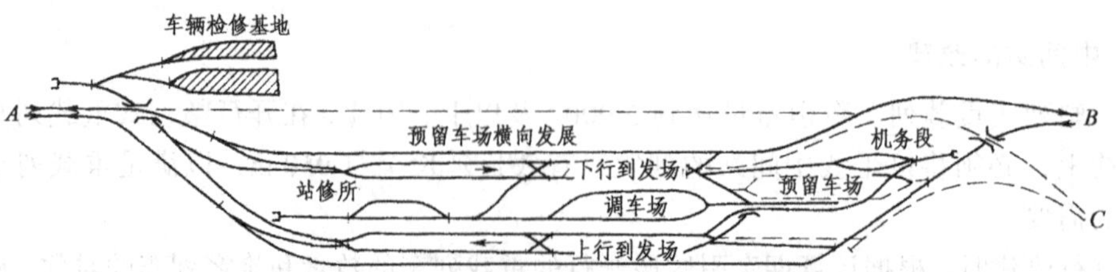

图 9-18　单元式重载列车装车地始发技术站布置图

2. 终点技术站布置图

图 9-19 所示为单元式重载列车卸车地终点站技术站布置图。站内设有到发线、调车线、存车线、牵出线、机车走行线、机待线，另根据需要设轨道车停留线及大型养路机械停留线等。车站到发线有效长与开行的重载单元列车相适应，站内设有机务设备（折返段）及车辆站修所各一处。

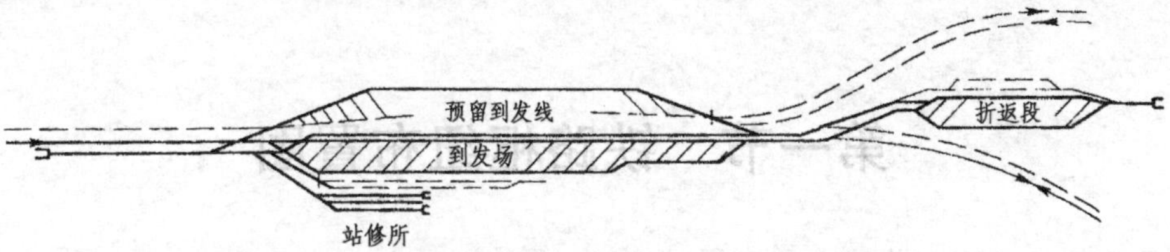

图 9-19　重载单元列车卸车地终点技术站布置图

3. 终点卸车站布置图

图 9-20 所示为开行单元式重载列车的铁路卸车地终点卸车站（港口站），也是路、港交接的煤炭转运站。

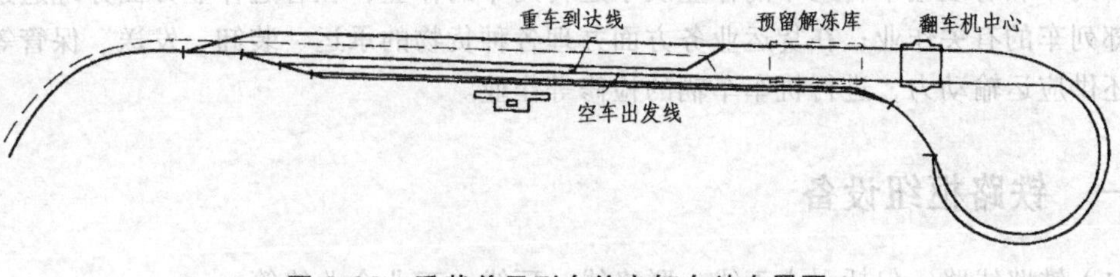

图 9-20　重载单元列车终点卸车站布置图

车站设有重车到达线、翻车机卸煤线与空车出发线，其到发线有效长可满足 10 000 t 重载单元列车的需要。重车到达线与空车出发线呈纵列环行布置，中部以两条卸煤线连接。两条卸煤线各设一台翻车机，在翻车机入口处设拨车机及预留解冻库。空车线 4 条分成两组，每组 2 条，两组呈纵列布置。其中一组与卸煤线衔接，另一组与重车到达场横列布置。重载单元列车卸车采取不摘机车连续流水作业方法。列车到达后，路、港双方在重车到达线办理交接作业，列车运行到拨车机固定停车处，机车落下受电弓并处于非工作状态，按规定的翻车机每次卸车数，由拨车机将重车送至翻车机卸煤线，经翻车机连续卸车，卸后的空车列经空车出发线返回铁路技术站。

复习思考题

1. 国外高速铁路有哪些建设模式？并分析其特征？
2. 我国高速铁路宜选择哪种模式？为什么？
3. 高速铁路站场布置有哪些特点？
4. 高速铁路大型客运站布置图有哪几种？各有什么特点？
5. 重载列车的运输方式有几种？在什么条件下采用？
6. 开行整列式重载列车时，其站场应进行哪些改建工程？

第十章 铁路枢纽

第一节 铁路枢纽布置图

在铁路干、支线的交汇点或终端地区，由各种铁路线路、专业车站以及其他为运输服务的有关设备组成的总体称为铁路枢纽。铁路枢纽是连接铁路干、支线的中枢，是为城市、工业区或港埠区服务以及与国民经济各部门联系的重要纽带，也是交通运输枢纽的主要组成部分。

铁路枢纽既是客货流从一条铁路线转运到另一条铁路线的中转地区，又是城市、工业区客货到发和联运地区。它除办理枢纽内各种车站的有关作业外，在货运运转方面还办理无改编中转列车和有改编中转列车的作业及小运转列车的作业；在客运作业方面办理通过、管内和市郊列车的有关作业；在货运业务方面办理各种货物的承运、装卸、发送、保管等作业；此外还供应运输动力，进行机车车辆的检修等作业。

一、铁路枢纽设备

（1）铁路线路，包括引入正线、联络线、环线、工业企业线等。

（2）车站，包括客运站、货运站、编组站、工业站等。

（3）疏解设备，包括铁路线路与铁路线路的平面和立体疏解、铁路线路与城市公路的跨线桥和平交道口以及线路所等。

（4）其他设备，包括机务段、车辆段、客车整备所等。

二、铁路枢纽分类

铁路枢纽按其在铁路网上的地位和作用分为路网性铁路枢纽、区域性铁路枢纽和地方性铁路枢纽。

1. 路网性铁路枢纽

凡承担铁路客、货运量和车流组织任务涉及整个铁路网的枢纽都属路网性铁路枢纽。这种枢纽一般位于几条铁路干线交叉或衔接的大城市，办理大量的跨局通过车流和地方车流，设有较多的专业车站，其设备的规模和能力都很大，如沈阳、北京、郑州、徐州、武汉、上海等。

2. 区域性铁路枢纽

凡承担铁路客、货运量和车流组织主要为一定区域范围服务的枢纽都属区域性铁路枢纽。这种枢纽一般位于干线与支线交叉或衔接的大、中城市，办理管内的通过车流和地方车流，设备规模不大，如太原、蚌埠、柳州等。

3. 地方性铁路枢纽

凡承担的运量和车流组织主要为某一工业区或港湾等地方作业服务的枢纽都属于地方性铁路枢纽。这种枢纽一般位于大工业企业和水陆联运地区，办理大量的货物装卸和小运转作业，如大同、秦皇岛等。

三、铁路枢纽的布置图

铁路枢纽的布置图形可分为一站铁路枢纽、三角形铁路枢纽、十字形铁路枢纽、顺列式铁路枢纽、并列式铁路枢纽、环形铁路枢纽、混合型铁路枢纽和尽端式铁路枢纽八种类型。

1. 一站枢纽

一站枢纽是铁路枢纽布置图形中最简单的一种，一般由一个综合性车站（兼办客、货、改编作业）和 3～4 条引入线路组成。它的布置图有两种形式：一种是以办理无改编中转列车为主、解编作业为辅的枢纽区段站；另一种是以解编作业为主、无改编中转列车为辅的小型编组站，如图 10-1 所示。

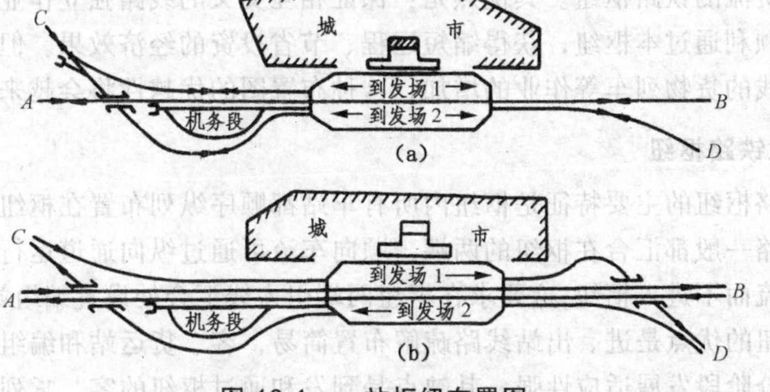

图 10-1 一站枢纽布置图

一站枢纽的优点是：所有作业集中在一个车站办理，不存在保证各车站间运输联系通道及作业量分配的问题，作业灵活、设备集中、管理方便，运营效率高。其缺点是由于作业集中，必然产生大量的作业进路交叉干扰，通过能力及改编能力都较小。为此要求各线路引入方向能直接接入到发场，以保证各方向接发列车的独立性和机动性。为减少线路间的交叉干扰，可选择线路别立体疏解布置，如图 10-1（a）所示，或方向别立体疏解布置，如图 10-1（b）所示。该枢纽适用于引入线少，城市规模小，无改编中转列车占较大比重，没有必要设几处车站的情况。

2. 三角形铁路枢纽

三角形铁路枢纽是引入枢纽线路汇集于三点，并在三点间修建联络线而形成，一般各衔接方向间都有较大的客、货运量交流。在改编作业较大的线路上设置一个客货运共用的车站，其他方向的通过列车可顺联络线通过，以缩短列车行程和消除折角列车，如图 10-2 所示。

A 与 *C* 的折角直通列车可不进入客、货共用站，而经由中间站 1 和中间站 2 间的联络线运行，以缩短列车行程和消除变更列车运行方向的有关作业。当枢纽改扩建时，可将客、货共用站改为客运站，既有货运运转设备为地方车流服务，在主要车流 *AB* 干线上新建编组站。

当有第四方向引入时，也可引入新建编组站，见图 10-2 中虚线所示。当线路汇集于三点，各方向间有较大客货运量交流时，可参照三角形铁路枢纽进行总体规划。

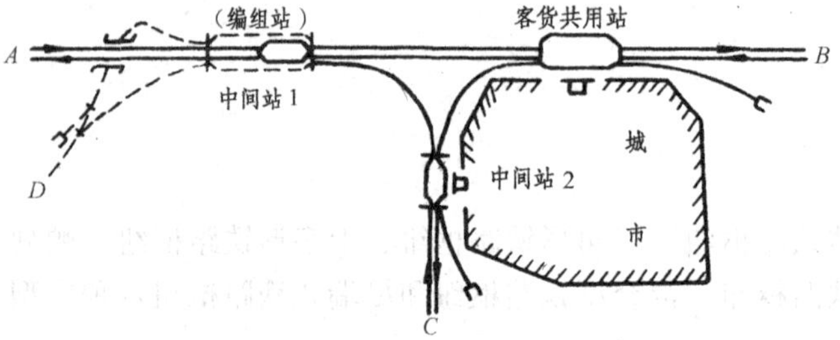

图 10-2　三角形枢纽布置图

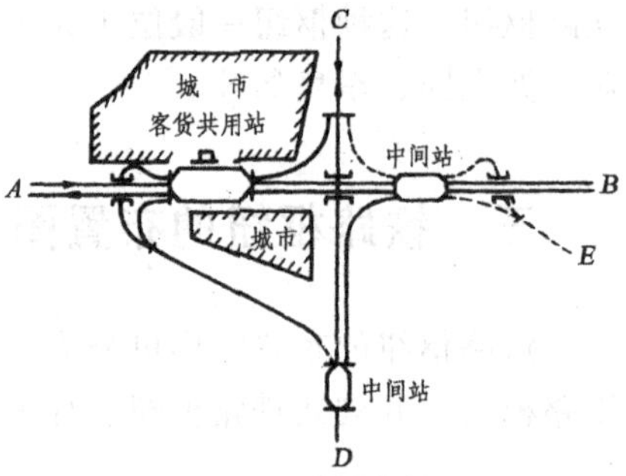

图 10-3　十字形枢纽布置图

3. 十字形铁路枢纽

如图 10-3 所示，十字形铁路枢纽布置图的主要特征是两条铁路线近似正交，在枢纽中心设有呈“十字”形的交叉疏解布置，车站设在各引入线上，根据车流状况和车站布置修建必要的联络线。它适用于相互交叉的衔接线路之间交换的客、货运量甚少，而直线方向具有大量的直通客、货流的铁路枢纽。其优点是：保证相互交叉的线路独立作业，互不干扰，直通客、货列车可顺利通过本枢纽，获得缩短运程、节省投资的经济效果。但随着相交线路间换乘的旅客、转线的货物列车等作业的增加，这种布置图的优越性将会越来越少。

4. 顺列式铁路枢纽

顺列式铁路枢纽的主要特征是枢纽内所有车站都顺序纵列布置在枢纽内同一条伸长的通道上。引入线路一般都汇合在枢纽的两端，顺向车流可通过纵向通道运行，折角车流宜在枢纽前方组织分流而不进入枢纽，这要求在枢纽两端引入线汇合处设置编组站或联络线等设施。

顺列式枢纽的优点是进、出站线路疏解布置简易，客、货运站和编组站的布置有较大的灵活性，枢纽分阶段发展适应性强。其缺点是到发和通过枢纽的客、货列车及枢纽内小运转列车均集中运行在同一条通道上，区间通过能力紧张，车站咽喉区负担过重，货物列车通过客运站，对客运作业干扰大。为增加共同通道的通过能力，可修建第三、第四正线，在枢纽两端的编组站之间修建迂回线以分流货物列车，沿迂回线修建货运站或工业站，以分流枢纽内小运转车流，见图 10-4 中虚线所示。

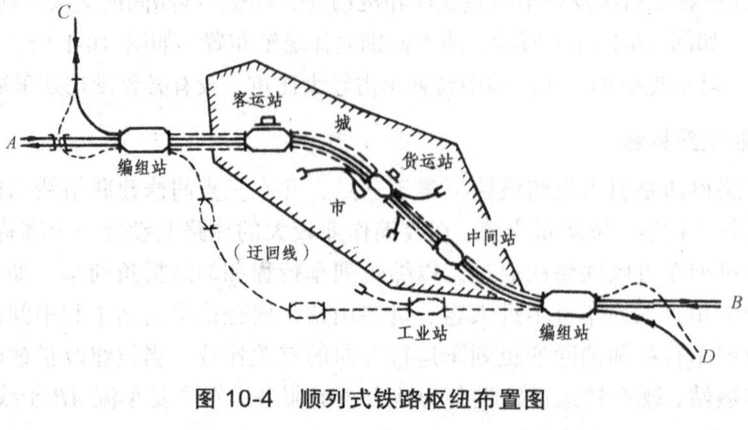

图 10-4　顺列式铁路枢纽布置图

当引入线路分别在枢纽两端汇合，位于傍山沿河的狭长地带以及沿共同通道分布工业区、仓库区，需设置两个以上专业车站的枢纽，可参照顺列式铁路枢纽进行总体规划。

5. 并列式铁路枢纽

如图 10-5 所示，并列式铁路枢纽的特点是编组站与客运站平行布置，衔接铁路线先按线路方向引入枢纽，再按列车种类（客、货）分别引入平行布置的编组站和客运站。

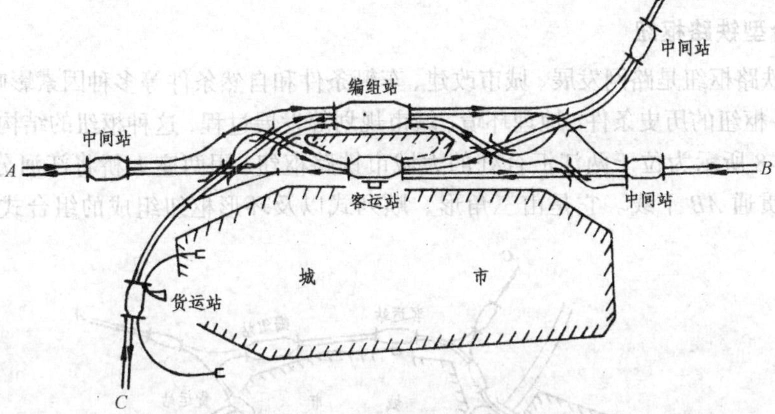

图 10-5　并列式铁路枢纽布置图

并列式铁路枢纽的优点是客、货列车运行径路在枢纽内完全分开，互不干扰，通过能力大；在当地条件受限制时，客运站和编组站位置的选择有较多的活动余地；货物列车在市区边缘运行，不干扰城市。其缺点是进、出站线路疏解布置较为复杂，引线工程较大，枢纽内线路的平、纵断面技术条件较差，增加了客、货列车的运营里程和费用，枢纽的分期过渡也比较困难。

并列式铁路枢纽适用于客、货运量都很大，而当地条件又适合并列布置两个专业车站的枢纽。

6. 环形铁路枢纽

环形铁路枢纽布置图形的主要特征是引入线路方向较多，用环形线路将所有引入线路方向连接起来形成一个整体，各种专业车站布置在环线、半环线上或自环线引出伸入城市中心附近，利用联络线将车站与环线连接，如图 10-6 所示。图 10-7 所示为环形枢纽各类车站设置示意图。

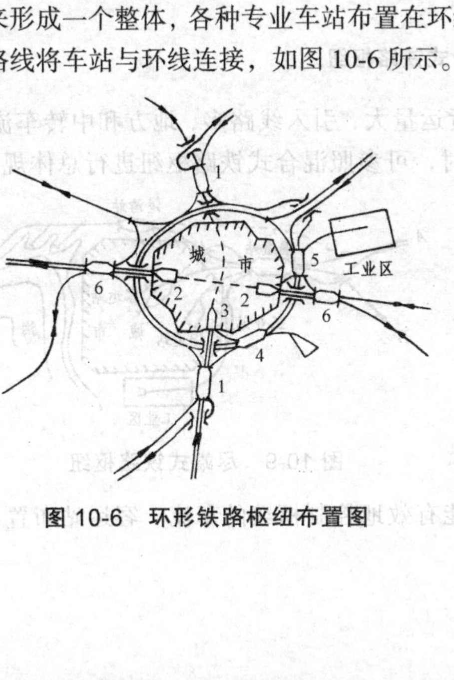

图 10-6　环形铁路枢纽布置图

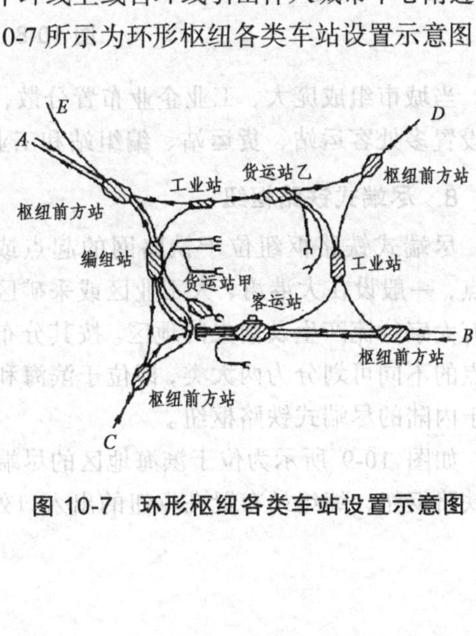

图 10-7　环形枢纽各类车站设置示意图

环形铁路枢纽的主要优点是：避免了接轨点过分集中在编组站或枢纽两端带来的客、货列车互相干扰的缺陷；专业站的设置有更多的选择余地，能更好地结合城市规划使其布置在适当地点；便于各方向间大量车流（包括折角）的交换，通道灵活，环线能发挥平衡与调节的作用，枢纽通过能力大。其缺点是环线的修建工程费用大，有的方向的列车必须迂回接入编组站或客运站，增加了列车运行里程。

环形铁路枢纽适用于有众多线路方向分散引入，且其间有大量的客货运量交流，并要求枢纽内的列车运行径路有较大的机动灵活性，需设置环线或半环线的大城市。

7. 混合型铁路枢纽

混合型铁路枢纽是路网发展、城市改建、车辆条件和自然条件等多种因素影响下逐步发展形成的。根据各枢纽的历史条件、地理环境、城市规划等发展过程，这种枢纽的结构是多种多样的。

如图 10-8 所示为位于两江汇合处的大城市铁路枢纽，用两座大桥将江河分割的三镇连接在一起，并贯通 *AB* 干线。它是由三角形、顺列式以及环形枢纽组成的组合式铁路枢纽。

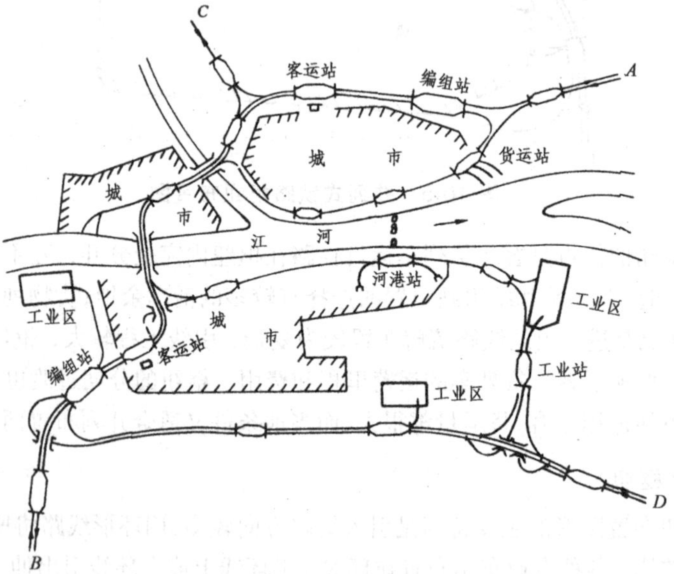

图 10-8　混合式铁路枢纽

当城市组成庞大，工业企业布置分散，客货运量大，引入线路多，地方和中转车流繁重，需设置多处客运站、货运站、编组站和工业站时，可参照混合式铁路枢纽进行总体规划。

8. 尽端式铁路枢纽

尽端式铁路枢纽位于铁路网的起点或终点，一般设在大港湾、大工业区或采矿区等有大宗货流产生及消失的地区。按其分布地点的不同可划分为两大类，即位于滨海和位于内陆的尽端式铁路枢纽。

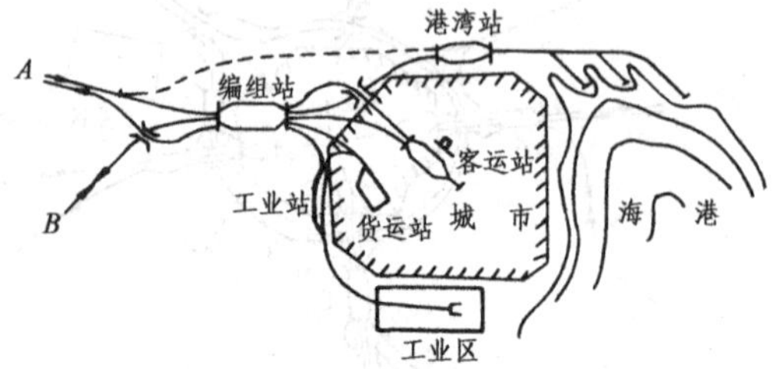

图 10-9　尽端式铁路枢纽

如图 10-9 所示为位于滨海地区的尽端式铁路枢纽，编组站布置在枢纽的出入口处，能有效地控制枢纽的车流。客运站布置在市区中心，与编组站顺序排列。港湾站、工业站分布在港区和工业区，并与编组站有方便的联系。根据需要修建相应的联络线，以利各装卸点间车流交换。当枢纽作业量大时，可设置绕过编组站的通过线，参见图 10-9 中虚线所示，以减轻出、入口咽喉的负荷。

第二节　铁路枢纽内主要线路的配置

一、枢纽引入线和联络线

1. 枢纽线路的引入方式

当新线引入枢纽时，应尽可能使中转车流顺直地以最短路径通过枢纽，使地方车流顺利地送达枢纽内各装卸点，使折角车流无多余走行公里，不改变运行方向通过枢纽。

（1）直接引入。线路直接引入枢纽内的客、货共用站或编组站，如一站枢纽。

（2）分歧引入。当枢纽内编组站与客运站并列布置时，枢纽进、出站线路采取在枢纽前方适当地点按客、货列车种类分歧引入的方式，如并列式铁路枢纽。

（3）会合引入。当枢纽内客运站与编组站顺列布置，且运量不大时，为了简化枢纽结构，将两条线路在枢纽前方站、线路所或其他车站合并后引入编组站，如顺列式铁路枢纽。

（4）分散引入。在设有环线或半环线的枢纽内，引入线的方向较多且分散，故一般都根据现有枢纽的条件，分散引入环线上的各专业站上，如环形铁路枢纽。

2. 联络线

联络线是把枢纽内的车站与车站、车站与线路及线路与线路衔接起来的线路。联络线的主要作用是分散枢纽内主要干线及专业车站的列流，以增强枢纽的通过能力；缩短列车运行距离，使列车以最短路径通过枢纽；消除折角列车运行，尽可能地不改变列车运行方向；减轻车站的作业负荷和交叉干扰等。

（1）消除折角运行的联络线。当枢纽内相邻干线间有一定数量的折角车流时，为保证不变更运行方向并以最短路径通过枢纽，可修建消除折角运行的联络线。参见图 10-3 所示中间站与中间站之间修建的联络线。

（2）增强枢纽能力的联络线。当枢纽内某一线路区间或某一车站通过能力紧张时，为了减轻负荷，可修建绕过这些线路区间或车站的联络线（迂回线），使中转车流由此通过，增强枢纽的通过能力，如顺列式枢纽。

（3）便于列车顺接的联络线。当枢纽内某干线的列车须从编组站一端接入，以利驼峰的改编作业时，须修建便于列车顺向接入枢纽的联络线。

二、枢纽环线和直径线

1. 枢纽环线

在大型或特大型铁路枢纽上，当枢纽的引入线路较多时，可修建环线或半环线。它的主要优点是便于各衔接线路方向间直通客、货列车运行；避免了各衔接线路引入线集中于少数汇合点而引起枢纽内通过能力紧张的状况；有利于各种专业车站在枢纽内合理分布及相互间的联系，通路机动灵活；客、货运设备易伸入市区，可为枢纽内客、货运作业提供较好的服务条件。在多数情况下，引入线路和各种联络线（包括迂回线）都是构成环线的主要部分。

对于引入线路较多的铁路枢纽，在条件许可时，可同时设置内环线和外环线。内环线主要为客运和地区货运作业服务（设置主要客运站和货运站）；外环线主要为分流各引入线路之间的直通中转车流服务（设置主要编组站）。

2. 枢纽直径线

在大城市或特大城市环形或半环形铁路枢纽内，为便利客运作业，适应旅客快车高速通过铁路枢纽的需要，可修建连接两个以上客运站并穿越城市中心的枢纽直径线。其优点有：可缩短通过枢纽的旅客列车行程；便于城市旅客就近乘车，中转旅客原站换乘；可利用直径线将尽头式客运站改建成通过式或半通过式，以提高车站的通过能力；可增加枢纽内通道，提高枢纽的通过能力和作业的机动灵活性；可减少旅客乘坐市内交通工具换乘，以减轻城市交通的负荷；可为发展市郊铁路运输创造有利条件等。

三、枢纽进出站线路疏解布置

1. 枢纽线路的平面疏解

（1）车站咽喉区平行进路疏解。枢纽线路平面疏解最基本的方法是车站咽喉区平行进路疏解。当线路需要在枢纽内某处分歧或会合时，可以设置线路所以实现进站线路的平面疏解，如图10-10、10-11所示。

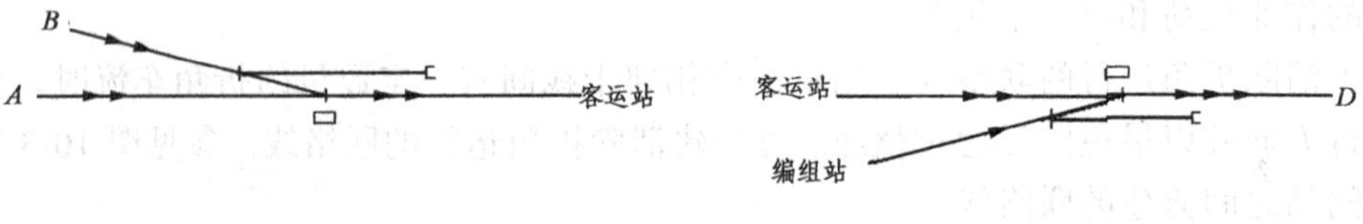

（a）　　（b）

图10-10　汇合线路所布置图

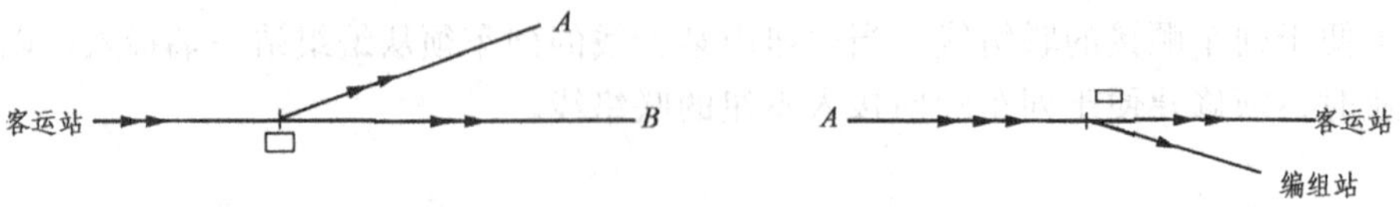

（a）　　（b）

图10-11　分歧线路所布置图

当各衔接方向的各条线路之间既有会合进路又有分歧进路时（如图10-12所示），可在线路所范围内铺设必要的平行进路（图中虚线所示），以提高通过能力。

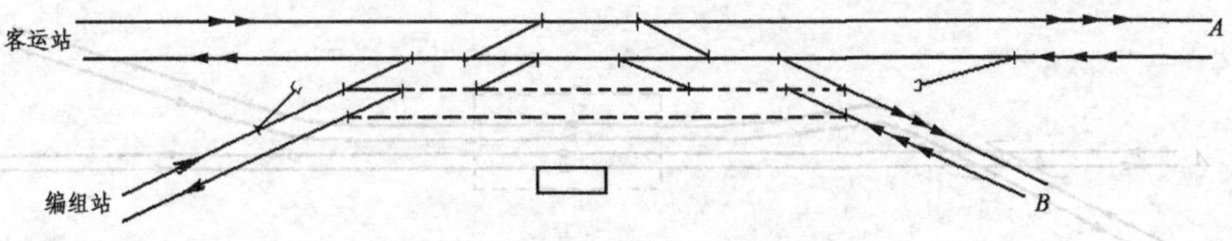

图 10-12 枢纽前方线路所布置图

（2）闸站。闸站是在讨论线路分歧、会合或交叉地点增设必要的配线，用来调整列车运转，它也属于平面疏解范围。如图 10-13（a）所示为单线与双线铁路交叉地点的闸站布置图，在两正线之间设置待避线 3，便于单线 *CD* 的列车在待避线上作短时间停车，依次通过两条正线。图 10-13（b）所示是按运转种类分歧地点所设的闸站布置图，图 10-13（c）所示为按线路方向会合的闸站布置图。为保证列车停后迅速启动，待避线应设在直线上。为保证行车安全，待避线两端均应设安全线。

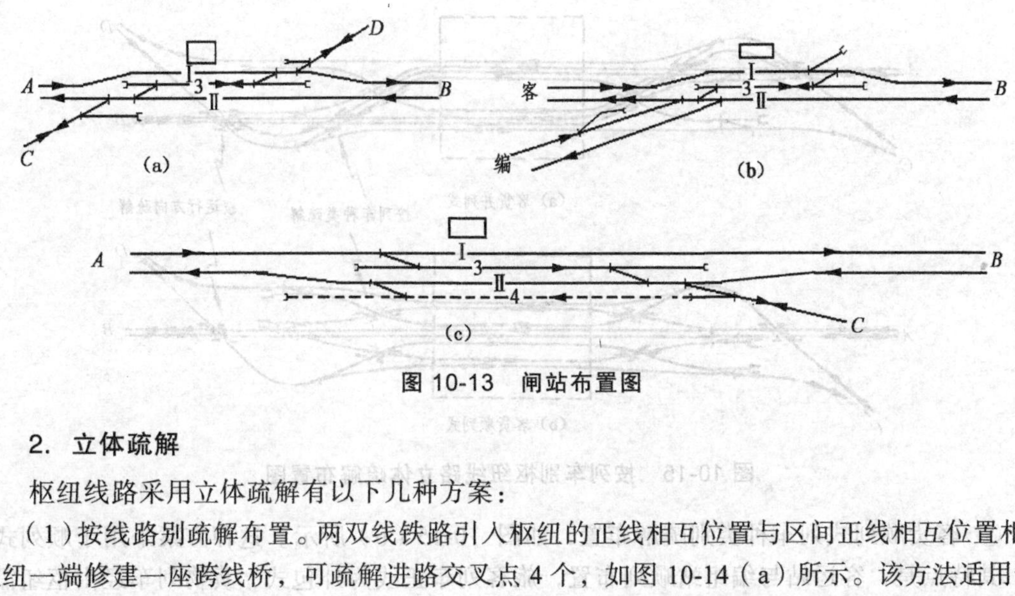

图 10-13 闸站布置图

2. 立体疏解

枢纽线路采用立体疏解有以下几种方案：

（1）按线路别疏解布置。两双线铁路引入枢纽的正线相互位置与区间正线相互位置相同，枢纽一端修建一座跨线桥，可疏解进路交叉点 4 个，如图 10-14（a）所示。该方法适用于两线路间相互交换的客、货行车量（转线车流）很少，其改编作业量也不大的铁路枢纽进出站线路。

（2）按方向别疏解布置。两双线铁路引入枢纽的正线相互位置按上、下行方向分区布置，枢纽两端各修建一座跨线桥，每座跨线桥可疏解两个列车进路交叉点，如图 10-14（b）所示。该方法适用于两线路间相互交换的客、货行车量较大，其改编作业量也较大的铁路枢纽进出站线路。

（3）按列车种类别疏解布置。在枢纽内当旅客列车和货物列车的进、出站线路需要分开设置时，应采用按列车种类别疏解的线路布置方案。根据枢纽内客运站和编组站的相互配列位置，此方案又分为以下两种：

① 客货并列式列车种类别疏解布置，如图 10-15（a）所示。这种方案采用于并列式枢纽，其特点是：客运站与编组站并列布置，在外包式方向别疏解布置的基础上，再修建 4 座跨线桥，使客、货列车的进出站线路完全分开，使所有进路交叉点全部立体疏解。

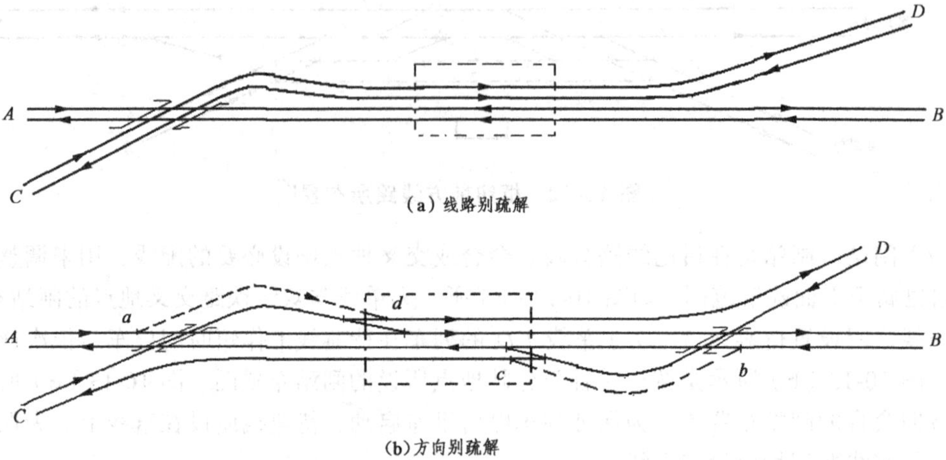

图 10-14　按线路别和方向别枢纽线路立体疏解布置图

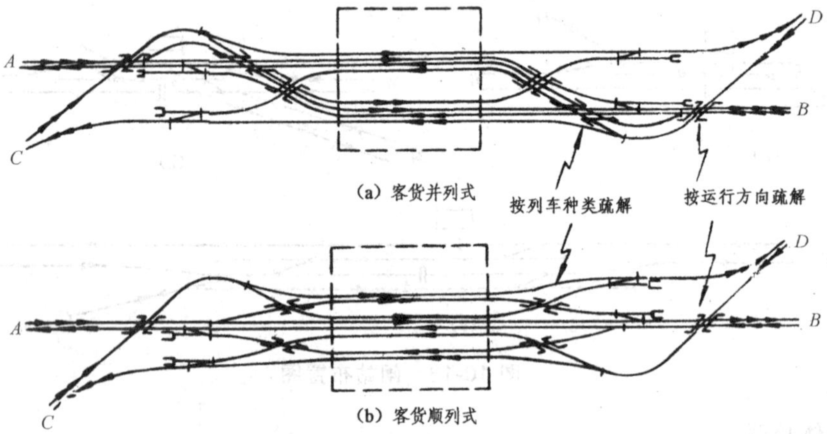

图 10-15　按列车别枢纽线路立体疏解布置图

② 客货顺列式列车种类别疏解布置，如图 10-15（b）所示。这种方案采用于顺列式枢纽，其特点是：客运站与编组站顺列布置，旅客列车正线为外包式，货物列车经由枢纽需要通过客运站，在外包式方向别疏解布置的基础上，再修建 4 座跨线桥，以疏解客、货列车的进出站进路交叉点。

第三节　铁路枢纽简介

我国铁路枢纽约有 500 多个，一般也是全国或者省区的政治、经济、文化中心或工业基地和水陆联运中心等，具有代表性的铁路枢纽有：

1. 北京铁路枢纽

是联结八个方向的全国最大的铁路枢纽。有京广、京沪、京九、京沈、京包、京通等铁路呈辐射状通向全国，并有国际列车通往朝鲜、蒙古和俄罗斯。

北京铁路枢纽属环形铁路枢纽，核心区形成内环（北京—北京南—广安门—北京西）和外环（丰台、丰西—东南环—双桥—东北环—西北环—丰沙—丰台、丰西）二重环线。通过环线连接京广、京山、京包、京原、京九、京承、京秦、京通、丰沙等 9 条铁路干线。北京铁路枢纽是以特大型客运站北京站、北京西站和路网性编组站丰台西站为主，辅之以北京南站、北京北站等客运站和枢纽辅助编组站丰台站、双桥站，以及广安门、大红门、百子湾、石景山南站等货运站组成的中国最大的铁路枢纽。

北京西客站是一座现代化客运站，占地 51 万 m^2，建筑面积为 17 万 m^2，是京九铁路的龙头工程，最高客运能力可达每日 90 对列车 60 万人次，是世界最大的铁路客运站之一。目前北京西客站出发的列车覆盖华南、西南、西北地区的主要城市，成为北京向全国、全世界传递信息的重要窗口。

北京南站是中国最大的客运特等站，客流量名列世界第三，被誉为“亚洲第一站”。北京南站作为京津城铁以及京沪高铁的始发站和终到站，也是中国第一座高标准现代化的客运专线大型客站，承担京津城际铁路列车的到发任务，以及京沪高速铁路等客运专线列车在北京到发的客运站。

2. 上海铁路枢纽

是东部沿海地区最大的枢纽站。既是京沪线和沪杭线的终点，又是我国远洋航运和沿海南北航线的中心，客流量和货运量极大。

上海铁路枢纽有京沪、沪杭两大干线引入，并有南何、何杨、真西、淞沪、新日、金山、新闵、吴泾 8 条支线，共有车站 35 个，其中设有上海、上海南、上海西 3 个客运站，南翔、新龙华一主一辅编组站，北郊、桃浦、上海西、新龙华、南浦、洋浦 6 个主要货运站。

上海铁路枢纽呈环状加放射线的大型枢纽，已形成以上海、虹桥、上海南和浦东站为客运站的客运系统。

3. 广州铁路枢纽

是我国华南的水陆交通中心，京广、广深铁路与珠江航运在此汇合。黄埔港是广州的外港，经这里的海内外旅客和进出口货物流通量很大。

广州是华南地区最大的铁路枢纽，中国《中长期铁路网规划（2008 年调整）》中八个重点建设的铁路枢纽之一，是中国《铁路“十一五”规划》确定的六大枢纽性客运中心。武广客运专线、广珠城际铁路和广深城际铁路分别接入新广州站，形成以新广州站为核心，与广州流花站、广州东站共同形成广州铁路客运枢纽。

4. 郑州铁路枢纽

地处我国中原地带，陇海、京广两大干线在此相交，沟通了东西南北十几个省的货物，是全国铁路网的“心脏”，周围还有京九、焦柳、月石、平阜线通过，形成三纵三横干线框架。郑州北站是亚洲最大的铁路编组站，是全国铁路网的“心脏”。郑州站位于市中心，是全国最大的客运站之一，连接徐兰高铁、京广高铁、郑渝高铁、郑合高铁、郑济高铁、郑太高铁。郑州东站是全国最大的零担货运站，2014 年 7 月 1 日全国铁路大调整之后，郑州东站又开启了逢车必停的新篇章。

新郑州东站是高速铁路新客站，位于国家南北交通大动脉京港高铁（京广高铁客运专线）和国家东西交通大动脉新欧亚大陆桥——徐兰高铁（陇海高铁客运专线）的十字交汇处，是世界上第一座速度超过 350 km/h 高速铁路十字交通枢纽，也是世界上规模最大的速度超过 350 km/h 高速铁路十字交通枢纽，为国家重要的政治、经济、军事战略综合交通枢纽。

新郑州东站，高速铁路新客站综合铁路枢纽，也是继上海虹桥综合交通枢纽之后国家规划建设的国内第二座特大型综合交通枢纽。将把国家高速铁路网、国家客货运铁路网、国家高速公路网、国家公路网、中原经济区城际高速铁路、城市地铁、城市公共交通等连为一体、方便换乘的现代化、高效便捷的交通中心。

郑州高速铁路综合交通枢纽的建设，为郑州铁路枢纽打造成为世界上规模最大的“双十字”铁路综合交通枢纽做出贡献。为国家中部崛起战略服务，为河南省中原经济区、中原城市群的复兴而具有重大的战略意义。

5. 武汉铁路枢纽

是京广、襄汉、汉九（江）铁路和长江、汉水航运交汇的交通中心，素有“九省通衢”之称，以水陆中转联运为其特色。武汉铁路枢纽为我国铁路八大枢纽之一、六大客运中心之一和四大机车客车检修基地之一。京广线、京广客运专线贯通南北，武九线、汉丹线和沪汉蓉客运通道承东启西，成为全国铁路通道的交会点。

武汉铁路枢纽依靠完善的场站、发达的线路以及繁忙的物流车流，形成了功能强大的铁路枢纽体系，并与武汉境内公路、水路运输一起成为华中地区经济发展畅通的“血管”和强劲的“传送带”。

2013 年，武汉铁路旅客发送量首次超越北京和上海，达到 1.2 亿人次，位居全国第一，成为全国最大的铁路运输中转站。2014 年 7 月 1 日，随着宜万铁路正式通行动车，沪汉蓉大通道全线驶上“快轨”，以武汉为中心，以沪汉蓉与京广线交会的十字架为支撑，中国高铁稠密的“米”字网正式形成，武汉升级成为我国的“高铁之心”，是中国中部地区最大的铁路枢纽。

6. 西安铁路枢纽

西安铁路枢纽是联结陇海、西康、宁西、包西、侯西、咸铜和西户等铁路线，以及货车北环线的大型环型枢纽，是西北地区主要的客、货集散地和中转中心，也是联结华北、华东、中南等地区与西北、西南各省的纽带。

已运营的西安北客站是国家特大型铁路旅客站，亚洲最大高铁站之一。是徐兰客运专线、西成客运专线、大西客运专线、西银客运专线及关中城际铁路网的中心枢纽车站。西安铁路枢纽将形成以西安北站、西安站、新西安南站为主，纺织城火车站、阿房宫火车站为辅的“三主两辅”的客运格局。

关中城市群城际铁路网已纳入全国中长期铁路网规划调整方案。关中城际铁路线网的初期建设以西安为中心，经阎良向铜川、蒲城两地辐射，呈现城际铁路主骨架，主要改善铜川、高陵、阎良、富平、蒲城等城镇与西安的交通现状。关中城市群城际铁路网与客运专线和既有铁路有机衔接，并兼顾城市地铁，远期规划范围西起宝鸡、东至华阴、南临秦岭、北到铜川和蒲城，建设规模 1 200 多 km，可以使城际铁路真正实现“公交化”。建成后，将惠及关中地区 5 市 1 区 54 个县的城乡群众。

7. 兰州铁路枢纽

兰州是我国东西合作交流和通往中亚、西亚、中东、欧洲的重要通道。兰州铁路枢纽，属环形铁路枢纽，通过环线连接陇海铁路、兰新铁路、包兰铁路、中太铁路、兰渝铁路、成兰铁路、青藏铁路、兰新客运专线、徐兰客运专线等 9 条铁路干线，以及兰合、兰张、兰天 3 条城际铁路，形成一环十二射的枢纽格局。兰州铁路枢纽是以特大型客运站兰州站、兰州西（客）站和路网性编组站兰州北（编组）站为主，辅之以秦川站、榆中站等客运站和兰州西（编组）站、河口南站等枢纽辅助编组站，以及集装箱中心、青白石站、大沙坪站、兰州东站等货运站组成，是中国西北最大的路网性铁路枢纽。形成多方向互通、大运量保证、现代化设施、高效率运输的特点，具有重要的军事战略意义。

8. 重庆铁路枢纽

重庆铁路枢纽是中国《中长期铁路网规划（2008 年调整）》提出八个铁路重点建设的铁路枢纽之一。在成渝、襄渝、川黔、遂渝、渝怀五条铁路干线以及长江和嘉陵江航线的交汇处，是西南地区最大的水陆联运中心。形成“三个主客运站、两个辅助客运站、一主一辅解编系统”的枢纽系统。

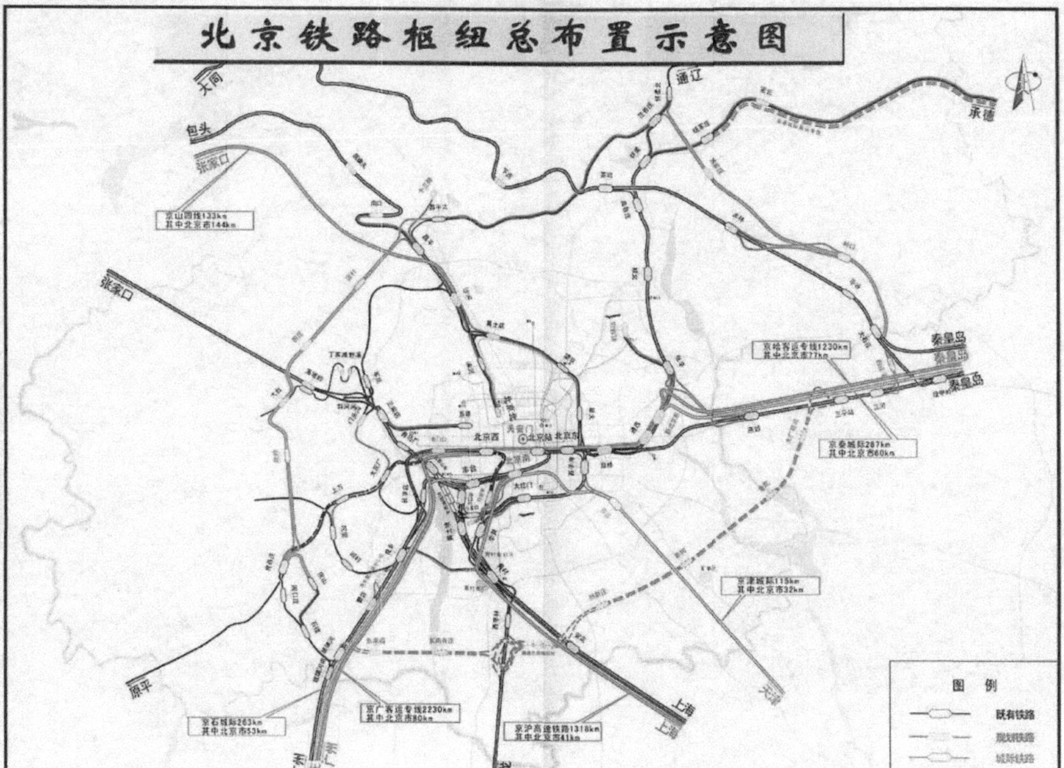

图 10-16　北京铁路枢纽示意图

复习思考题

1. 什么是铁路枢纽？它具有哪些设备？
2. 铁路枢纽按其在铁路网上的地位和作用分为哪几类？
3. 铁路枢纽图形有哪些？
4. 铁路枢纽线路的引入方式有几种？并说明其特征。
5. 什么是联络线？有几种？具有哪些作用？
6. 什么是枢纽环线和枢纽直径线？各有什么作用？
7. 枢纽进出站线平面疏解有哪些类型？说明其适用条件。
8. 枢纽进出站线立体疏解有哪些类型？说明其适用条件。

附录　常用道岔的主要尺寸

附表 1　单开道岔主要尺寸表　　单位：mm

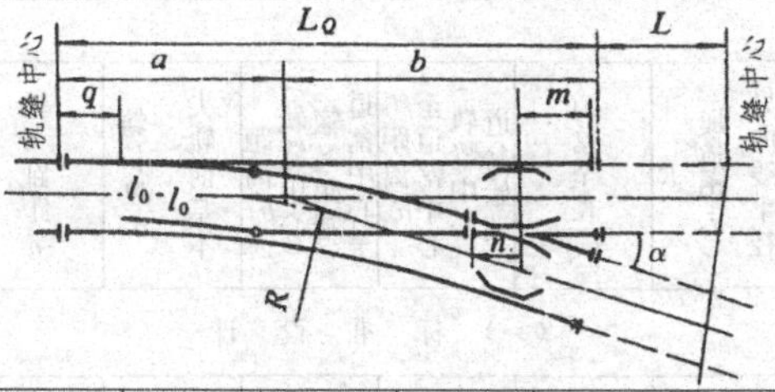

道岔种类	道岔号数	钢轨类型(kg/m)	图号	辙叉角度 α	导曲线半径(股道中心) R	道岔全长 L_Q	道岔始端(轨缝中心)至道岔中心距离 a	道岔中心至辙叉跟端(轨缝中心)距离 b	尖轨前基本轨长度 q	辙叉趾距 n	辙叉跟距 m	尖轨长度 l_0	道岔跟端(轨缝中心)至末根岔枕中心距离 L	附注
普通道岔	18	50	专线4 050	3°10′12.5″	800 000	54 000	22 667	31 333	3 866	2 836	5 400	12 500	10 355	
	12	50	TB399—75	4°45′49″	330 000	36 815	16 853	19 962	2 650	1 849	2 708	7 700	8 940	
		43											8 875	
	9	50		6°20′25″	180 000	28 848	13 839	15 009	2 650	1 538	2 050	6 250	6 760	
		43											6 575	
提速道岔	9	75	研线9804	6°20′25″	350 000 190 000	29 740	14 015	15 725	2 980	1 526	2 766	13 465	7 500	注1
	9	60	铁联线051	6°20′25″	360 000 190 000	29 740	14 015	15 725	2 980	直1 526 曲1 535	直2 766 曲2 783	直13 456 曲13 465	7 500	注1
	12	75	研线9820	4°45′49″	350 000	37 800	16 592	26 608	2 920	2 038	3 954	13 465	7 500	注1
	12	60	铁联线001	4°45′49″	350 000	43 200	16 592	26 608	2 920	2 346	10 846	13 880	3 900	注3
	12	60	铁联线002	4°45′49″	350 000	43 200	16 592	26 608	2 920	2 346	10 846	13 880	5 100	注2
	12	60	铁联线003	4°45′49″	350 000	37 800	16 592	21 208	2 920	2 038	3 854	13 880	9 300	注4
	12	60	铁联线004	4°45′49″	350 000	37 800	16 592	21 208	2 920	2 038	3 954	13 880	10 500	注1
	18	60	专线4223	3°10′47″	800 000	60 000	22 744	37 256	3 520	4 146	13 246	15 680	9 900	注2
	30	60	专线4261	1°30′26.8″	2 700 000	102 400	42 701	59 699	3 620	7 938	19 776	27 980	10 500	注2
	38	60	专线4272	0°53′33″	3 300 000	136 200	48 771	87 429	3 165	5 521	23 871	37 630	14 300	注2

注：①混凝土岔枕，固定型辙叉；②混凝土岔枕，可动心轨辙叉；③木岔枕，可动心轨辙叉；④木岔枕，固定型辙叉。

附表 2　单式对称道岔主要尺寸表　　单位：mm

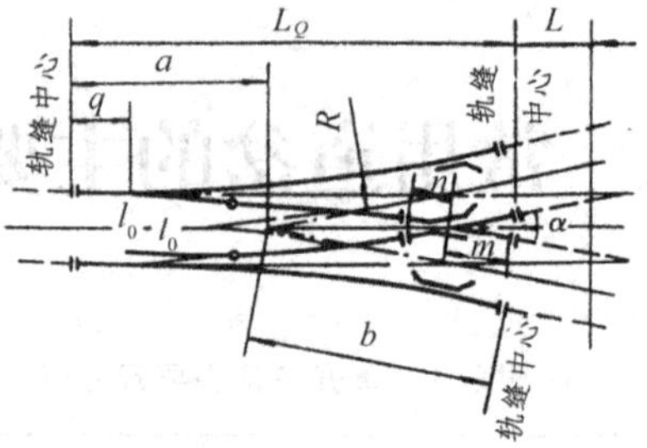

道岔种类	道岔号数	钢轨类型(kg/m)	图号	辙叉角度 α	导曲线半径(股道中心) R	道岔全长 L_Q	道岔始端(轨缝中心)至道岔中心距离 a	道岔中心至辙叉跟端(轨缝中心)距离 b	尖轨前基本轨长度 q	辙叉趾距 n	辙叉跟距 m	尖轨长度 l_0	道岔跟端(轨缝中心)至末根岔枕中心距离 L	附注
（一）标准设计														
	6	43	叁标线5806	9°27′44″	180 000	17 457	7 437	9 994	1 300	1 220	1 321	4 500	4 065	
（二）旧型道岔														
	$6\frac{1}{2}$	43	岔1102	8°44′46.18″	179 282.5	20 008	8 717	11 268	1 014	1 119	1 882	4 207	5 110	
	6	43	专线5800	9°27′44″	180 000	17 457	7 437	9 994	1 373	1 220	1 321	6 250	3 925	
	9	43	线4082—57	6°20′25″	300 000	25 354	10 329	15 009	1 280	1 538	2 050	5 500	7 335	

附表 3　三开道岔主要尺寸表　　单位：mm

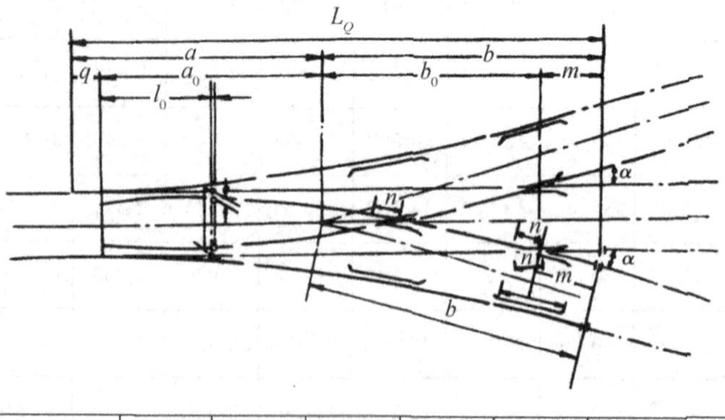

道岔号数	钢轨类型(kg/m)	图号	辙叉角度 α 中间	辙叉角度 α 后端	导曲线半径(股道中心) R	道岔全长 L_Q	道岔始端(轨缝中心)至道岔中心距离 a	道岔中心至辙叉跟端(轨缝中心)距离 b	尖轨前基本轨长度 q	辙叉趾距 n 中间	辙叉趾距 n 后端	辙叉跟距 m 中间	辙叉跟距 m 后端	尖轨长度 l_0	附注
7	50	专线8668	16°17′36″	8°07′48″	180 000	24 150	11 465	12 685	1 225	1 172	1 496	1 914	2 676	5 230	

附表 4　复式交分道岔主要尺寸表　　单位：mm

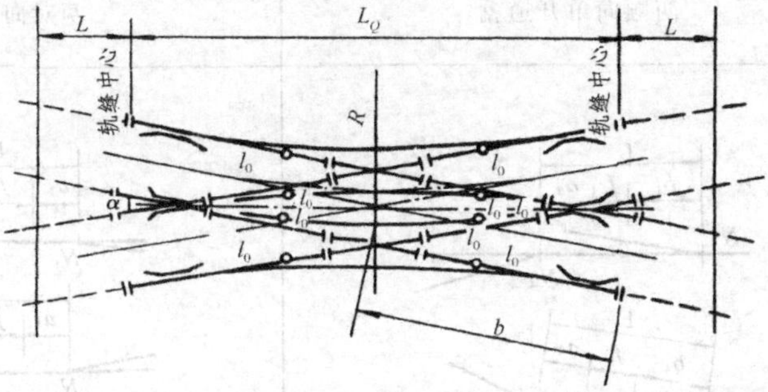

道岔号数	钢轨类型(kg/m)	图　号	辙叉角度 α	导曲线半径 R（线路中心）	道岔全长 L_Q	叉跟端距离 b 道岔中心至辙	尖轨长度 l_0	活动心轨长度 C_0	附　注
12	50	叁标线 6019	4°45′49″	380 000	39 950	19 962	7 400	4 200	
	43	叁标线 6025					7 405		
9	50	叁标线 6016	6°20′25″	220 000	30 050	15 009	5 250	3 700	
	43	叁标线 6022					5 256		

附表 5　两相邻单开道岔岔心间最小长度表　　单位：m

名　称	两顺向单开道岔	两对向单开道岔
示意图	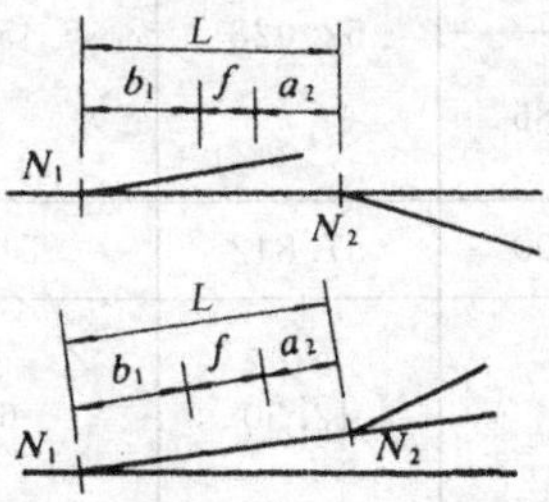	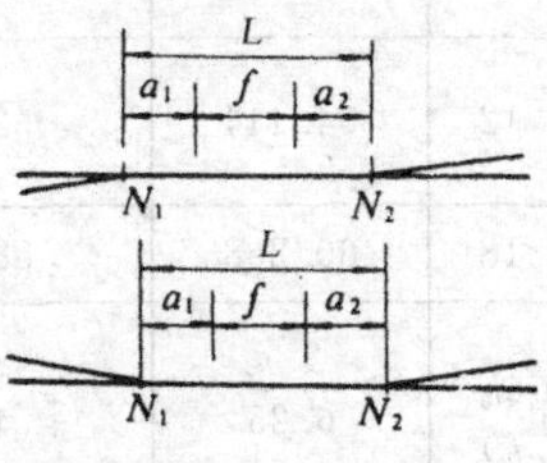

道岔辙叉号		L 值					
					有列车从一侧线进入另一侧线时		
N_1	N_2	正线在正常情况下	正线在困难情况下、到发线	其他站线	正线在正常情况下	正线在困难情况下、到发线	其他站线
9	9	35.106	33.356	28.848	40.186	33.936	27.678
9	12	38.120	36.370	31.862	43.200	36.950	30.692
12	9	40.059	38.309	33.801			

续附表 5

<table>
<tr><td colspan="2">名　　称</td><td colspan="3">两顺向单开道岔</td><td colspan="3">两对向单开道岔</td></tr>
<tr><td colspan="2">示意图</td><td colspan="3">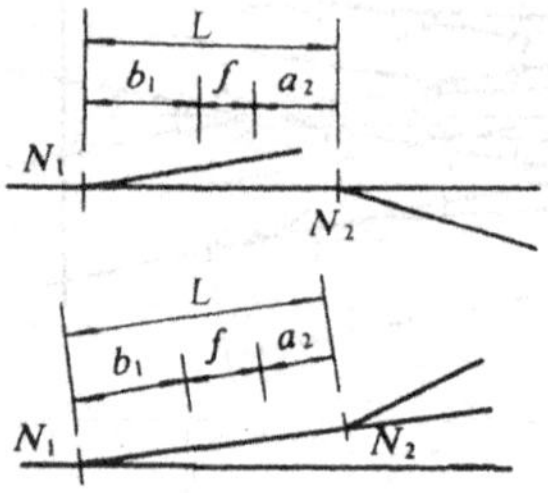
</td><td colspan="3">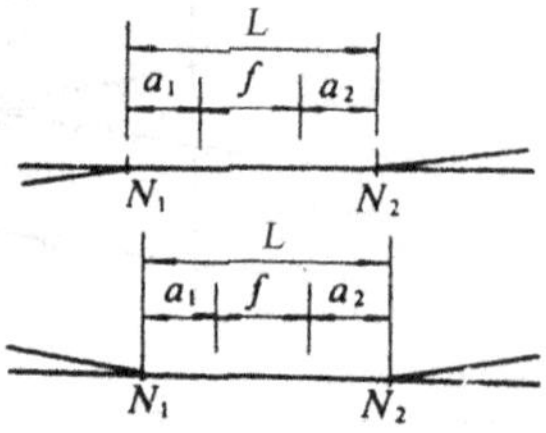
</td></tr>
<tr><td colspan="2">道岔辙叉号</td><td colspan="6">L 值</td></tr>
<tr><td rowspan="2">N_1</td><td rowspan="2">N_2</td><td rowspan="2">正线在正常情况下</td><td rowspan="2">正线在困难情况下、到发线</td><td rowspan="2">其他站线</td><td colspan="3">有列车从一侧线进入另一侧线时</td></tr>
<tr><td>正线在正常情况下</td><td>正线在困难情况下、到发线</td><td>其他站线</td></tr>
<tr><td>12</td><td>12</td><td>43.073</td><td>41.323</td><td>36.815</td><td>46.214</td><td>39.964</td><td>33.706</td></tr>
<tr><td>9</td><td>18</td><td>43.934</td><td>42.184</td><td>37.676</td><td rowspan="2">49.014</td><td rowspan="2">42.764</td><td rowspan="2">36.506</td></tr>
<tr><td>18</td><td>9</td><td>51.430</td><td>49.680</td><td>45.172</td></tr>
<tr><td>12</td><td>18</td><td>48.887</td><td>47.137</td><td>42.629</td><td rowspan="2">52.028</td><td rowspan="2">45.778</td><td rowspan="2">39.520</td></tr>
<tr><td>18</td><td>12</td><td>54.444</td><td>52.694</td><td>48.186</td></tr>
<tr><td>18</td><td>18</td><td>60.258</td><td>58.508</td><td>54.000</td><td>57.842</td><td>51.592</td><td>45.334</td></tr>
<tr><td colspan="2">插入短轨长度（f）</td><td>6.25</td><td>4.50</td><td>0</td><td>12.50</td><td>6.25</td><td>0</td></tr>
</table>

注：① 表内 L 值已包括钢轨接缝在内，每个钢轨接缝按 8 mm 计；
② 上述标准适用于两相邻道岔的轨型相同者；
③ 铺设不同类型钢轨的两相邻道岔间，应各铺一节与道岔同型的钢轨；
④ 在其他站线上，当三组单开道岔顺向毗连布置时，其中两组道岔间应根据道岔结构考虑插入短轨。

附表6　辙叉倍角圆曲线表

单位：m

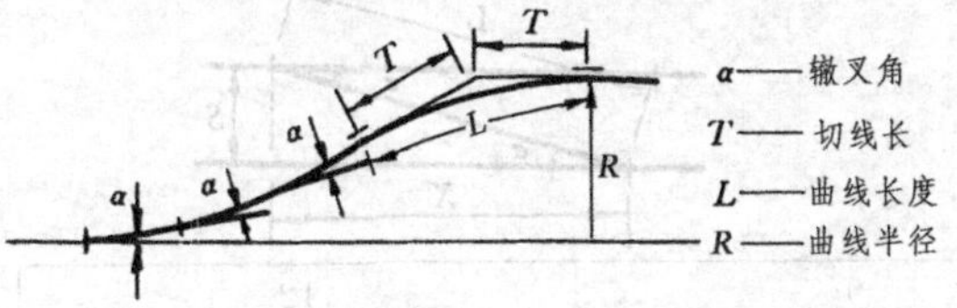

辙叉号	辙叉角倍数	辙叉倍角角度	R=180			R=200			R=250		
			T	L	2T−L	T	L	2T−L	T	L	2T−L
9	1	6°20′25″	9.969	19.918	0.020	11.077	22.131	0.023	13.846	27.664	0.028
	2	12°40′50″	20.000	39.837	0.163	22.222	44.263	0.181	27.778	55.329	0.227
	3	19°01′15″	30.155	59.755	0.555	33.505	66.395	0.615	41.882	82.994	0.770
	4	25°21′40″	40.500	79.674	1.326	45.000	88.526	1.474	56.250	110.658	1.842
	5	31°42′05″	51.106	99.592	2.620	56.785	110.658	2.912	70.981	138.328	3.639
	6	38°02′30″	62.052	119.511	4.593	68.946	132.790	5.102	86.183	165.998	6.378
	0.5	3°10′12.5″	4.980	9.959	0.001	5.534	11.065	0.003	6.917	13.832	0.002
	1.5	9°30′37.5″	14.973	29.877	0.069	16.637	33.197	0.077	20.796	41.497	0.095
	2.5	15°51′02.5″	25.058	49.796	0.320	27.842	55.329	0.355	34.803	69.161	0.445
	3.5	22°11′27.5″	35.299	69.714	0.884	39.222	77.461	0.983	49.027	96.826	1.228
	4.5	28°31′52.5″	45.766	89.633	1.899	50.851	99.592	2.110	63.564	124.491	2.637
			R=300			R=500			R=400		
	1	6°20′25″	16.615	33.197	0.033	19.385	38.730	0.040	22.154	44.263	0.045
	2	12°40′50″	33.333	66.395	0.271	38.889	77.461	0.317	44.445	88.526	0.364
	3	19°10′15″	50.258	99.592	0.924	58.635	116.191	1.079	67.011	132.790	1.232
	4	25°21′40″	67.500	132.790	2.210	78.751	154.922	2.580	90.001	177.053	2.949
	5	31°42′05″	85.178	165.988	4.368	99.374	193.652	5.096	113.570	221.317	5.823
	6	38°02′30″	103.420	199.180	7.655	120.657	232.383	8.931	137.893	265.580	10.206
	0.5	3°10′12.5″	8.301	16.598	0.004	9.685	19.365	0.005	11.068	22.131	0.005
	1.5	9°30′37.5″	24.955	49.796	0.114	29.114	58.095	0.133	33.274	66.395	0.153
	2.5	15°51′02.5″	41.763	82.994	0.532	48.724	96.826	0.622	55.684	110.658	0.710
	3.5	22°11′27.5″	58.833	116.191	1.475	68.638	135.556	1.720	78.444	154.922	1.966
	4.5	28°31′52.5″	76.277	149.389	3.165	88.990	174.287	3.693	101.703	199.185	4.221
			R=350			R=400			R=450		
12	1	4°45′49″	14.558	29.099	0.017	16.637	33.256	0.018	18.717	37.413	0.021
	2	9°31′38″	29.166	58.198	0.134	33.333	66.512	0.154	37.499	74.826	0.172
	3	14°17′27″	43.876	87.297	0.455	50.144	99.768	0.520	56.412	112.239	0.585
	0.5	2°22′54.5″	7.275	14.549	0.001	8.315	16.628	0.002	9.354	18.706	0.002
	1.5	7°08′43.5″	21.852	43.648	0.056	24.974	49.884	0.064	28.096	56.119	0.073
			R=800			R=700			R=600		
18	1	3°10′12.5″	22.137	44.263	0.011	19.370	38.730	0.010	16.603	33.197	0.009
	2	6°20′25″	44.308	88.526	0.090	38.770	77.461	0.079	33.231	66.395	0.067
	0.5	1°35′06.25″	11.066	22.131	0.001	9.683	19.365	0.001	8.299	16.598	0.000
	1.5	4°45′18.75″	33.216	66.395	0.037	29.064	58.095	0.033	24.912	49.796	0.028

附表7　不同线间距离的斜边直边长度表

单位：m

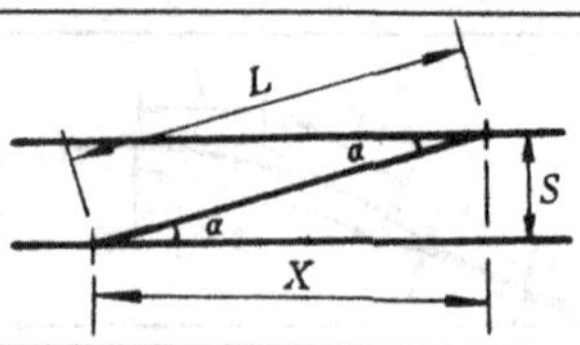

道岔叉号		9		12		18	
叉角度(α)		6°20′25″		4°45′49″		3°10′12.5″	
直边、斜边长		X	L	X	L	X	L
线间距离(S)	1	9.000	9.055	12.000	12.042	18.055	18.083
	2	18.000	18.111	24.091	24.083	36.110	36.166
	3	27.000	27.166	36.000	33.125	54.165	54.248
	4	36.000	36.221	48.000	48.167	72.221	72.331
	5	44.999	45.276	60.000	60.208	90.276	90.414
	6	53.999	54.332	72.000	72.250	108.331	108.497
	7	62.999	63.387	84.001	84.292	126.386	126.580
	8	71.999	72.442	96.001	96.333	144.441	144.662
	9	80.999	81.497	108.001	108.375	162.496	162.745

计算公式：$X=\dfrac{S}{\tan\alpha}$

$L=\dfrac{S}{\sin\alpha}$

用法举例：

设 $S=7.50\alpha=6°20'25''$

则 $L=63.387+4.527=67.914$

$X=62.999+4.499\ 9=67.499$

附表8　警冲标至道岔中心距离表

单位：m

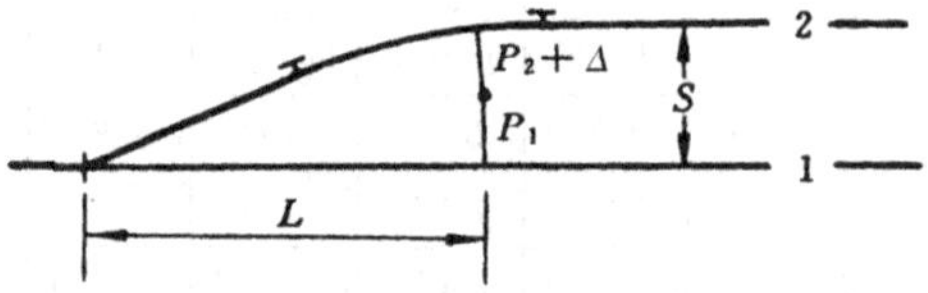

道岔辙叉号		9					12			
辙叉辙角度		6°20′25″					4°45′49″			
连接曲线半径		200	250	300	350	400	350	400	500	600
警冲标位置		L值								
线间距离(S)	5.0	38.051	38.437	38.931	39.596	40.425	49.574	49.857	50.560	51.576
	5.2	37.485	37.825	38.230	38.739	39.404	49.053	49.280	49.825	50.573
	5.3	37.259	37.575	37.951	38.404	38.991	48.854	49.055	49.544	50.185
	5.5	36.897	37.166	37.486	37.862	38.320	48.550	48.704	49.090	49.588
	6.0	36.366	36.522	36.721	36.964	37.254	48.170	48.232	48.415	48.686
	6.5	36.159	36.227	36.330	36.469	36.648	48.085	48.095	48.148	28.263
	7.5	36.110	36.110	36.113	36.129	36.166	48.084	48.084	48.084	48.084
	8.5	36.110	36.110	36.110	36.110	36.110	48.084	48.084	48.084	48.084
	9.5	36.110	36.110	36.110	36.110	36.110	48.084	48.084	48.084	48.084
	10.5	36.110	36.110	36.110	36.110	36.110	48.084	48.084	48.084	48.084
	11.5	36.110	36.110	36.110	36.110	36.110	48.084	48.084	48.084	48.084
	12.5	36.110	36.110	36.110	36.110	36.110	48.084	48.084	48.084	48.084

注：图中 P_1 及 P_2 为警冲标至两侧线中心的垂直距离，均为 2 m；Δ 为曲线内侧加宽。

附表 9　高柱信号机(基本宽度为 380 mm)至道岔中心距离表　　单位：m

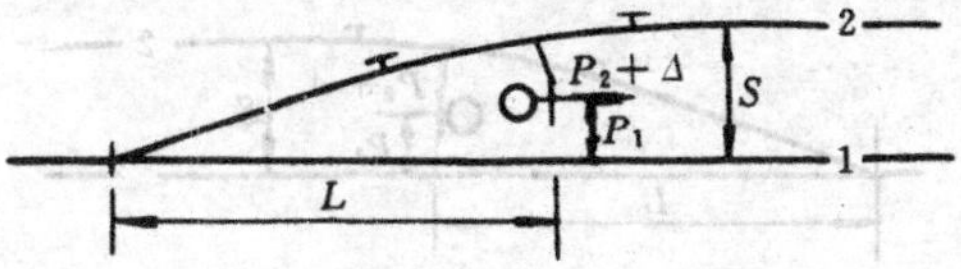

道岔辙叉号	辙叉角度	连接曲线半径	信号机至岔心距离	线路使用情况	线间距离(S) 5.0	5.2	5.3	5.5	6.0	6.5	7.5	8.5	9.5	10.5
9	6° 20′ 25″	200	L		49.116	46.683	45.902	44.864	43.352	42.645	42.256	42.249	42.249	42.249
					62.737	53.517	51.558	49.209	46.697	45.598	44.901	44.859	44.859	44.859
							64.296	55.898	50.464	48.756	47.611	47.485	47.485	47.485
		300			51.125	48.284	47.334	45.937	44.033	43.078	42.341	42.249	42.249	42.249
					66.635	55.820	53.545	50.789	47.555	46.170	45.062	44.861	44.859	44.859
							68.029	58.155	51.660	49.478	47.869	47.502	47.485	47.485
		350			52.470	49.426	48.369	46.770	44.477	43.365	42.428	42.251	42.249	42.249
					68.720	57.240	54.882	51.920	48.192	46.536	45.196	44.875	44.859	44.859
							70.045	59.594	52.571	49.964	48.058	47.539	47.485	47.485
		400			53.967	50.711	49.551	47.759	45.084	43.703	42.550	42.264	42.249	42.249
					70.867	58.837	56.369	53.195	48.995	46.979	45.369	44.909	44.859	44.859
							72.129	61.155	53.635	50.596	48.291	47.602	47.485	47.485
12	4° 45′ 49″	350	L		62.644	60.200	59.443	58.396	56.990	56.432	56.258	56.258	56.258	56.258
					78.894	68.014	65.956	63.594	61.135	60.166	59.739	59.738	59.738	59.738
							81.119	71.269	65.725	64.111	63.253	63.230	63.230	63.230
		400			63.452	60.796	59.935	58.743	57.186	56.523	56.258	56.258	56.258	56.258
					80.352	68.921	66.754	64.179	61.408	60.314	59.746	59.738	59.738	59.738
							82.514	72.139	66.119	64.327	63.284	63.230	63.230	63.230
		500			65.377	62.301	61.244	59.689	57.663	56.770	56.268	56.258	56.258	56.258
					83.408	71.022	68.658	65.664	62.081	60.685	59.794	59.738	59.738	59.738
							85.459	74.223	67.205	64.848	63.396	63.230	63.230	63.230
		600			67.587	64.106	62.866	60.977	58.287	57.113	56.317	56.258	56.258	56.258
					86.603	73.422	70.846	67.450	63.054	61.166	59.901	59.738	59.738	59.738
							88.557	76.603	68.621	65.550	63.583	63.234	63.230	63.230

注：① P_1 及 P_2 在通过超限货物列车的线路为 2.440＋0.190＝2.630 (m)。不通过超限货物列车的线路为 2.150＋0.190＝2.340 (m)；

② Δ——曲线加宽值。

附表10 矮柱色灯信号机二、三显示并列至道岔中心距离表 单位：m

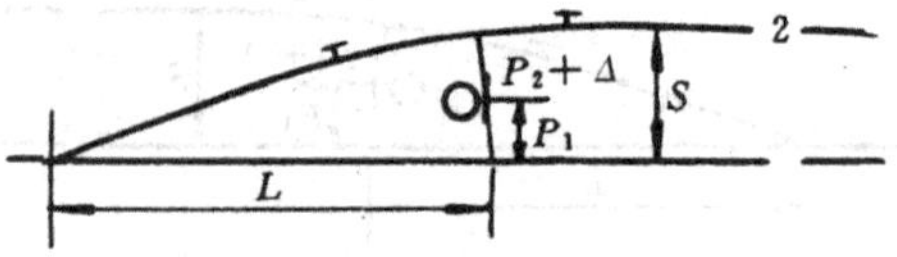

道岔辙叉号	辙叉角度	连接曲线半径	信号机至岔心距离	线间距离（S）5.0	5.2	5.3	5.5	6.0	6.5	7.5	8.5	9.5	10.5	11.5	12.5
9	6°20′25″	200	L	43.518	42.402	41.987	41.331	40.343	39.896	39.703	39.703	39.703	39.703	39.703	39.703
		250		44.090	42.853	42.395	41.694	40.587	40.032	39.710	39.703	39.703	39.703	39.703	39.703
		300		44.948	43.499	42.960	42.128	40.880	40.208	39.736	39.703	39.703	39.703	39.703	39.703
		350		46.002	44.350	43.715	42.715	41.225	40.428	39.788	39.703	39.703	39.703	39.703	39.703
		400		47.203	45.355	44.629	43.458	41.636	40.693	39.869	39.706	39.703	39.703	39.703	39.703
12	4°45′49″	350	L	56.176	55.085	54.686	54.069	53.218	52.921	52.868	52.868	52.868	52.868	52.868	52.868
		400		56.687	55.440	54.997	54.322	53.351	52.969	52.868	52.868	52.868	52.868	52.868	52.868
		500		58.030	56.417	55.822	54.934	53.689	53.120	52.868	52.868	52.868	52.868	52.868	52.868
		600		59.685	57.734	56.983	55.805	54.133	53.352	52.882	52.868	52.868	52.868	52.868	52.868

注：Δ为曲线加宽值，当信号机设在弯段曲线部分时，信号机中心至弯股线路中心的距离为 $P_2+\Delta$ 按 $P_1=P_2=$ 2 199mm进行计算。

附表11 电气集中高柱色灯信号机(基本宽380mm)、警冲标、绝缘缝至岔心距离表 单位：m

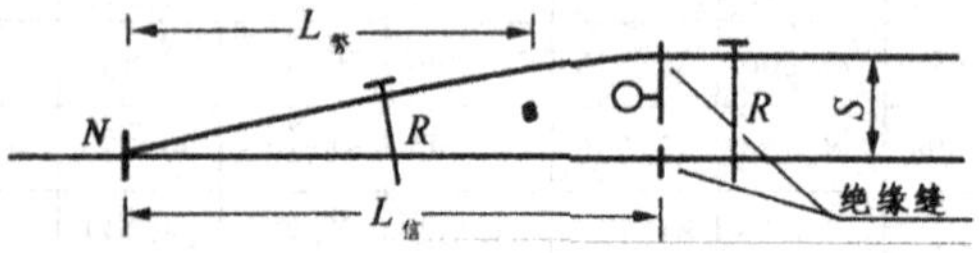

S	股道使用	9(6°20′25″) 300 信	警	绝	400 信	警	绝	12(4°45′49″) 350 信	警	绝	400 信	警	绝	18(3°10′12.5″) 800 信	警	绝
5.0		51.2	44.0	48.0	54.0	48.5	52.5									
		66.7	61.0	65.0	71.3	67.3	71.3	78.9	72.3	76.3	82.5	78.5	82.5	112.2	102.4	106.4
5.2		55.7	48.5	52.5	60.5	56.5	60.5	70.0	66.0	70.0	70.0	66.0	70.0	99.2	89.9	93.9
5.3		68.0	61.0	65.0	73.0	69.0	73.0	82.5	78.5	82.5	82.5	78.5	82.5	114.8	108.6	112.6
5.5		58.8	54.8	58.8	61.2	54.8	58.8	71.3	61.5	65.5	72.2	66.0	70.0	104.1	97.9	101.9
6.5		46.3	42.8	46.3	48.0	44.5	48.0	60.2	54.0	57.5	60.3	54.0	57.5	90.0	85.9	89.4
		49.4	42.8	46.3	52.5	48.5	52.5	65.5	61.5	65.5	65.5	62.0	65.5	95.6	90.4	93.9

表头斜线栏：N（道岔号）、R、L、股道使用、S。

续附表 11

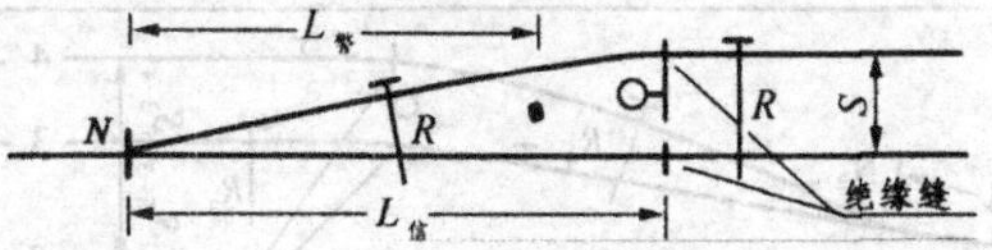

S	股道使用	9(6°20′25″)						12(4°45′49″)						18(3°10′12.5″)		
	R	300			400			350			400			800		
	L	信	警	绝	信	警	色	信	警	绝	信	警	绝	信	警	绝
7.5		46.3	42.8	46.3	46.3	42.8	46.3	59.8	54.0	57.5	59.8	54.0	57.5	89.8	85.9	89.4
		48.0	44.5	48.0	48.2	44.5	48.0	63.7	60.2	63.7	63.7	60.2	63.7	95.1	90.4	93.9
8.0		46.3	42.8	46.3	46.3	42.8	46.3	59.8	54.0	57.5	59.8	54.0	57.5	89.8	85.9	89.4
		48.0	44.5	48.0	48.0	44.5	48.0	63.7	60.2	63.7	63.7	60.2	63.7	95.1	90.4	93.9

注：①本表信号机、警冲标、绝缘缝安设位置系按《规范》第 8～63 条及第 8～66 条有关规定设置；

②绝缘缝至岔心距离系用拼凑一节短轨办法计算，其短轨长度为 8、6.25、4.5m 三种。

附表 12　电气集中矮柱色灯信号机、警冲标、绝缘缝至岔心距离表　　单位：m

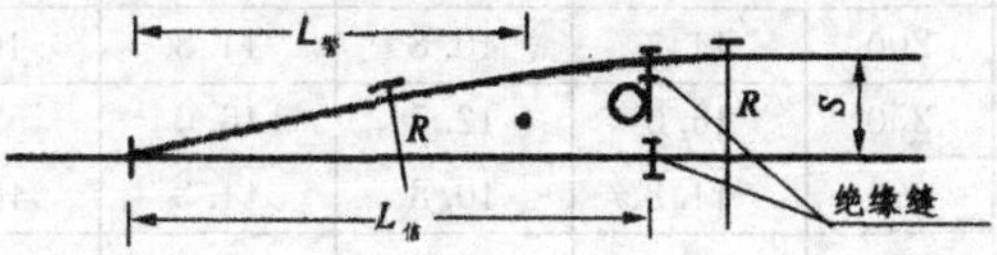

机构	S	9(6°20′25″)									12(4°45′49″)					
	R	300			350			400			350			400		
	L	信	警	绝	信	警	绝	信	警	绝	信	警	绝	信	警	绝
一机构	5.0	44.5	41.0	44.5	44.5	41.0	44.5	44.5	41.0	44.5	53.0	49.5	53.0	57.5	54.0	57.5
	5.2	44.5	41.0	44.5	44.5	41.0	44.5	44.5	41.0	44.5	53.0	49.5	53.0	53.0	49.5	53.0
	5.5	44.5	41.0	44.5	44.5	41.0	44.5	44.5	41.0	44.5	53.0	49.5	53.0	53.0	49.5	53.0
	6.5	40.0	36.5	40.0	40.0	36.5	40.0	44.5	41.0	44.5	53.0	49.5	53.0	53.0	49.5	53.0
	7.5	40.0	36.5	40.0	40.0	36.5	40.0	40.0	36.5	40.0	53.0	49.5	53.0	53.0	49.5	53.0
	12.5	40.0	36.5	40.0	40.0	36.5	40.0	40.0	36.5	40.0	53.0	49.5	53.0	53.0	49.5	53.0
二、三显示并列	5.0	44.8	41.0	44.5	45.8	41.0	44.5	47.0	42.8	46.3	56.0	49.5	53.0	57.5	54.0	57.5
	5.2	44.5	41.0	44.5	44.5	41.0	44.5	45.2	41.0	44.5	54.7	49.5	53.0	55.1	49.5	53.0
	5.6	44.5	41.0	44.5	44.5	41.0	44.5	44.5	41.0	44.5	53.7	49.5	53.0	54.0	49.5	53.0
	6.5	40.1	36.5	40.0	40.2	36.5	40.0	44.5	41.0	44.5	53.0	49.5	53.0	53.0	49.5	53.0
	7.5	40.0	36.5	40.0	40.0	36.5	40.0	40.0	36.5	40.0	53.0	49.5	53.0	53.0	49.5	53.0
	12.5	40.0	36.5	40.0	40.0	36.5	40.0	40.0	36.5	40.0	53.0	49.5	53.0	53.0	49.5	53.0

附表13　电气集中倍角信号机、警冲标、绝缘缝至岔心距离表　　单位：m

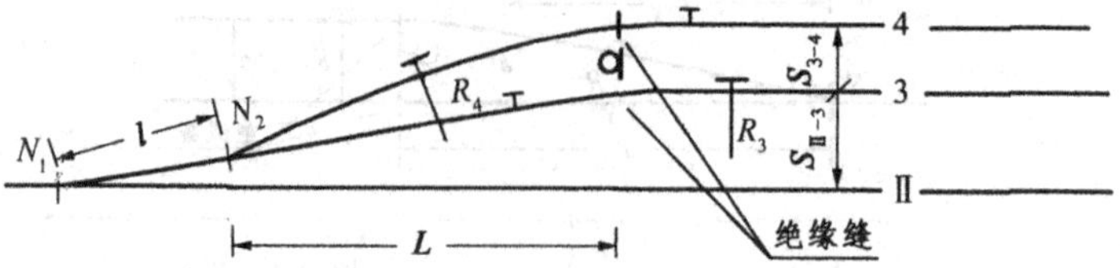

N_1—12(4°45′49″)　N_2—9(6°20′25″)　l—38.309

S_{II-3}	S_{3-4}	R_3	R_4	矮柱一机构色灯信号机			矮柱二、三显示并列色灯信号机		
				信号机	警冲标	绝缘缝	信号机	警冲标	绝缘缝
7.50	5.00	400	200	46.0	42.5	46.0	52.3	48.3	52.3
			250	51.8	47.8	51.8	56.8	52.8	56.8
		500	200	46.0	42.5	46.0	47.8	44.3	47.8
			250	47.8	44.3	47.8	52.3	48.3	52.3
		600	200	44.3	40.8	44.3	46.0	42.5	46.0
			250	46.0	42.5	46.0	52.3	48.3	52.3
	5.20	400	200	46.0	42.5	46.0	47.8	44.3	47.8
			250	47.8	44.3	47.8	52.3	48.3	52.3
		500	200	44.3	40.8	44.3	46.0	42.5	46.0
			250	46.0	42.5	46.0	52.3	48.3	52.3
		600	200	44.3	40.8	44.3	46.0	42.5	46.0
			250	46.0	42.5	46.0	47.8	44.3	47.8
8.50	5.00	400	200	44.2	40.7	44.2	44.2	40.7	44.2
			250	44.2	40.7	44.2	47.7	44.2	47.7
			300	46.0	42.5	46.0	56.7	52.7	56.7
		500	200	44.2	40.7	44.2	44.2	40.7	44.2
			250	44.2	40.7	44.2	47.7	44.2	47.7
			300	47.7	44.2	47.7	52.8	44.2	47.7
		600	200	44.2	40.7	44.2	44.2	40.7	44.2
			250	44.2	40.7	44.2	47.7	44.2	47.7
			300	46.0	42.5	46.0	52.2	48.2	52.2
	5.20	400	200	44.2	40.7	44.2	44.2	40.7	44.2
			250	44.2	40.7	44.2	45.9	44.2	45.9
			300	46.0	42.5	46.0	52.2	48.7	52.2
		500	200	44.2	40.7	44.2	44.2	40.7	44.2
			250	44.2	40.7	44.2	45.9	42.4	45.9
			300	46.0	42.5	46.0	52.2	48.7	52.2
		600	200	44.2	40.7	44.2	44.2	40.7	44.2
			250	44.2	40.7	44.2	46.0	42.5	46.0
			300	46.0	42.5	46.0	48.9	42.5	46.0

附表 14　线路平行错移表　　单位：m

曲线半径 $R=250$				
直线段 $d=10$				
u	φ	T	L	x
0.50	1°39′40″	3.624	7.248	24.489
1.00	2°39′18″	5.793	11.585	33.151
1.50	3°26′19″	7.504	15.003	39.971
2.00	4°06′24″	8.963	17.919	45.782
2.50	4°41′57″	10.257	20.504	50.928
3.00	5°14′13″	11.433	22.851	55.596
3.50	5°43′59″	12.518	25.015	59.897
4.00	6°11′45″	13.530	27.034	63.906
直线段 $d=15$				
0.50	1°22′00″	2.981	5.963	26.921
1.00	2°17′32″	5.001	10.001	34.985
1.50	3°02′28″	6.636	13.269	41.506
2.00	3°41′16″	8.047	16.090	47.127
2.50	4°15′53″	9.308	18.608	52.141
3.00	4°47′28″	10.458	20.905	56.709
3.50	5°16′42″	11.523	23.030	60.932
4.00	5°44′01″	12.519	25.017	64.876
直线段 $d=20$				
0.50	1°08′46″	2.500	5.000	29.995
1.00	1°59′46″	4.355	8.709	37.403
1.50	2°42′13″	5.899	11.797	43.563
2.00	3°19′23″	7.251	14.499	48.948
2.50	3°52′50″	8.469	16.932	53.793
3.00	4°23′32″	9.586	19.164	58.232
3.50	4°52′02″	10.625	21.237	62.351
4.00	5°18′47″	11.599	23.182	66.211
曲线半径 $R=600$				
直线段 $d=15$				
0.50	1°05′10″	5.687	11.374	37.745
1.00	1°43′49″	9.060	18.118	51.224
1.50	2°14′13″	11.714	23.425	61.828
2.00	2°40′08″	13.976	27.947	70.859
2.50	3°03′05″	15.981	31.955	78.859
3.00	3°23′56″	17.801	35.592	86.116
3.50	3°43′09″	19.479	38.945	92.804
4.00	4°01′04″	21.045	42.073	99.040

曲线半径 $R=3\,000$				
直线段 $d=30$				
u	φ	T	L	x
0.50	0°30′24″	13.266	26.533	83.064
1.00	0°47′53″	20.895	41.789	113.573
1.50	1°01′35″	26.870	53.739	137.469
2.00	1°13′13″	31.951	63.900	157.784
2.50	1°23′32″	36.449	72.894	175.766
3.00	1°32′53″	40.527	81.050	192.070
3.50	1°41′29″	44.286	88.566	207.093
4.00	1°49′31″	47.790	95.572	221.097
直线段 $d=40$				
0.50	0°27′02″	11.795	23.591	87.176
1.00	0°43′54″	19.155	38.309	116.614
1.50	0°57′18″	25.002	50.003	139.991
2.00	1°08′45″	29.998	59.995	159.987
2.50	1°18′56″	34.442	68.882	177.746
3.00	1°28′11″	38.479	76.954	193.883
3.50	1°36′43″	42.203	84.401	208.776
4.00	1°44′42″	45.687	91.367	222.674
曲线半径 $R=4\,000$				
直线段 $d=50$				
0.50	0°22′33″	13.119	26.238	102.468
1.00	0°36′58″	21.506	43.012	136.011
1.50	0°48′28″	28.197	56.393	162.781
2.00	0°58′20″	33.937	67.873	185.730
2.50	1°07′06″	39.038	78.074	206.140
3.00	1°15′05″	43.683	87.363	224.702
3.50	1°22′27″	47.969	95.934	241.842
4.00	1°29′20″	51.974	103.944	257.844
直线段 $d=60$				
0.50	0°20′30″	11.926	23.853	107.702
1.00	0°34′23″	20.003	40.006	139.996
1.50	0°45′36″	26.529	53.057	166.125
2.00	0°55′18″	32.172	64.344	188.669
2.50	1°03′57″	37.205	74.409	208.791
3.00	1°11′50″	41.792	83.581	227.136
3.50	1°19′08″	46.039	92.075	244.106
4.00	1°25′57″	50.006	100.007	259.969

续附表 14

曲线半径 $R=600$					曲线半径 $R=4\ 000$				
直线段 $d=10$					直线段 $d=30$				
u	φ	T	L	x	u	φ	T	L	x
直线段 $d=20$					直线段 $d=80$				
0.50	0°57′18″	5.000	10.000	39.996	0.50	0°17′11″	9.996	19.993	119.998
1.00	1°34′18″	8.229	16.458	52.905	1.00	0°29′56″	17.414	34.828	149.662
1.50	2°03′54″	10.813	21.625	63.227	1.50	1°40′33″	23.591	47.182	174.349
2.00	2°29′19″	13.031	26.059	72.083	2.00	0°49′50″	28.992	57.983	195.948
2.50	2°51′55″	15.005	30.005	79.960	2.50	0°58′11″	33.850	67.699	215.392
3.00	3°12′30″	16.802	33.596	87.126	3.00	1°05′51″	38.311	76.619	233.218
3.50	3°31′30″	18.462	36.913	93.742	3.50	1°12′58″	42.451	84.900	249.775
4.00	3°49′15″	20.013	40.011	99.919	4.00	1°19′39″	46.340	92.676	265.299

附表 15　辙叉倍角组合的三角函数表

辙叉倍角的组合	辙叉倍角角度之和	sin	cos	tan	cot	sec	csc
12×1	4°45′49″	0.083 044 95	0.996 545 80	0.083 332 80	12.000 077	1.003 466 2	12.041 671
12×2	9°31′38″	0.165 516 19	0.986 207 07	0.167 831 07	5.958 372 3	1.013 985 8	6.041 705 0
12×3	14°17′27″	0.246 843 98	0.969 055 24	0.254 726 43	3.925 780 3	1.031 932 9	4.051 141 9
9×1	6°20′25″	0.110 433 02	0.993 883 57	0.111 112 63	8.999 876 9	1.006 154 1	9.055 262 6
9×2	12°40′50″	0.219 515 12	0.975 609 10	0.225 003 16	4.444 382 1	1.025 000 7	4.555 494 8
9×3	19°01′15″	0.325 911 93	0.945 400 13	0.344 734 38	2.900 784 0	1.057 753 2	3.068 313 6
12+9	11°06′14″	0.192 588 57	0.981 279 59	0.196 262 69	5.095 212 0	1.019 077 5	5.192 416 1
12+9×2	17°26′39″	0.299 776 28	0.954 009 53	0.314 227 77	3.182 405 0	1.048 207 6	3.335 821 0
12+9×3	23°47′04″	0.403 296 87	0.915 069 19	0.440 728 28	2.268 971 70	1.092 813 5	2.479 563 0
12+9×4	30°07′29″	0.501 883 99	0.864 934 95	0.580 256 34	1.723 376 25	1.156 156 3	1.992 492 3

附表 16　站场平面图图例

顺序	名称	图例	附注	顺序	名称	图例	附注
1	既有线路		线条粗 0.2 mm	14	单开道岔		
2	设计正线		线条粗 0.7 mm	15	对称道岔		
3	设计站线		线条粗 0.5 mm	16	三开道岔	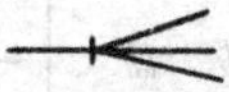	
4	远期预留线　路		线条粗 0.5 mm	17	复式交分道　岔	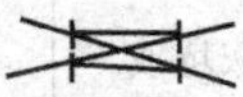	
5	近期拆除线　路		线条粗 0.2 mm	18	单式交分道　岔		
6	远期拆除线　路		线条粗 0.2 mm	19	菱形交叉	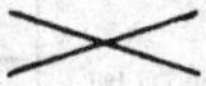	
7	客货列车进　路			20	交叉渡线		
8	旅客列车进　路			21	铁鞋脱落器		表示方向为脱落方向
9	货物列车进　路			22	脱轨器		表示方向为脱落方向
10	超限货物列车进路			23	驼　峰		
11	机车入段线			24	减速器	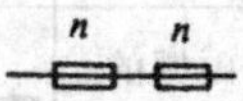	n 为减速器节数
12	机车出段线			25	减速顶		
13	线群与线群分束	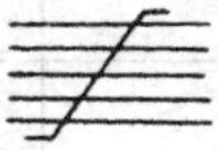		26	测速装置		

续附表 16

顺序	名称	图例	附注	顺序	名称	图例	附注
27	测重装置			40	天桥	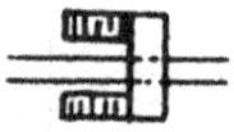	加注中心里程
28	停车器			41	铁路与道路立体交叉	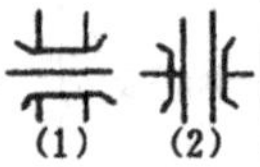	(1) 铁路在上 (2) 铁路在下
29	转盘		*d* 为直径	42	铁路与铁路立体交叉	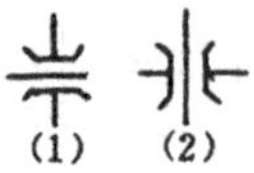	(1) 设计线在上 (2) 设计线在下
30	灰坑或检查坑	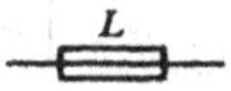	*L* 为长度	43	平过道		
31	雨棚		*F* 为面积	44	水鹤		
32	跨线雨棚		*F* 为面积	45	油鹤		
33	仓库			46	水塔		
34	轨道衡		*L* 为长度	47	涵洞	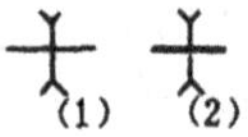	(1) 既有 (2) 设计
35	限界架	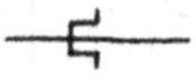		48	小桥	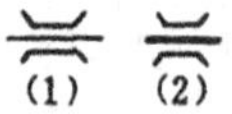	(1) 既有 (2) 设计
36	站房基坪及旅客基本站台	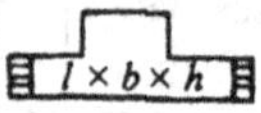	*l*，*h*，*b* 为长、宽、高	49	大中桥	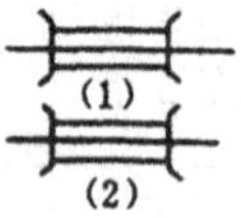	(1)既有 (2)设计
37	有雨棚的旅客或货物站台		*l*，*h*，*b* 为长、宽、高	50	既有平交道口	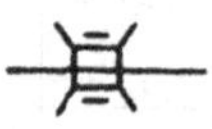	注明道口中心里程
38	旅客中间站台或货物站台	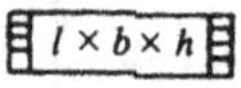	*l*，*h*，*b* 为长、宽、高	51	设计平交道口		注明道口中心里程
39	地道		加注中心里程	52	消火栓		

续附表 16

顺　序	名　称	图　例	附　注	顺　序	名　称	图　例	附　注
53	警冲标			66	木塔灯		
54	路基横向排水	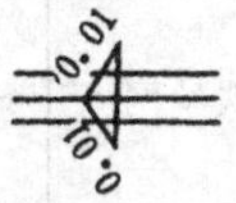		67	钢筋混凝土塔		
55	出站臂板信号机			68	铁塔灯		
56	预告臂板信号机			69	设计车站	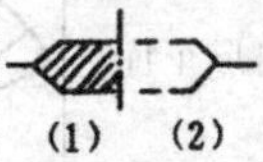	用于总图 1 近期，2 远期
57	进站臂板信号机			70	既有车站		用于总图
58	高柱出站色灯信号机	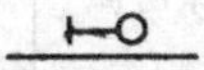		71	既有电气化铁路		线粗 0.2 mm
59	高柱进站色灯信号机			72	窄轨铁路		762 轨距
60	驼峰及复示信号机			73	煤　台	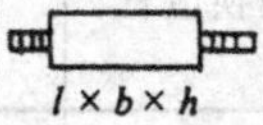	*l*，*h*，*b* 为长、宽、高
61	矮柱色灯信号机	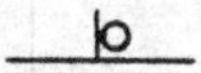		74	机械上煤台	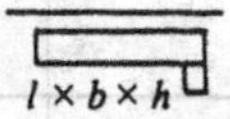	*l*，*h*，*b* 为长、宽、高
62	悬臂式色灯信号机	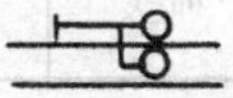		75	煤　塔		
63	桥式色灯信号机			76	高架煤斗		
64	悬吊式色灯信号机	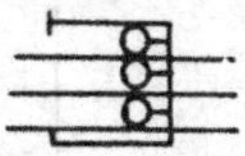		77	竖墙高架卸煤线	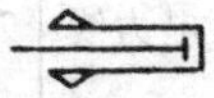	
65	照明灯			78	边坡高架卸煤线	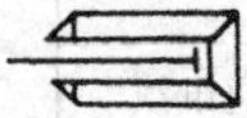	

续附表 16

顺　序	名　称	图　例	附　注	顺　序	名　称	图　例	附　注
79	栈　桥			92	围　墙		
80	储煤厂	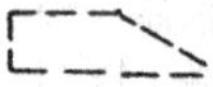		93	铁丝网		
81	矩形车库			94	栅　栏		
82	扇形车库	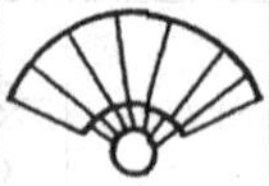		95	铁路既有用地界	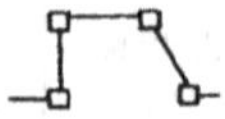	
83	洗车机	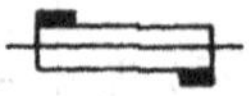		96	设计房屋		
84	给沙塔	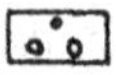		97	拆除房屋		
85	移动和拆除电杆			98	指北针		西方涂黑
86	更换电杆			99	坡度标	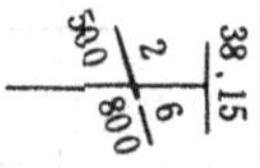	
87	发电厂	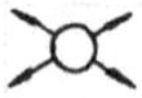		100	车站中心	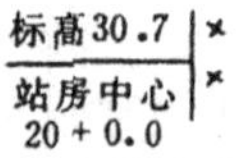	
88	变电站	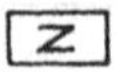		101	基线或中轴线		
89	低压电力线	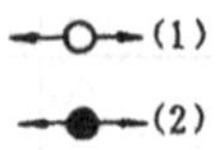	（1）木杆，（2）钢筋混凝土杆				
90	高压电力线	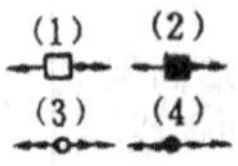	（1）木架，（2）钢筋混凝土架（3）木杆，（4）钢筋混凝土杆				
91	通讯线	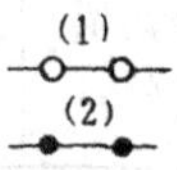	（1）木杆，（2）钢筋混凝土杆				

参考文献

[1] 刘其斌，马桂贞. 铁路站场与枢纽. 北京：中国铁道出版社，2005.
[2] 张唯. 铁道运输设备. 北京：中国铁道出版社，2004.
[3] 马桂贞. 铁路站场与枢纽. 成都：西南交通大学出版社，2003.
[4] 黄方林，马国龙. 现代铁路运输设备. 成都：西南交通大学出版社，2003.
[5] 中国铁路总公司. 铁路技术管理规程. 北京：中国铁道出版社，2014.
[6] 中华人民共和国铁道部. 铁路车站及枢纽设计规范. 北京：中国计划出版社，2006.
[7] 中华人民共和国铁道部. 铁路线路设计规范. 北京：中国计划出版社，2006.
[8] 中华人民共和国铁道部. 车站行车工作细则编制规则. 北京：中国铁道出版社，2008.
[9] 中华人民共和国国家铁路局. 高速铁路设计规范. 北京：中国铁道出版社，2014.